天下文化
BELIEVE IN READING

社會人文 BGB489

強權者的道德

從小羅斯福到川普，
十四位美國總統如何影響世界

DO MORALS MATTER?

Presidents and Foreign Policy from FDR to Trump

約瑟夫・奈伊 Joseph S. Nye, Jr. —— 著
林添貴 —— 譯

美國總統	任期	大事紀
小羅斯福	一九三三年三月四日— 一九四五年四月十二日	一九三三：施行新政，幫助美國走出大蕭條 一九三八：《慕尼黑協定》 水晶之夜事件 一九四一：《大西洋憲章》 一九四四：建立布列敦森林體系 一九四五：成立聯合國
杜魯門	一九四五年四月十二日— 一九五三年一月廿日	一九四五：對廣島和長崎投下原子彈 一九四八：巨額投資馬歇爾計畫 一九四九：成立北大西洋公約組織 一九五〇：韓戰爆發
艾森豪	一九五三年一月廿日— 一九六一年一月廿日	一九五三：韓戰結束 宣布解除臺海中立化政策，表明支持臺灣 一九五四：第一次臺海危機 《日內瓦停戰協定》 一九五五：越戰爆發 一九五六：蘇伊士運河危機 一九五七：蘇聯發射人造衛星 一九五八：第二次臺海危機（八二三砲戰）

美國總統	任期	大事紀
甘迺迪	一九六一年一月廿日—一九六三年十一月廿二日	一九六一：豬灣事件 一九六二：古巴飛彈危機 一九六三：越南發生政變，推翻吳廷琰獨裁政權
詹森	一九六三年十一月廿二日—一九六九年一月廿日	一九六五：升級越戰，大舉增兵 派兵進入多明尼加共和國 一九六六：法國軍隊退出北約組織 一九六八：各國簽署《核不擴散條約》
尼克森	一九六九年一月廿日—一九七四年八月九日	一九七〇：季辛吉密訪北京 一九七一：中華民國退出聯合國 一九七二：美蘇簽訂《戰略武器限制條約》 一九七三：水門案醜聞全面揭開 第一次石油危機（阿拉伯國家實施石油禁運）

美國總統	任期	大事紀
福特	一九七四年八月九日—一九七七年一月廿日	一九七四：南越潰敗，西貢淪陷 美蘇達成《第二期戰略武器限制條約》 一九七五：越戰結束 馬雅貴茲號事件 一九七六：板門店事件
卡特	一九七七年一月廿日—一九八一年一月廿日	一九七八：臺美斷交 一九七九：第二次石油危機（伊朗革命爆發） 三哩島事件 蘇聯入侵阿富汗 伊朗人質危機（延續至一九八一年）
雷根	一九八一年一月廿日—一九八九年一月廿日	一九八四：雷根訪問中國 一九八五：伊朗門事件 與戈巴契夫在日內瓦會面談判 一九八六：雷克雅維克峰會 一九八七：雷根對戈巴契夫喊話拆掉柏林圍牆

美國總統	任期	大事紀
老布希	一九八九年一月廿日—一九九三年一月廿日	一九八九：六四天安門事件 柏林牆倒塌 一九九〇：伊拉克入侵科威特 兩德統一 一九九一：集合波斯灣戰爭同盟擊敗海珊 在馬德里啟動和平會議，促成以巴會談 蘇聯解體，冷戰終結
柯林頓	一九九三年一月廿日—二〇〇一年一月廿日	一九九三：蓋達組織攻擊紐約世界貿易中心 一九九四：盧安達大屠殺 介入海地軍事叛變，協助總統阿里斯蒂德復位 一九九六：第三次臺海危機 一九九八：科索沃戰爭 蓋達組織攻擊美國駐肯亞大使館 美國發動飛彈攻擊阿富汗和蘇丹境內的蓋達組織

美國總統	任期	大事紀
小布希	二〇〇一年一月廿日— 二〇〇九年一月廿日	二〇〇一：九一一事件 二〇〇三：攻打伊拉克 二〇〇六：北韓首次試爆核子武器 二〇〇八：俄羅斯入侵喬治亞
歐巴馬	二〇〇九年一月廿日— 二〇一七年一月廿日	二〇一〇：突尼西亞爆發茉莉花革命，引發阿拉伯世界的革命浪潮（阿拉伯之春） 二〇一一：敘利亞爆發內戰 派出直升機潛入巴基斯坦狙殺賓拉登 二〇一三：西非爆發伊波拉病毒 二〇一五：各國於聯合國氣候峰會達成《巴黎氣候協定》
川普	二〇一七年一月廿日—	二〇一七：美國退出《跨太平洋夥伴協定》、《巴黎氣候協定》 二〇一八：美中爆發貿易戰 川金會、美俄峰會

目錄

導讀 「道德思考」才是決定國家安全戰略的核心 江宜樺 13
前言 21
謝辭 27
第一章 導論：美國的道德主義 31
美國例外論 32
威爾遜的自由主義 36
二戰後的自由主義國際秩序 40
第二章 什麼是道德外交政策？ 49
我們如何做道德評斷 51
雙重標準與骯髒的手 56
世界的心理地圖與道德外交政策 71
合乎情境的最佳道德選擇：計分卡 85

第三章 建立美國自由主義國際秩序的創始人 95
小羅斯福——美國世界角色的改造者 99
杜魯門——美國道德主義的堅守者 110
艾森豪——為美國創造和平與繁榮 123

第四章 越戰時期 137
甘迺迪——改變冷戰氛圍的偉大溝通者 141
詹森——升高越戰造成重大傷亡，以致於放棄競選連任 154
尼克森——終結越戰，付出極高的道德代價 165

第五章 越戰後的退守 181
福特——期望當個好總統，而不是偉大的總統 184
卡特——外交政策強調人權，提升美國軟實力 191

第六章 冷戰的終結 209
雷根——善於利用機會終結冷戰 212
老布希——成功從雙極世界轉為單極世界 222

第七章 單極時刻 237
柯林頓──積極維持與創造和平，但對恐怖主義反應不足 240
小布希──啟動全球對付恐怖主義的戰爭 254

第八章 二十一世紀的權力移轉 273
歐巴馬──在理想主義與現實主義之間力求平衡 276
川普──摒棄自由主義國際秩序 293

第九章 外交政策與未來選擇 313
評估二戰以來的道德外交政策 314
情境智商與道德選擇 321
美國道德傳統的起伏升沉 330
未來道德外交政策面臨的挑戰 335
結語 364

注釋 369

導讀

「道德思考」才是決定國家安全戰略的核心

江宜樺

在爾虞我詐的國際政治之中，道德思考有任何意義嗎？

大部分的人認為沒意義，因為國際政治就像個無政府狀態的野生叢林，大家講求實力原則，弱肉強食、優勝劣敗。大國不屑跟小國平起平坐，小國也沒資格跟大國談公理正義。古雅典的特使曾經對鄰近小國的領導人說「強者為所欲為，弱者忍受恥辱」，講的就是這種「現實主義」的觀點。

少部分的人認為道德非常重要，因為單憑拳頭無法建立秩序。強國如果蠻橫霸道、予取予求，弱國只是忍辱屈從，並非心悅誠服。有朝一日形勢逆轉，弱國將揭竿而起，推翻強國的宰制。因此掌握全球政經實力者必須尊重他人，扶助弱者，以人人平等、伸張公義的原則來處理國際事務。這種追求世界大同理想的觀點，可以稱為「世界主義」。

還有一種觀點介於兩者之間，既不接受「現實主義」完全排斥道德思維的立場，也不懷抱「世界主義」以高度道德標準改造人類社會的理想，而是相信道德判斷具有某種程度的重要性，可以幫助我們超越「個人自掃門前雪」的自利心態，努力營造一種自利利人、既競爭又合作的國際秩序。這種觀點，本書作者約瑟夫・奈伊（Joseph S. Nye, Jr.）稱之為「自由主義」。奈伊本人對道德在國際政治中扮演的角色，比較接近自由主義的觀點。

奈伊是美國哈佛大學國際關係的傑出教授，他除了長年任教於哈佛，也曾擔任美國國務院副助理國務卿、國防部助理部長、駐聯合國裁武諮詢委員會代表等公職，是當代研究國際戰略及美國外交政策的佼佼者，著作等身，享譽全球。他所倡導的「軟實力」（soft power）概念，拓展了國際關係理論衡量一個國家外交實力的視野，也影響了世界各國領袖在思考國家戰略時的布局。所謂「軟實力」，強調的是一個國家除了軍事及經濟這類「硬實力」之外，透過「吸引和說服」使得他國願意配合你的行動的無形實力。軟實力表現在一個國家的文化、價值觀、意識型態等方面，其影響力不下於「威脅、利誘」手段所產生的硬實力。

在《強權者的道德》（*Do Morals Matters?*）這本書中，奈伊開宗明義提出一個大哉問：「道德思考對外交政策有影響嗎？」他知道絕大部分的人認為道德對外交沒有影響，但是他對此通俗觀點不以為然。他說：「大多數外交政策議題涉及到多項價值的權衡取捨，需要做出選擇。」而且，「不論我們是否喜歡，美國人不斷對歷任總統及外交政策做出道德判斷。」如果以為國際關係講的只有實力原則，如果以為歷任美國總統的外交政策都沒有面臨道德價值的抉擇，那是完全簡化了國際政治的實相。杜魯門究竟該不該對日本投下原子彈以結束二次大戰？詹森該不該擴大越戰規模以防止中南半島赤化？小布希該不該進軍伊拉克以消除恐怖主義的威脅？川普該不該為了「讓美國再次偉大」而退出《巴黎氣候協定》、《跨太平洋夥伴協定》及《伊朗核武協定》？這些外交政策都涉及複雜的價值選擇，也考驗一個國家領導人在困難的情境中，如何展現自己的道德判斷與承擔。

然而，我們要如何衡量一個國家領導人在外交政策中所展現的道德品質呢？奈伊在《強權者的道德》中，提出了三個面向的判斷基準：意向（intentions）、手段（means）與結果（consequences）。「意向」指領導人是否表達崇高的價值？是否具有良善的動機？以及是否審慎平衡自己所追求的價值與加諸別人的風險？「手段」

指的是領導人使用武力時，是否注意其必要性、合乎比例原則、區分平民與軍人？是否尊重國內外體制及他人的權利？「結果」指的是領導人是否不負人民的付托？是否增進國家的利益？是否考慮到其他國家的利益？是否尊重真相與事實？是否增進了國內外對道德議題的討論？

奈伊認為，現實主義、世界主義及自由主義對上述三個面向有著不同程度的關注，但是這三種不同立場的「心理地圖」並不互相排斥。而且在實務上，歷任美國總統在制定外交政策時，常會混合三種世界政治的心理地圖。其結果是絕大部分的美國總統，都是「具有世界主義色彩的自由派現實主義者」（liberal realists with a touch of cosmopolitanism）。奈伊也認為，現實主義是大多數總統在制定外交政策時，最自然而然的起始點。但是他希望一個總統不能停留在現實主義，而必須意識到世界主義和自由主義對於形成準確的道德地圖，具有不可或缺的作用。因為只有三者兼顧，外交政策才能在意圖、手段及結果上，都表現出良好道德判斷的品質。

這本書最有趣的部分，當然就是奈伊如何根據他所建立的標準，評斷歷任美國總統的外交政策表現。他把評估的對象，限制在一九四五年（第二次世界大戰結束）之後、到目前為止的十四任美國總統，也就是從小羅斯福總統開始，到現任的川普總統。他的結論是：在外交政策上能把道德與有效性結合在一起的四個最佳總統是小羅斯福、杜魯門、艾森豪和老布希；居於中段班的是雷根、甘迺迪、福特、卡特、柯林頓和歐巴馬；而表現最差的四位則是詹森、尼克森、小布希以及川普。

奈伊當然知道，他的評斷未必能獲得每個讀者的贊同，而且隨着歷史新事實的出現，他自己的觀點也可能會有所改變。但重要的是，他堅信國家領導人必須有道德高度，也要有兼顧政治理想與政治後果的能力，因為美國總統的外交政策往往牽涉到其他國家的興衰起伏，以及無數人民的生死存亡。一個總統如果缺乏遠見、不夠審慎、不夠尊重國內外體制，或甚至說謊成性，他所傷害的不僅是短期的國家利益，還有各國人民對美國做為自由世界領袖的信任。奈伊在字裡行間，對現任美國總統川普的不滿與憂慮完全溢乎言表。

《強權者的道德》並不只是評斷歷任美國總統的外交表現，這本書也對美國未來國際戰略所面臨的挑戰——尤其是中國的崛起——提出不少建言。奈伊認為美國將面臨兩種全球性的權力轉移：一種是水平的權力轉移，一種是垂直的權力轉移。前者指的是亞洲的崛起，包括中國、印度、日本、東南亞等國家，勢必對西方世界構成挑戰。後者指的是科技驅動的資訊革命，它使得非國家行動者也躍上政治舞臺，透過多元的跨國連結和議題設定，影響著國內政治及國際政治。奈伊認為中國短期內不可能超越美國，因此美國不應該誇大恐懼或過度反應，但是他也主張美國若要成功回應中國的科技挑戰，重點必須放在本身的精進改善，而不是對中國實施制裁。

臺灣不是美國，我們的外交政策對世界大局也不像美國那樣舉足輕重。但是，臺灣的領導人在制定外交政策及兩岸政策時，同樣必須面臨道德選擇的權衡與判斷。就「意向」而言，國家領導人是否審慎平衡其政治理想與可能風險？就「手段」而言，我們主要是準備訴諸談判還是武力？採取的戰略是要「聯美抗中」還是「親美和中」？是要增進自由民主體制的力量，還是限制自由以確保國家安全？就「結果」而言，國家領導人是否維護了臺灣人民的真正利益？是否贏得人民的信任與尊敬？是否在道德論述上，提高了全民的討論品質？類似的道德衡量標準，同樣可以用來檢驗國家領導人的表現。

奈伊的著作常常有發人深省的地方。《強權者的道德》不僅帶領讀者回顧過去七十幾年來，美國外交政策的利弊得失，更重要的是透過歷史故事，讓我們確認

「道德思考」才是決定國家安全戰略的核心因素。凡是欠缺道德勇氣，或是魯莽躁進，不知如何審慎選擇手段、不知如何達成崇高目標的政治人物，都無法贏得後人的尊重與懷念。

（本文作者為前行政院長、國立中正大學紫荊講座教授）

前言

和一群友人聚餐時，有人問起我最近在忙什麼？我說，我正在寫一本有關總統、道德和外交政策的書，她笑說，那一定不會太長。另一位朋友則比較嚴肅地說：「我不以為倫理道德有多大的作用。」這種一般見解不僅充斥在餐桌上的討論，也充斥在政治分析之中。在網路上搜尋，意外發現沒有太多書籍討論總統的道德觀點如何影響他們的外交政策，以及這如何影響大眾對他們的評斷。*華爾澤（Michael Walzer）是個重要的例外人士，他形容一九四五年以後美國研究院的訓練為：「雖然有少數作家捍衛利益是一種新道德，但是道德論證仍與通常所遵循的學

＊ 我交替使用「倫理」（ethics）和「道德」（morals）來指涉對與錯的評斷。倫理是正確行為比較抽象的原則，而道德通常是指比較個人的評斷，可能基於正式倫理或個人良知。

科規則背道而馳。」[1]針對美國三大國際關係重要期刊過去十五年的文章進行調查，發現涉及此一主題的文章只有四篇。有位作者指出：「重量級學者……並未認真注意，研究道德價值對國家行為的影響。」[2]對年輕的學者而言，它不是有助於專業晉升的主題，但對於我這樣一個從事實務工作、又鑽研美國外交政策多年的學術工作者而言，它長久以來一直吸引著我。

對許多人而言，懷疑的理由很明顯。固然歷史學者大書特書美國例外論和道德主義，像肯楠（George Kennan）這些外交官和理論派，早就對美國重道德、講法理的傳統帶來的惡劣結果提出警告。[3]國際關係是一片無政府之地，沒有一個世界政府提供秩序。各個國家必須自力捍衛，面臨生死存亡關頭時，則為達目的、不擇手段。在毫無有意義的選擇之下，就不會有倫理道德可言。哲學家說：「應該，意謂著可以。」沒有人會因為你沒去做不可能的事而責備你。本於此一邏輯，把倫理道德和外交政策結合在一起，是一種歸類錯誤，彷彿問刀好不好而不問它是否切得利，或是問掃把能否舞動而不是它能否掃地。本於這個邏輯，在評斷一個總統的外交政策時，我們應該只問它是否奏效，而不是也問它是否合乎道德。

這個觀點固然有理，它卻過分簡化、回避了艱巨的問題。沒有世界政府並不代表完全沒有秩序。某些外交政策涉及到我們國家的生存，但是大多數外交政策則不然。自從第二次世界大戰以來，美國介入好幾次戰爭，但沒有一次是出自我們生存所必需。[4]而且許多涉及到人權、氣候變遷或網際網路自由的重要外交政策選擇，根本沒有涉及到戰爭。大多數外交政策議題涉及到多項價值的權衡取捨，需要做出選擇，並不是僵硬地採用「國家利益」（raison d'etat）的公式。有位激憤的法國官員曾經告訴我：「只要合乎法國的利益，就是我所界定的好。與道德毫不相干。」他似乎沒有察覺，他這句話就是一種道德評斷。再談所有的國家都試圖基於其國家利益行動，根本就是多此一舉的廢話。重要的問題是，領導人在不同情境下如何選擇去界定和追求國家利益。

猶有甚者，不論我們是否喜歡，美國人不斷對歷任總統及外交政策做出道德評斷。川普政府上臺，使得各界重新點燃何謂道德的外交政策之興趣，把它從理論上的問題提升到新聞頭版版面。譬如，沙烏地阿拉伯異議份子、記者哈紹吉（Jamal Khashoggi）於二〇一八年在沙烏地駐伊斯坦堡領事館被殺害之後，川普總統被批評為對殘酷罪行的明顯證據視若無睹，以便與沙烏地王儲維持良好關係。自由派指責川普有關哈紹吉遇害的聲明是「無情的交易，罔顧事實」。[5]保守派也發表社論批評：「我們知道，沒有一位總統——即使像尼克森或詹森這樣冷酷的務實主義者——會寫出這樣的公開聲明，完全不顧美國遵守的價值和原則。」[6]取得石油資源、販售軍火武器，以及區域穩定，都是國家利益，但是吸引別人的價值和原則也是國家利益。它們要如何結合在一起呢？

不幸的是，許多關於倫理道德和外交政策的評斷都是隨興而發，並未經過深思熟慮，而且目前的論辯太過集中於川普的性格。觀察敏銳的資深記者哈珀曼（Maggie Haberman）曾對我表示：「川普並不獨特，他只是過於極端。」當我們檢視第二次世界大戰以來所有美國總統的紀錄時，就會發現，他所採取的某些行動並非沒有先例。甚至更重要的是，美國人很少搞清楚我們要以什麼樣的標準去評斷合乎道德的外交政策。我們讚揚雷根（Ronald Reagan）這樣的總統，認為他的發言具道德上的明確性，彷彿言詞上的善良意圖就足以做出道德的評斷。然而，威爾遜（Woodrow Wilson）和小布希（George W. Bush）兩位總統卻顯示出，徒有善良的意圖，卻沒有妥當的方法去達成它們，將導致道德上的不良後果，譬如威爾遜在《凡爾賽條約》上，或是小布希進軍伊拉克，結果都淪於失敗。或者說，讓我們單純就結果來評斷一位總統。有些觀察家讚揚尼克森（Richard Nixon）結束越戰，但是他犧牲了兩萬一千名美軍士兵的性命，來創造一個聲譽不錯的「體面的間隔」（decent interval），最後卻證明它是走向失敗之路的暫停。

我在下面會提出論據，善良的道德推理，應該有三個面向：權衡總統決策的意圖、手段與結果。道德的外交政策不是意圖和結果相互對比的一樁事，而是必須涉及到這兩者，以及我們所使用的方法。甚且，良好的道德推理必須考量到一般行動的後果，譬如維持體制性的秩序，鼓勵道德利益，以及特別有新聞價值的行動，如協助在其他國家的人權異議份子或遭受迫害的團體。還有一點很重要，必須包括「不作為」的道德結果，譬如杜魯門總統在韓戰期間願意接受戰局僵持和國內政治挫敗，不肯接受麥克阿瑟將軍動用核子武器的建議。福爾摩斯有句名言：從一隻不叫的狗身上，我們可以學到很多東西。

本書不是歷史書。我沒有刻意求全、求完整，或是舉出敘述第二次世界大戰以來歷任總統外交政策道德面向的一切文獻來源。我也沒有試圖涵蓋前幾世紀的美國外交政策。我在本書只是提出規範性的思考，運用到一九四五年以來的時期——這是美國居於世界最強大國家的時期，有時被稱為大美盛世（Pax Americana），或是自由主義的國際秩序（Liberal International Order）。許多評論家臆測這個時期即將終結，需要有新的外交政策來迎接新挑戰，這我將在最後一章提到。在辯論這些政策時，倫理道德將是我們會採用的論據之一。假裝倫理道德沒有任何作用，就和認為太陽明天不會升起一樣盲目。由於我們將對外交政策採用道德推理，我們應該學習做得更好。這本書分析和開發出來的計分卡，是朝這個方向邁進的一小步。

謝辭

數十年的教學生涯中，家人、老師、朋友、學生、同事等等，成千上萬的人影響了我。任何一位作者都不會是一座孤島。我一直受到周圍的人祝福。我從許多人哪兒乞求、借用和竊取了他們的思想。我感謝所有的人，由於眾人惠我良多，我無法只提少數人，才不會掛一漏萬。但是我必須特別感謝已故的同事霍夫曼（Stanley Hoffmann），他是一位自由派的現實主義者，也是思考這個主題的先驅。另外，我要感謝基歐漢（Robert O. Keohane）和艾里森（Graham T. Allison），自從修讀研究所時期以來，他們就不時利用一起登山和釣魚的機會指導我。

其他人耐心閱讀和評論了部分手稿，或者與我談論他們的經歷，協助我避免一些錯誤，倘若還有錯誤，其咎在我。我無法一一詳列他們的協助，因此謹依姓氏英文字母列出大名：阿查里亞（Amitav Acharya）、伯恩斯（Nicholas Burns）、費佛

（Peter Feaver）、弗格森（Niall Ferguson）、葛根（David Gengen）、亨里克森（Alan Henrikson）、約翰遜（Seth Johnson）、卡馬克（Elaine Kamarck）、卡拉列卡斯（Anne Karalekas）、柯恩（Nancy Koehn）、柯赫特（Matt Kohut）、柯甘（Eugene Kogan）、克拉斯納（Stephen Krasner）、林—瓊斯（Sean Lynn-Jones）、羅格瓦爾（Fredrik Logevall）、米勒（Steven E. Miller）、奈伊（Molly Nye）、歐蘇利文（Meghan O'Sullivan）、波特（Roger Porter）、賴斯（Susan Rice）、李斯（Mathias Risse）、桑格（David Sanger）、沙洛蒂（Mary Sarotte）、薛爾曼（Wendy Sherman）、席夫林森（Joshua Shifrinson）、席金克（Kathryn Sikkink）、史密斯（Tony Smith）、史坦伯格（James Steinberg）、蘇禮文（Jake Sullivan）、伍文（Alex Vuving）、華頓（Calder Walton）、韋爾奇（David Welch）、文安立（Arne Westad）、溫斯頓（Kenneth Winston）、澤里科夫（Philip Zelikow）、佐立克（Robert Zoellick）。我也感謝哈佛甘迺迪學院應用歷史研究小組的成員，他們和我討論了本書前頭的一章。有幾位人士，如史考克羅夫（Brent Scowcroft）和我討論了最近幾任政府的表現，已經載於本書章節本文或注釋之中。不過也有其他人希望保持匿名，我尊重他們的意願。

我在編寫本書時，幾個單位提供莫大的協助，它們是：哈佛大學甘迺迪政府學院，以及它轄下的貝爾佛科學與國際事務中心（Belfer Center for Science and International Affairs）和公共領導中心（Center for Public Leadership），以及史丹福大學的胡佛研究所。丹樂（Rachel Damle）幫忙整理注釋，麥克菲（Lisa MacPhee）是一位能幹的助手，麥克布萊德（David McBride）是一位精明的編輯。但是對任何一位作家來說，最重要的支持是情感上的支持，為此，我對我的家人，尤其是對以我為中心的茉莉，深表謝意。

約瑟夫・奈伊

麻薩諸塞州萊辛頓市（Lexington, Massachusetts）

第一章

導論：美國的道德主義

川普在他二〇一七年的就職演說中宣稱：「自今日起，將是美國第一。美國第一……我們將與世界各國追求友誼和善意，但是我們這麼做，是基於一個理解，即所有的國家都有權利將其自身利益置於第一。」[1]這似乎是很明顯的道理。領導人是受託付的管理人。我們投票選出他們來保護我們的利益。但是他們應該如何界定和代表我們的利益？我們希望我們總統的外交政策有多道德？而它代表什麼意思？我們對國境之外的事務有職責嗎？我們能夠──事實上是，我們應該──試圖「讓世界變成更美好的地方」嗎？

美國例外論

美國人長久以來就認為我們國家在道德上相當特出。老羅斯福總統（Theodore Roosevelt）在一個世紀前說：「我們對於人類的首要用途是結合力量與崇高的目的。」[2]美國以思想和種族並重，長久以來視本身既是一個國家、也是一個理想。相信自己的國家很特殊，是常見的一種民族主義榮耀感。對某些美國人而言，例外論（exceptionalism）代表沙文主義式的榮耀，在道德上高人一等，但是就其他人而言，它很單純就是愛國主義，基於共同的公民理想、結合與其他國家合作的國際主義。[3]歐巴馬在二〇〇九年表現出這種溫和的道德主義，當時他說：「我相信美國例外論，就像我認為英國人相信英國例外論，而希臘人相信希臘例外論。」[4]但是有些美國人批評歐巴馬把話說得太溫和。

哈佛政治學者霍夫曼（Stanley Hoffmann）兼具法國和美國血統，他曾經指出，每個國家都喜歡認為自己很特殊，但是法國和美國特別深信他們的價值是普世原則。然而，法國因為歐洲的權力平衡，野心受到限制，無法如其所願的縱情追求普世價值。[5]以霍夫曼的話來說，只有美國試圖發展反映其例外論的外交政策，而且只有它在實力上還有餘裕這樣做。

這並不是說美國人比起其他民族更加道德——你不妨問問墨西哥人、古巴人或菲律賓人，關於美國在十九世紀動用戰爭和酷刑對付他們，他們有什麼看法。不過它的確代表許多美國人想要相信：我們是道德的，是世界上一股善良的力量。出身歐洲的現實主義大師摩根索（Hans Morgenthau），在二戰過後不久撰文，抱怨美國外交政策中的這種道德主義，因為它妨礙了對權力的明確分析。他說，這樣的道德情感並不只局限於群眾，而且「甚至美國於戰後世界承擔起超級大國的角色下，美國政府的最高層級仍然對促進特定的道德價值觀依戀不已」。[6]即使是如此，美國具有自由主義的政治文化這件事，使得二戰之後建立的國際秩序性質大為不同。主導的大國推動它們的政治價值觀。如果希特勒打贏了二戰，或是史達林的蘇聯在冷戰勝出，今日的世界面貌將大為不同。法西斯主義、共產主義和自由主義這三大二十世紀的意識型態論述，到最後只有自由主義屹立不搖。

美國例外論有幾個來源。主要的源頭是開國先賢具有自由主義的啟蒙時期（Enlightenment）思想。我們這個國家建立在這些價值之上。誠如甘迺迪（John Kennedy）所說：「我們的『神奇力量』是渴望人人都自由、每個國家都獨立……我相信這是因為我們的制度最符合人性的基本精神，我相信我們最後將會成功。」[7]啟蒙時期的自由主義珍視個人的自由與權利，相信這種權利是普世的，並不只限於美利堅合眾國。某些當代政治學者主張，美國被普遍認為特殊的核心理由，是因為它具有強烈的自由主義性格——「一種以政治、經濟和社會自由為中心的生活方式之思想觀」。[8]

然而，打從一開始，美國在執行自由主義意識型態的價值時，就面臨矛盾牴觸，把奴隸的不平等寫入了憲法。南北內戰之後又經歷一個多世紀，國會才在一九六五年通過《投票權利法》，而且直到今天，種族主義仍是美國政治的主要因素。美國人對於如何在外交政策上推動自由主義價值，意見不一，種族主義在美國介入墨西哥、海地和菲律賓時也發揮了作用。[9]自由主義的道德能量有不同的變體。對某些美國人而言，它成為入侵其他國家、強推民主政體的藉口；對於其他人而言，它意謂建立一套國際法和國際組織的制度，俾能透過緩和國際間的無政府狀態、保護國內的自由。[10]

美國例外論的另一個根源在於，聖經所謂做為上帝選民此一宗教根源，以及清教徒為了逃離英國以便在新世界以更純淨的方式敬拜上帝而背負的罪惡感。如此高的期許導致他們對自己是否能夠臻至這些不可能的標準感到焦慮。這個源頭其實是焦慮和內在心理大於宗教意涵。即使開國先賢也擔心他們建立的新共和是否會和羅馬共和一樣道德沉淪。[11]十九世紀，來自歐洲的訪客包含托克維爾（Alexis de Tocqueville）和狄更斯（Charles Dickens）等不同人物，卻都注意到美國人相當執著於道德、進步和衰退。但是這種道德顧慮比較內向、而非外向。

最後，我們的例外論第三個源頭來自於美國的國土廣闊和地理位置。托克維爾在十九世紀已經注意到美國特殊的地理情勢。美國受到兩大洋保護，毗鄰的又是較弱的國家，它在十九世紀大體上專注於向西部擴張，並且力圖避免涉入以歐洲為中心的全球權力平衡。但是到了二十世紀初，美國成為全世界最大的經濟體，它開始以全球大國的角度思考。[12]我們看到，最大的國家既有更多的餘裕，也有更多的機會放縱自己，無論是做好事或是做壞事。最大的國家也具有誘因和能力，帶頭創造所有人都能受益的全球公共財，並且以廣泛的方式自由界定其國家利益，包括開放的國際貿易體系、海洋和其他公共領域的自由，以及開發國際體制。國土廣闊為美國例外論建立了重要的現實主義基礎，而清教徒精神，尤其是自由主義，提供了道德能量。二十世紀初，威爾遜總統做出了重要努力，將美國的自由主義價值觀與我們新的大國地位結合起來。

威爾遜的自由主義

孤立主義是我們在十九世紀面對全球權力平衡的政策。國勢仍弱的美國可以對它的小型鄰國採取帝國主義政策，但是對於歐洲的全球權力平衡必須採取審慎的現實主義政策。門羅主義（Monroe Doctrine）堅稱西半球要和歐洲的均勢分隔開來，但是美國能夠堅持此一立場完全是因為它恰巧吻合英國的利益，以及英國皇家海軍控制了大洋。

然而，隨著美國力量增大，我們的選擇方案增加。一個重要的轉折點發生在一九一七年，威爾遜總統打破傳統，派出兩百萬美國士兵到歐洲參戰。和二十世紀初期其他美國領導人一樣，威爾遜自認是個理想主義者。*他對國際和平聯盟的想法起先是一個來自歐洲的觀念，但是身為美國知名教授和大學校長，他採納歐洲的自由派想法，把它們綜合成為他認定的更合乎道德的美國方式，它隨後成為美國外交政策的一個主要元素。

威爾遜了解權力平衡的概念，但是認為它不合乎道德，因為基於大國列強的方便，它把弱小國家當作起司任意切割；譬如波蘭在十八世紀遭到俄羅斯、普魯士和

* 威爾遜是個自由派的理想主義者，但他並沒有推行普世的人權。身為南方人，他也有種族歧視，以及他那個時代流行的盎格魯撒克遜人之沙文主義。美國的自由主義傳統長期以來先接受蓄奴，後又接受黑白隔離。此外，威爾遜毫不猶豫的介入墨西哥和加勒比海，這是他認為這些地方治理無方所做出的回應。

奧地利瓜分。威爾遜相信，以集體安全公約對抗侵略者為基礎的國際聯盟，將比平衡權力所需的自私自利的同盟更和平和公正。威爾遜認為美國參與第一次世界大戰的使命，並不是要求實質上的強大，而是要領導所有國家組成一個新的國際社群，以便達成正確的結果。[13]他稱呼美國是個「夥伴」（associate），而不是戰勝國的一個盟員。威爾遜主張，短期而言，這是美國人民唯一能夠接受的和平，長期而言，也吻合世界的道德意見。

威爾遜成功的地方並不是成為外交政策領導人，而是今天我們所謂的「思想領袖」。一九一九年，他在國內外都被奉為偶像，而且數十年之後，他成為新型態國際關係的道德象徵。威爾遜對於國際組織的想法，有二十多年沒有得到美國人民的實行。縱使如此，威爾遜對小羅斯福（Franklin D. Roosevelt）和杜魯門（Harry Truman）產生強烈影響，他們啟動的自由主義國際秩序在一九四五年之後盛行起來。小羅斯福和杜魯門都以威爾遜主義信徒自居，而限制國家宣戰權利的聯合國（United Nations）乃是威爾遜國際聯盟（League of Nations）的後裔。

威爾遜的自由主義國際計畫有兩大目標：透過樹立有拘束力的國際法和組織，以馴服國際無政府狀態，以及將體系中的其他國家轉變為立憲民主國家。他追求一個可讓民主安全的世界。[14]歷史學者兼傳記作家林克（Arthur Link）認為，鑑於一九三〇年代發生的事件禍害慘重，威爾遜一九一九年在凡爾賽的道德願景變得比起克里蒙梭（Georges Clemenceau）或勞合．喬治（David Lloyd George）等歐洲領導人來得更有遠見，因為後者只注重取得更多領土。林克稱這是「威爾遜高人一等的現實主義」。一九九一年，肯楠這位現實主義派在寫到威爾遜時說：「我在人生的這個階段必須更正或修改我早年對他的許多印象。從他對世界社會未來需求的遠見來看，我現在看到威爾遜比起他那個時代的其他任何政治家都更高瞻遠矚。」[15]

其他人不同意這個觀點，認為威爾遜留下來的合乎道德的自由主義外交政策，對美國的外交政策而言是個陷阱。固然自由民主在國內是最佳的政治制度，在國際政治領域，「認為所有人類都有一套不可讓予的權利，而且保護這些權利應該高於其他的顧慮，這種想法製造出強大的誘因，讓自由主義國家干預其他國家。」[16]自由主義變成不安定和衝突的源頭。[17]當然，相當大一部分要看自由主義如何界定，以及它如何被實現。不過，季辛吉（Henry Kissinger）指出，即使最大的現實主義者尼克森都受到威爾遜的影響，在白宮懸掛威爾遜的肖像照。[18]季辛吉的結論是：「威爾遜的偉大，必須以他對美國例外論這一傳統號召起多大的支持來衡量……他是一位先知，美國評斷自身有志朝其願景邁進。」[19]

二戰後的自由主義國際秩序

威爾遜派出兩百萬大軍到歐洲參戰、影響了戰爭勝負之後，情勢十分明顯，美國不僅是世界最大經濟體，也攸關到全球權力平衡。但是在參議院拒絕《凡爾賽和約》與威爾遜的國際聯盟方案時，美國無力承擔它的新角色，反而在提供全球公益上面——這是英國已經無能為力再繼續擔任的角色——繼續表現得有如搭便車的人。在全球政府缺席的情況下，世界端賴最大國家提供秩序和全球公共財，而在十九世紀，大英盛世（Pax Brittanica）對安全防務、經濟穩定和保護全球公共領域（如海上自由），貢獻良多。在第一次世界大戰之後，美國取代英國成為「不可或缺的國家」（套用柯林頓在二十世紀行將落幕時所說的話），但它並未自認如此。

美國反而回歸常態。當美國在一九二〇年代採取某些有用的倡議時，輿論反而認為參與第一次世界大戰和建立世界秩序的努力，是巨大的錯誤。美國成為強大的孤立主義者，在一九三〇年代並沒有出現美國領導的自由主義秩序。結果就是一個經濟蕭條、不合乎道德的世代，也是走向種族滅絕、最後爆發第二次世界大戰的前奏。儘管一九三〇年代的孤立主義比往常更為有害，它代表了美國回歸十九世紀的外交政策傳統。

美國的輿論經常在外張（extroversion）與退守（retrenchment）之間搖擺。[20]小羅斯福等領袖看到一九三〇年代孤立主義所犯下的錯誤，展開了一個規畫過程，於一九四四年建立布列敦森林（Bretton Woods）國際經濟體制，並於一九四五年成立聯合國。我們將在第三章看到，轉捩點出現在杜魯門戰後的決定，他的決定導致永久性的結盟，以及持續在海外派駐軍隊。當英國國力太弱，在一九四七年無力支持希臘和土耳其時，美國起而代之。我們在一九四八年巨額投資馬歇爾計畫（Marshall Plan），於一九四九年成立北大西洋公約組織，並領導聯合國聯軍在一九五〇年於朝戰半島作戰。一九六〇年，艾森豪（Dwight D. Eisenhower）總統和日本簽訂了一份新的《美日安全保障條約》。

這些行動是圍堵蘇聯勢力的現實主義戰略之一部分，但是對於圍堵（containment），有許多不同的解讀。有些外交政策是以圍堵共產主義為理由，也有些是為了圍堵蘇聯——譬如杜魯門支持共產主義的南斯拉夫。有些決定的道德依據頗有疑問，譬如推翻瓜地馬拉、伊朗和其他國家的政府。或許最惡名昭彰的例子是介入越南；我們將在第四章看到一連多位美國總統以骨牌將倒向共產主義為比喻，以及它對兩極世界全球權力平衡的最終效應，做為干預的理由。

美國人對於介入越南，以及近年介入伊拉克等開發中國家，存在激烈的辯論與黨派歧異，分別嚴重影響了一九六八年和二〇〇六年的選舉。然而，儘管干預的道德性有高度爭議，自由主義的體制秩序這個議題則罕有遭到批評。神學家尼布爾（Reinhold Niebuhr）讚揚「自由國際主義的幸運模糊性」，使其免於陷入意識型態的僵硬。冷戰得勝，自由主義的意識型態也勝利了，威爾遜主義的風險是成為「堅硬」的意識型態，要**以民主**讓世界安全，而非**為民主**而爭取世界安全。美國這種權力不平衡的「單極時刻」增加了驕矜自大的風險。華府提倡的經濟全球化、強力推進民主和美國的領導地位，[21]經常成為一系列僵化利益的意識型態合理化根據。追求「崇高的目標使得美國能夠運用它認為有必要的任何手段」。[22]

自從二戰以來，自由主義的國際秩序得到美國外交政策的廣泛支持，但是川普在二〇一六年選舉中發現一段論述極為有效，亦即，一九四五年後秩序的結盟和體制，俾益於其他國家，卻不利於美國。他的民粹主義吸引力遠非只依賴外交政策。

全球化引起的經濟紛擾，因為二〇〇八年的經濟大衰退（Great Recession）而加劇，涉及到種族、女性角色和性別認同的文化變異，也使美國選民趨向不同的兩極。川普成功將白人對於種族和少數民族日益上升的能見度和影響力之怨恨，與外交政策掛鉤起來，把經濟困難歸咎於「和墨西哥及中國等國家簽訂了差勁的貿易協定，以及移民來爭搶工作機會」。[23]

目前這個時期並不是美國第一次出現這種反對自由主義外交政策的民粹主義反應。[24]一九二〇年代和一九三〇年代就有過先例。[25]二十世紀的頭二十年有一千五百萬名移民來到美國，「使得在地美國人產生模糊的不安，深怕在國內就被壓倒。」一九二〇年代初期，三K黨死灰復燃，極力推動《一九二四年國民起源法案》（National Origins Act of 1924），旨在「防止北歐種族被淹沒」，以及「保持昔日更具同質性的美國」。同樣的，川普在二〇一六年的當選，乃是反映——而非引起——自一九六〇年代起就持續發展的深層種族、意識型態與文化分裂。[26]某些分析家擔心川普的外交政策和美國的退守會造成類似一九三〇年代的國際秩序大亂，但是支持他的人有恰恰相反的說法，認為較不寬厚而更加強硬的美國立場將在國外產生更大的穩定度，在國內也會得到更多的支持。總之，川普的當選，代表明顯背離威爾遜主義的傳統。

某些人認為，川普是因為自由派菁英不能反映美國人民重視的外交政策偏好，才趁勢崛起。譬如，華特（Stephen Walt）描述有一批重視道德理念的外交政策菁英，他們比起廣大民眾更關心自由主義價值。[27]但是這種描述過於簡化。當然，美國的輿論有許多源頭，而菁英團體一般也都比廣大民眾更關注外交政策。芝加哥全球事務理事會（Chicago Council on Global Affairs）自從一九七四年以來就調查美國民眾的意見，積極參與或脫離世界事務，何者對美國最好。多年以來，大約有三分之一的美國民眾一直支持孤立主義，想要回到十九世紀的傳統。[28]這個數字在二〇一四年達到四〇%，但是與一般人相信的迷思相反，二〇一六年並不是一九四五年二戰結束以後孤立主義的頂點。二〇一六年大選時，六四%的美國民眾贊成積極參與世界事務，而這個數字在二〇一八年調查時上升至七〇%，這是自二〇〇二年以來最高的紀錄。[29]

這是因為大多數美國人並未將外交政策放在高度優先事項，他們往往是直覺的現實主義者，強調國家安全和經濟繁榮。[30]一般老百姓主要是關切他們的日常工作和人身安全。然而，在此同時，調查也顯示，雖然「免於攻擊的安全和國內福祉最重要……大多數美國人也相當重視要讓國外人民獲致正義，希望美國在國際上追求利他、人道的目標」。菁英通常比一般老百姓更具自由主義傾向，但並不是針對所有問題都如此。一般民眾對影響工作的經濟議題，或派部隊投入作戰，通常比較抱持懷疑態度，但是他們比菁英更大力支持國際組織、體制和協定。[31]外交政策並不是二〇一六年大選的主要議題，川普成功抓住的民粹主義輿論並不是外交政策的唯一源頭。

川普在他的就職演說中宣布：「我們不強求任何人接受我們的生活方式，而是要讓它成為閃亮的典範。」這種「山上的城市」（city on the hill）的做法有其長期淵源；它並不純然是傑佛遜主義的傳統，它避開積極主義。[32]美國的力量被認為奠定在「啟發的支柱」和軟實力的吸引力上，而不是奠定在「行動的支柱」上。[33]「山上的城市」這個比喻源自於十七世紀的清教徒溫瑟洛普（John Winthrop），他宣稱「全世界人們的視線都投注在我們身上」。一八二一年，約翰·昆西·亞當斯（John Quincy Adams）留下一句名言：美國「沒有到國外去尋找妖魔並加以消滅。她祝望大家都能享有自由和獨立。她只是自身的鬥士和辯護者」。[34]川普在二〇一七年發表他的《國家安全戰略》時，又回到這個主題。他宣稱這是「回到有原則的現實主義」，表示「我們不強求任何人接受我們的生活方式」，但是會「歌頌美國的偉大，因為她是世界閃閃發光的典範」。[35]

美國外交政策長久以來也有干預主義的元素。國務卿亞當斯發表上述聲明是要阻擋政治壓力，這股壓力希望美國能替希臘愛國人士出面，對抗鄂圖曼帝國的壓迫。在二十世紀初，即使自命為現實主義者的老羅斯福也主張，在人權受侵犯的極端案例下，干預「可能是有道理且合適的」。[36]到了二十世紀中葉，約翰・甘迺迪呼籲美國人不要只問他們能為自己的國家做什麼，也要問能為世界做什麼。他派出約一萬六千名美國軍事顧問到越南。自從冷戰結束以來，美國已經介入七場戰爭和軍事干預，其中沒有任何一次直接關係到大國競爭。小布希在二〇〇六年發布的《國家安全戰略》，和川普的戰略幾乎南轅北轍。小布希的戰略是以兩大支柱為基礎：在全球各地促進自由、正義和人類尊嚴；促進日益增長的全球民主社群。[37]我們的歷史對於如何才構成合乎道德的外交政策，提出相當不同的答案，但是川普摒棄威爾遜自由主義遺緒中的民主干預論和國際體制論這兩個面向。

批評家們正確的指出，美國在一九四五年以後的秩序，既不是全球性的，也未必總是自由的。[38]所謂美國霸權排除了半個以上的世界（蘇聯集團及中國），但同時包含了一些不自由的獨裁專制國家。替它辯護的人則說，自由主義的國際秩序雖然不完美，卻讓世界成為更美好的地方，因為它創造了世界經濟史無前例成長的時代，使數億人脫離貧困，也使自由與民主得以傳播。[39]總而言之，許多分析家相信，隨著中國的崛起，以及許多國家出現民族主義式的民粹主義，自由主義國際秩序如今已經完結。未來的美國總統將必須在全新的世界就其外交政策做出道德選擇，一九四五年之後的大美盛世和威爾遜主義願景已經改變了。這些道德選擇會產生什麼不同？我們要如何評斷是什麼構成道德的外交政策？我們能夠建立一份計分卡，以更審慎的方式來比較歷任總統的作為嗎？我相信我們辦得到，下一章就要談到這個問題。

第二章

什麼是道德外交政策？

我們剛描述的美國人對價值與外交政策之辯論，是西方思索道德與外交政策的廣大傳統的一部分。現實主義者追溯他們知識上的先祖，包括修昔底德（Thucydides）、霍布斯（Hobbes）和馬基維利（Machiavelli）；他們認為在一個無政府的世界，外交政策大半是不講究道德的。修昔底德斯留下一段著名的對話，古代雅典人準備屠殺和奴役米若斯島（Melos）人民時，他們不理會島民希冀饒命的請求，拋出一句千古名言：「強者為所欲為，弱者必須忍受苦難。」[1]相反的，歐洲的自由主義者依循啟蒙時期哲學家康德（Immanuel Kant）的傳統，主張基本價值是普世的，應該適用於一切情境，包括外交政策在內。這兩個觀點都有道理，但是它們認為外交政策上的道德選擇是全有或全無，則不免過於簡單。[2]世界政治涉及到大約兩百個國家、七十五億人，卻沒有一個世界政府。許多人並不認同西方的倫理道德傳統。然而，承認箇中的複雜並不代表我們來到水邊只能高舉雙手，放棄道德推理。讓我們從頭開始吧。

我們如何做道德評斷

我們無時無刻不在做道德評斷。不論我們是否有虔誠的信仰，研究顯示，道德是我們人性的一部分。保守派政治學者詹姆士・威爾遜（James Q. Wilson）曾說，「我們說人類有道德意識，並不等於說他們天生是好人」，而是說「天性可能善良」。[3]我們是一種社會物種，從而進化。人類是自私、有侵略性的，但是對衝突有節制、關心別人，是重要的調整，有助於我們人類居於主導地位。以社會心理學家海德特（Jonathan Haidt）的話來說，道德規範使得人類「在沒有親屬關係做為黏合劑之下產生大規模的合作團體、部落和民族……道德推理是我們人類演化來推動社會議程的一種技巧，用以合理化我們的行為，以及保衛我們隸屬的團隊」。我們緊密連結在道德驅動力（moral impulse）上，只不過這些驅動力的內容千差萬別。

人類自私、有侵略性，而且經常是殘酷的，但是除了部分大腦受損的人，人類幾乎普遍都有道德驅動力。然而，不同的文化以不同的方式表達這些道德驅動力，某些規範比較重視關懷與公平，也有些規範更強調權威、效忠和神聖。[4]神經科學的進步已經使我們有可能了解道德意識和人類大腦之間的關係。即使在我們自己的文化裡，我們的某些道德評斷是衝動、直覺的，可以追溯到大腦的某部分；有些則比較理性，依賴的是另一部分的大腦。「關於如何採取行動的決定，並不是道德哲學家通常認為的那種單一、理性的盤算，而是兩個過程之間的衝突，其中一個（情感上的）有時候能夠超越另一個（功利主義的）。」[5]把道德直覺和推理對立看待，是錯誤的。直覺和理性都是我們道德反應的一部分。*道德涉及到信念和審慎。在表現這種生物性的道德驅動力時，我們的道德責任意識來自三個主要的社會來源：一是受到宗教或個人啟示的良知意識；二是社會視為責任的共同道德規則；三是專業或個人行為的規矩，它界定了與我們社會角色相關的責任。[6]

宗教在某些人心目中居於主導地位，但是它並沒有單獨為道德推理提供清晰的指導。宗教的基本教義派有時候認為道德推理是多餘的，因為答案已經寫在《聖經》或《古蘭經》的經文裡。但即使是經文，也有各方不同的詮釋。根據作家威爾斯（Garry Wills）的說法，南方浸信會教徒卡特是我們最虔誠信教的總統，成年後一直在教會教授聖經課，即使入主白宮也未中輟。威爾斯指出，縱使如此，當卡特擔任總統時，宗教右派人士是反對他的，而宗教右派人士在二〇一六年大選時又支持川普，「以壓倒性多數票投給堪稱是最不虔誠信教的這位總統」。[7]墮胎和派任保守派法官被認為是比不經同意亂伸祿山之爪摸女人和一再婚姻出軌更重要的道德問題。我們在下文將會看到，卡特和小布希這兩位最公開虔誠信教的總統，他們的道德計分卡很不一樣。甚且，同樣的經文可以導向不同的政治解讀，而且經文有時候提供非常過時的道德建議。譬如，《利未記》（Leviticus）第十八章第二十二節宣稱同性戀是可恥的，但《利未記》第二十五章第四十四節也說如果奴隸是從鄰近國家買來的就無妨。很顯然，這段經文允許加拿大人擁有美國奴隸——或者是，反過來？經文可沒告訴我們如何與加拿大人談判。

道德推理的三個面向

鑑於美國人不同的文化背景和宗教信仰，對於外交政策的道德推理經常有熱烈

* 有一個經典方法說明道德的兩難，那就是「電車問題」（trolley car problem）。如果有一輛煞車失靈的電車從山上直衝而下，你可以扳下一個開關，使它轉到另一條軌道，只會撞死一個人，而不是沿著原來的軌道撞死五個人，許多人會像功利主義者一樣，認為正確的道德反應是扳開關。但是換了另一個例子，如果你把一個人推落軌道，可以使電車脫軌來拯救五個人的性命，那麼儘管兩個例子同樣挽救五條人命，許多人會直覺的產生反感，放棄他們功利的計算。

辯論，有幾個常見的錯誤觀念更增添混淆。第一個錯誤觀念已在本書序文中討論過，就是極端現實主義者的觀念，他們認為道德根本無從貢獻，因為外交政策沒有什麼選擇可言，唯有國家至上——雖然這當然也是一種道德選擇。另一個錯誤觀念是把總統的道德性格跟他的道德結果混為一談。第三個錯誤觀念則是依據道德言詞而非結果來做評斷。

在實務上，大多數人在日常生活中循三個面向做出道德評斷：意向（intentions）、手段（means）和結果（consequences）。意向絕不只是目標。它們包括表明的價值和個人的動機（譬如，「她的動機用心良苦」）。大多數人公開表達的目標高尚、良善，即使他們個人的動機如自我意識和私人利益可能微妙的敗壞了這些目標。甚且，好目標不只必須滿足我們的價值，它們也必須通過可行性的考驗。否則，最好的意願也可能產生禍害的道德結果。它們經常鋪出走向地獄的路。詹森總統派美軍進入越南，可能有良好的意向，但是領導人的良好意向不能免於有時候被誤稱為「道德清晰」的這回事。根據良好意向做評斷只是一個面向的倫理道德。譬如，小布希總統的新聞祕書傅萊徹（Ari Fleisher）讚美其長官的意向「道德清晰」，但是要對二〇〇三年攻打伊拉克這一事件做健全的道德評估，還需要更多東西。[8]

道德評斷的第二個重要面向是手段。如果手段達成我們的目標，我們就說它**有效**，但是**道德的**手段除了它們的效力，也要看它們的品質。它們如何對待別人？總統是否考量軟實力的吸引力，以及開發其他國家信賴美國的重要性？談到手段，領導人必須決定如何結合威脅和利誘的硬實力，以及價值、文化與吸引人們投向其目標的軟實力。[9]馬提斯（James Mattis）將軍曾經向國會提出警告：「如果閣下未能提供經費給國務院的軟實力項目，你們將必須買更多的軍火給我。」[10]當軟實力就能奏效時卻採用硬實力，或是必須以硬實力保護價值時卻採用軟實力，會產生對手段的嚴重道德質疑。

至於結果，有效非常重要，涉及到達成國家的目標，但是合乎道德的結果也必須不僅惠及美國人，更必須照顧到別人。「美國第一」必須以傑佛遜所謂的「適度考量人類的意見」稍微緩和。就實務而言，有效與道德的手段通常有密切關聯。小布希可能有良好意向要把民主帶進伊拉克，但是美軍的占領失敗了，因為他缺乏有效及道德的手段這麼做。領導人追求合乎道德但不實際的目標，或是採用無效的手段，可能在國內外產生可怕的道德結果。我們將在本書許多案例中看到，總統雖有良好意向，卻只有薄弱的情境智商（contextual intelligence）和魯莽的現實考驗，有時反而產生糟糕的結果和倫理道德上的失敗。[11]良好的道德推理不會只是依據總統表明的意向或結果評斷他的選擇，而會根據意向、手段、結果這三個面向來做評斷。

雙重標準與骯髒的手

接下來各個案例的另一個考量是，我們是否應該以對待普通老百姓的相同道德標準來評斷總統？自古以來，領導人通常認為不應該如此。《聖經》告訴我們，大衛王覬覦手下一名大將的妻室拔示巴（Bathsheba）的美色，就把手下派去執行有性命危險的任務，然後搶走拔示巴。大衛王曉得他這樣做是不對的，但不認為道德羈束適用於他這個國王。十五世紀，出身波吉亞（Borgia）家族的教皇亞歷山大六世（Alexander VI）掌管一個腐敗的梵諦岡，恩澤廣被他自己的私生子女，但是辯稱其他教皇也都這麼做。同樣的，尼克森總統也主張：「凡事由總統做出來，就無所謂不合法這一回事。」[12]川普總統也暗示他可以寬赦自己，因而把自己置於法律之上。[13]

美國人經常說，總統並沒有超乎法律之上。在與合法性相關的角色上，或是做為一位老師或象徵，美國人認為總統應該和庶民遵守同樣的道德標準。我們傾向於區分總統的私下行為和公開行為，但是這種區分隨著時間進展而變化。我們看到甘迺迪在白宮耽溺於偷情，而一九六〇年代的傳媒選擇置若罔聞。三十年之後，柯林頓卻因這樣的行為而遭到彈劾（不過參議院沒有通過將其免職）。儘管川普搞婚外情證據確鑿，福音教派在二〇一六年還是支持他。

然而，有時候對待領導人和普通老百姓採取雙重標準並無不宜。《聖經》訂下戒律：「你不該殺人。」在選擇配偶或室友時，這條戒律在道德價值清單上，重要性居於前茅。與此同時，民調結果顯示，大多數人不會投票支持一個絕對的和平主義者。總統是受託人，他們有受託付的責任要保護推選出他們的人民，而在某些狀況下，可能會涉及到下令部隊進入戰場以取人性命，不管他們多厭惡這麼做。核子嚇阻需要有可信度，讓人相信總統會按下核武按鈕。卡特說：「率領國家進入戰爭的總統被人認為比走向和平的總統來得堅強。但是我不在乎。」[14]他自豪的是在任內沒有動用攻勢部隊，以及遏阻了核子武器擴散，但是他也從來沒有放棄核子嚇阻。有時候領導人必須「弄髒手」，意即必須採取行動，做出他們個人道德規範認為不道德的動作。[15]

德國理論家馬克斯・韋伯（Max Weber）對「信念倫理」（ethics of conviction）和「責任倫理」（ethics of responsibility）的區分十分著名。信念倫理拒絕容忍不正義，不能因為要求好的結果就違反絕對的道德。然而，責任倫理必須首要關注結果。當馬丁・路德（Martin Luther）起來反抗腐敗的教會，宣稱「我義無反顧站出來」時，他遵循的是信念倫理。但是韋伯固然尊重信念在核心信仰的角色，他也提出警告，政治上不能太純潔：「任何尋求救贖自己靈魂和拯救他人靈魂的人，都不會透過政治手段去做。」[16]政客必須在感性和理性之間折衷，結合直覺和審慎，也要在信念倫理和責任倫理之間求得平衡。二〇一五年八月，敘利亞內戰期間，大量難民湧向歐洲，德國總理梅克爾（Angela Merkel）——一個路德會牧師的女兒——採取勇敢、合乎原則的立場，接受一百萬名難民入境，但是這麼做的結果卻產生後遺症：加速激進右翼的興起，回過頭來困擾德國和歐洲的政治。[17]她個人的決定固然令人敬佩，但政治和外交政策是艱巨的決定、骯髒的黑手和三維倫理學的領域。

某些美國人遵奉寫在《聖經》、《古蘭經》或其他宗教經文的規矩之基本教義道德。可是，依據十八世紀自由主義啟蒙運動的哲學傳統——它們當年啟迪開國先賢，而今仍是多數美國人最重要的傳統——倫理學者還是會區分以規則為準的方法，以及結果論方法；前者的代表人物是德國思想家康德，後者的代表人物是功利主義者邊沁（Jeremy Bentham）和彌爾（John Stuart Mill）。若要掌握箇中差異，不妨自問：你是否會對恐怖份子刑求，強迫他吐露一枚定時炸彈藏匿在人口稠密的城市哪個角落？或者會殺害一名無辜者，以拯救數千人性命？如果人數是一百萬人，會不會影響你的決定？*

人們有時候會訴諸於稱為「美德倫理」（virtue ethics）的第三種傳統，這種傳統可以上溯到亞里斯多德（Aristotle）和古希臘人（或者在非西方文化中，就是儒家思想）。它注重培養品格上的美德特質，並且強調人的整體道德，而非只是某個

* 我們可以透過將一項決定對未來的規則和體制造成的損害包括在內，當作必須權衡的一項關鍵後果，來嘗試調和這兩種立場。換句話說，當一個功利主義者考量其行為對於將違反的規則體系有何行為後果時，其可能會出現在同一個地方。然而，儘管這樣的規則（或體制）後果論有時可以使功利主義者做出與基於規則的道義學家（deontologist）所主張的相同決定，但是它不能總是解決遵循規則或關注後果這兩者之間的基本差異。兩種方法之間的某些緊張是無法消除的，但是由於沒有人能夠準確計算所有可能選項的結果，歷經考驗證實的規則就很重要，而基於規則的功利主義至少試圖整合原則和後果。

特定決定是否合乎道德。道德美德是我們的天性，要做道德上值得稱讚的事情。品格不只是個性。它是美德的總和，促使一個人一輩子的決定都朝向某一方向，而非其他方向。品格不佳的人有時候可以做出明智的決定，而良好的品格並不能保證會採取良好的行動。當某人做出不道德的決定時，我們常常說他（她）的行為是「不合適」。一個好的領導者會培養美德，並且利用經驗來發展判斷力。「道德行為不應是認真而費力的算計和反思的結果；它應該是立即的、自發的、由直覺來支配」，「從認真注意相關事實而來，而不是取代它們。」[18]然而，美德倫理學和直覺的問題出在缺乏更大的客觀判斷標準。

就我們的意向、手段和結果的三個面向道德類別而言，美德倫理特別強調目標和動機的第一面向，正如基於規則的方法強調手段的第二面向，而功利主義者則注重後果。有位哲學家總結這三種西方主要傳統，他說：「我們還不清楚一個人必須只接受其中一種方法而排拒其他方法……即使在穆勒、康德和亞里斯多德看來，道德哲學似乎常常是一個截然不同的事物——一個人總是忽視另一個人認為最重要的主張——但我們注意到這些作家之間存在很多共同的主題，甚至有很多共同的結論。」[19]儘管它們是互補的，而且許多總統在實踐中也直覺的將它們結合在一起，但是在特定案例中，當代道德推理的這些重要源頭通常很難調和。正如「正義戰爭」理論家華爾澤所解釋的那樣，權利理論與功利主義之間的緊張關係永遠不會完全消除，並且「在哲學混亂的風險中，我們必須走中間立場」。[20]

就以杜魯門決定在廣島投擲原子彈，俾能結束第二次世界大戰這個案例來講。在業已有數以百萬計性命犧牲的一場戰爭裡，杜魯門接到報告，他可以藉由避免登陸攻打日本列島，挽救數十萬美國人及日本人性命。[21]甚且，廣島死亡人數遠不及利用傳統的燃燒彈在東京業已殺死的人數，而且原子彈是新研發出來的武器，大家對它的了解十分有限。杜魯門的行動在道德上交待得過去嗎？注重規則的理論家會說，兩錯相乘，並不能使它變成對的，刻意摧毀這麼多無辜平民的性命，再怎麼說都不對。某些結果論者則說，儘管付出這麼多無辜性命的代價，卻拯救了更多人的性命。他們又說，日後杜魯門救贖了自己，麥克阿瑟將軍及其他人極力促請他在韓戰動用核子武器，他堅決不同意。即使在一九四五年，杜魯門看到效應之後，他也不願意再投擲第三顆原子彈，因為「他不喜歡殺害那麼多小孩」。[22]有了更多時間，也有了經驗，杜魯門的品格使他不願再使用核子武器。反對動用核子武器的禁忌或厭惡持續了將近七十年之久，我們在下文將會讀到，對於好幾位總統而言它都很重要。核子武器替總統們帶來嚴正的道德問題，如果此一禁忌沒有守住，我們的歷史將大為不同。雷根政府時期，美國天主教主教們辯論核子嚇阻的道德性，他們指出，我們這個世代是創世紀以來第一個有能力摧毀上帝創造的萬物的世代，認為只能暫時性、有條件的接受核子嚇阻。[23]關於核子嚇阻的意向、手段和後果的辯論，延續到今天仍未止息。

然而，回顧一九四五年，假如杜魯門因為他個人的道德信念，拒絕投擲原子彈，這會防止它在比較不那麼謹慎的領導人手中使用嗎？一個領導人對個人氣節的關切轉變成為自私、違背追隨者的信賴，要付出什麼樣的代價呢？揮師攻入日本而陣亡的美國人，以及被原子彈炸死的日本平民，兩者相較，杜魯門的責任孰輕孰重？或者說，不動用原子彈而啟動登陸戰，在入侵戰和持久的交戰中死亡的日本人，杜魯門又有何責任？

我們為什麼還要費心去問這些沒有答案的問題？兩位主司英國核子武器的高級官員曾經苦思這些議題，他們說，這是因為「道德責任是做為人類的核心意義」。[24]對於這種問題，沒有簡單的答案，[25]不同來源的道德責任通常會彼此衝突。牛津大學哲學家柏林（Isaiah Berlin）恰當地歸納出我們碰上的道德兩難困境，由於「人的目標很多，而且原則上並非所有目標都可以兼容，所以永遠不可能從人類生活中徹底消除衝突和悲劇的可能性，無論是個人還是社會的衝突」。[26]在外交政策這個複雜的領域裡，這個說法特別真實，國內不同的選民，以及其他人的利益，都可能在這個領域中發生衝突。季辛吉曾經說過，最難以取捨的決定是五十一對四十九的時候，這就是為什麼「最必要的領導品質是品格與勇氣」。[27]我們在逐一檢視本書所舉的案例時，將會關注什麼是良好的外交政策決定，以及一流的外交決策者具有什麼品格和技能。*

體制的道德角色：互惠與公平

許多社會具有的倫理制度強調公正，有個黃金定律：「己所不欲，勿施於人。」你的利益和我的利益應該受到同等對待。自由主義哲學家羅爾斯（John Rawls）採

* 回到序文中提到的字詞語義，李斯（Mathias Risse）指出，「倫理」一詞源自希臘文中的「品格」（character），而「道德」一詞則來自拉丁語中的習俗和規則。我們在這兒關注的是兩者如何影響外交政策。

用我們對於起初的相對地位居於一種想像的「無知之幕」（veil of ignorance）的奇妙比喻，來說明正義是公平的。[28]假設你在不知道自己的狀況會如何的情況下行動。那你希望如何對待別人？然而，訴諸於一種直覺的公平感——以你希望受到對待的方式去對待別人，沒有特別施惠，對個人的需求敏感——並不總是能夠提供解決方案。譬如，諾貝爾獎得主、經濟學家沈恩（Amartya Sen）邀請我們想像一個父親有一枝長笛和三個孩子，而每個孩子都想要它。第一個孩子說：「它是我做的。」第二個孩子說：「只有我會吹奏它。」第三個說：「我沒有其他玩具。」[29]請問你應該把長笛給誰？即使透過在想像的無知之幕背後做決定的思想實驗，正義做為公平的原則也不能解決所有情況。

這就是體制在倫理上的重要性所在。在這種情況下，父母（或領導人）可能會發現更適合採用程序或體制上的解決方法，讓孩子們從中可以學習彼此談判交涉，或者同意以抽籤的方式或是請中立人物評斷如何分配或共享長笛的時間。父母還可以教授或指導孩子們分享，這是道德領導的另一種不同方式，即不僅是下令指揮，還可以說服和教育。擴大道德討論，並教導追隨者有關流程和體制，通常是總統（和父母）所扮演的重要道德角色之一。

美國總統在思考美國有什麼方法能讓世界變得更好時，他們不僅必須宣布良善的價值，也要思考世界政治的體制架構，以便更容易達成良善的價值。有一個例子就是開放、遵循規則的國際秩序，它建立在一九四五年之後，而現今正受到威脅。這個制度的某些方面並不公平，但比起其他方案又好得多。體制不需要完美無缺，才能在道德上扮演重要角色。透過替行為建立穩定的期望和規範，它們可以提高合作、互惠和道德關注的前景。譬如，囚徒困境的零和遊戲假設兩名罪犯因輕罪被捕，但是警察懷疑他們犯了更重的罪行。如果每個犯人就重大罪行作證舉發另一名囚犯，警方同意讓他們判較輕的刑罰，但是如果兩個人都屈服於此一誘惑，結果他們倆都會被判處很長的刑期。每位玩家都有強烈的動機出賣自己的夥伴以換取減輕刑期，而不是在遊戲只進行一次時都保持緘默。但如果是一長串的遊戲，政治學家艾瑟羅德（Robert Axelrod）發現，囚徒最好的策略就是達成互惠合作。正如他所說的那樣，當存在「未來的漫長陰影」時，最佳戰略就會改變。體制幫助創造了未來的漫長陰影。[30]

有時候僵固的規則和過時或不公平的體制變得有害，需要被挑戰。譬如，金恩挺身反對黑白種族隔離，以及林肯推動廢除蓄奴制度。但即使是林肯也因為關心邊界幾個州、力圖維持聯邦體制，而推遲宣布《解放宣言》的時間。當領導人考量他們決策的後果時，他們必須不只考量當下的情勢，也考量對體制的影響與未來的長久陰影。如果這是我和你一起玩的唯一機會，我可能會想欺騙你。但如果我們將一起玩到不知哪一天，我會發現互惠與公平的重要性。總統最重要的道德技能之一是設計與維持制度和體制，不只是做出即刻的決定。但是總統可能發現這樣的政策涉及到長期的前景，很難推銷給民眾，因為民眾只希望看到更多當下的收穫。*

謊言、危險和誤導的手段

當追隨者專注短期，或想要即時的滿足感時，總統該怎麼辦？他可以向民眾撒謊嗎？**真實攸關到在體制內發展信賴。有時憤世嫉俗的人會說：「所有的政客都說謊。」他們的確說謊，稍微內省，我們也會承認所有人都不時會說謊。但是說謊的次數和型態則有差別。太多謊言會摧毀掉信任。譬如，許多支持川普的人認為他說謊無妨，因為政客本來就會說謊。但說謊的次數和型態對可信度、信任和體制的影響會有差別。

並非所有謊言都一樣。有些謊言是為自己，有些則是為了團體。領導人可能說謊來掩飾其過往紀錄與避免難堪，或是傷害對手，或是圖個方便。但是在某些情況下，領導人為了追隨者未來更大的好處，可能會決定對追隨者撒謊。我們將會看到，甘迺迪在一九六二年為了終止古巴飛彈危機的談判，誤導民眾土耳其飛彈的作用；[31]小羅斯福對美國民眾說謊，宣稱德國人攻擊美國一艘驅逐艦。邱吉爾曾經說過，特別是在戰時，事實真相可能「太珍貴，因此應該總是派一個謊言當保鏢照料她」。[32]政治學者米爾斯海默（John Mearsheimer）承認，固然會有負面後果，但是鑑於國際關係中互信程度很低，「換言之，國際上扯謊未必就是不當行為。」[33]另一方面，新加坡外交官許通美（Tommy Koh）則認為，維持信任非常重要，依其長期經驗而言，「以誠實著稱的政府和外交官往往享有更大的影響力和地位」。[34]

馬基維利式的欺騙通常是一套精心策略的一部分，譬如，為達成一筆交易而討

---

* 法國總統馬克宏（President Macron）宣布課徵汽油稅，俾能降低造成全球氣候變遷的二氧化碳排氣量；法國民眾示威抗議，痛批他：「你考慮的是世界末日，但我們只關心這個月撐不下去。」

** 出於明顯的歷史原因，我在提到總統時不使用性別中立的文字，但是我希望在以後的版本中必須對此進行更改。

價還價時，或是要讓一群人接受新目標時。但是，純粹為個人私利而欺騙，擺明了就是自私地操弄別人，長久下來，別人會注意到，可信度自然就降低。即使動機不是為了自私的目的，總統也應該問：目標的重要性、有沒有替代方案可以達成此一目標、欺騙能否被遏制，或是可能成為先例或榜樣而散布開來。[35]換言之，他的思考應該像個「遵守規則的功利主義者」。打破規則可能方便一時，卻有長期的道德後果。領導人愈常欺騙追隨者，就愈會消耗信任、削弱體制，並且創造有害的先例。[36]小羅斯福在一九四一年謊稱德國人攻擊美軍驅逐艦，用意是喚醒美國人民注意希特勒是個重大威脅，但是這樣一來也開了不好的先例。詹森說謊，爭取到「東京灣決議案」（Tonkin Bay resolution），卻造成越戰升高。危險的是，領導人告訴自己，他們說謊是為了追隨者好，但其實他們只是為了政治或個人的權宜方便而說謊。

即使我們或許因為結果證明手段有理而原諒小羅斯福這類謊言，我們仍然會對領導人如何分散他們行動的風險和代價做出道德評斷。粗糙的評估事實，對別人造成高度風險，可以從道德和有效性的理由加以譴責。想要登山的人會接受一定程度的風險，但是領隊仍必須確保追隨者了解風險與成就之間的平衡。提出一個宏偉的願景，帶領大家攀登高峰，是一回事；在不讓他們知情和同意的情況下，帶領他們太過於靠近懸崖的邊緣，則是另一回事。

總統應該代表追隨者承擔起多少風險，以及對風險應該如何真實報告？在某些情況下，總統一舉承擔大風險而非一系列逐步下注，民眾因而獲益，並且後來也可能接受把他們蒙在鼓裡是為了他們好。譬如，一九三八年的《慕尼黑協定》後，小羅斯福斷定最後勢必與希特勒交戰，不過他在戰術上十分審慎，並且在向美國民眾解釋他的行動時刻意誤導。戰後，杜魯門冒著風險建立杜魯門主義、馬歇爾計畫和北約組織，來圍堵蘇聯共產主義，而且他接受范登堡（Arthur Vandenberg）參議員的建議，他必須誇大風險，「嚇死老百姓」，來爭取他們的認可。相反的，艾森豪公開大談核子威脅，但實際上很小心，以一系列逐步加碼的小押注在冷戰高峰時製造出八年的和平與繁榮。小布希放手一搏，在伊拉克強力啟動民主化，卻造成許多人付出重大代價。

總統也可能因為太謹慎而遭到批評。譬如，布里辛斯基（Zbigniew Brzezinski）批評老布希總統，在冷戰結束時沒有冒更大風險來容納俄羅斯，[37]歐巴馬也被批評，在二〇一二年和二〇一三年沒有冒更大風險來避免敘利亞的人道災劫。柯林頓同樣遭到抨擊，在一九九四年沒有採取行動制止盧安達（Rwanda）的種族滅絕大屠殺。要回覆這類評斷，極大程度要仔細分析每個情境、權衡或然率，以及對可能結果的預期價值。在評斷外交政策決定的道德後果時，我們往往將注意力集中在做了什麼行為上。因果關係似乎更直接、明顯可見和可以計算。然而，不作為可能對更多人產生更大的道德後果。在一九三〇年代未能發展或是保護體制，影響了數以百萬計人民的生活。今天恐怕也仍然如此。

有時候，作為與不作為之間的區別就具有道德意義。未能拯救可以輕易拯救的性命與造成死亡，在道德上並無多大區別，但是在其他情況下，則需要付出代價高昂的英勇行動，而且失敗的風險很高。走在淺水池塘邊，因為不想讓鞋子弄溼，拒絕營救溺水的孩子，與在大浪中跳入海裡救人，完全不同。在後一種情況下，除非美國是造成問題的重要原因，我們可能會原諒總統的不作為。鮑爾（Colin Powell）將軍將此稱為「陶器倉庫原則」（Pottery Barn principle），如果你逛陶器店，不小心打破了陶器，就有責任賠錢。補正作為可以增益要考慮的道德層面。

美國人對於希望總統有多麼謹慎，本身意見就相當分歧，長久以來隨著時間發展也有不同態度。有人希望總統是雄獅，也有人希望他們是狐狸。雄獅巨大、有大理想。狐狸雖小，卻機靈，有許多點子。馬基維利有個著名的觀察心得，狐狸型的領導人對付不了豺狼，但他也指出，雄獅型的領導人碰到蛇也沒輒。有時候，領導人最好是雄獅，也有時候最好是狐狸，這正是外交政策激烈辯論的源頭。道德的行為要看對情況的精確評估而定——它有時候被稱為「判斷」或「情境智商」。馬基維利也提出警告：「只知道依賴雄獅的人，不知其真正本質……精通如何運用狐狸的人最能成功。」[38]小羅斯福是狐狸，在對付希特勒時行動有如雄獅；詹森是雄獅，卻被困在越南。

世界的心理地圖與道德外交政策

那麼總統應該如何避免陷阱呢？世界是什麼模樣？情況是否嚴峻到他們出了國境就必須拋棄道德？他們對不是自己國家的公民是否也負有同樣的責任？憤世嫉俗的政治顧問可能會說：「沒有問題呀，因為外國人又不能〔在美國〕投票。」全然的懷疑派會再添一句，「世界社群」（world community）的概念是神話，既然沒有社群，哪有道德權利和義務可言。但是世界政治的三種主流心理地圖卻對這些問題提出不同的答案。

現實主義

和懷疑派不同，現實主義者接受某些道德責任，但由於世界政治的嚴峻性質，將道德責任主要局限於審慎的美德。波頓（John Bolton）是律師出身，在小布希和川普政府擔任高職。他曾經主張「竭盡全力保衛美國利益，將自己視為美國的擁護者，而非世界的守護人」。[39] 摩根索寫道：「國家沒有權利讓它的道德受到非難……阻礙成功的政治生存……因此，現實主義認為審慎……在政治上是至高美德。」[40] 套用米爾斯海默的話來說：「國家在一個全靠自己的世界運作，它的最佳生存之道是盡可能強大，即使這要求它追求無情的政策亦無不可。這不是好看的故事，但是如果生存是國家的最高目標，也就別無更好的選擇。」[41] 現實主義者為世界畫出一幅嚴峻的心理地圖。

在力求生存的嚴峻情況下，結果或許的確可以合理化明顯不道德的行為。卡普蘭（Robert D. Kaplan）認為：「極少人了解違反這些道德的必要性，據此採取了行動，並為其行動承擔起責任，因而這樣的人成為他們國家最需要的領導人。」[42] 一個經常被提出的例子是，邱吉爾在一九四〇年攻擊法國艦隊，殺害一千三百多個法國人，以避免艦隊落入希特勒手中。邱吉爾指這場攸關英國生存的危機是「最高緊急狀態」，而華爾澤也認為，在這種罕見的事例中，道德規則可以被摒棄，即使「人類史上無時無刻不受道德規則所管治」。[43]

舉個例子，某些道德論者認為在第二次世界大戰初期，英國的存亡猶如懸卵，邱吉爾轟炸德國平民目標還說得過去，但是他們譴責邱吉爾於一九四五年二月歐洲勝利在望時，還支持以燒夷彈轟炸德勒斯登（Dresden）。[44]戰爭初期，邱吉爾可以宣稱必須以骯髒手段做為他違反道德規則的合理化藉口，但是他在戰爭末期仍然這麼做就不對了。一般而言，如此嚴峻的最高緊急狀態很少有，大多數領導人不受拘束地選擇了他們的心理地圖，據以在世界各地活動。通常領導人有一種誘因要誇大危險和威脅以合理化他們的行動。譬如，川普只用「美國第一！世界是個危險的地方！」這句話解釋他對哈紹吉遭殘殺為何反應溫和。[45]有一位「護川派」說：「川普已發出訊息，美國現在起將照料自己的狹義利益，而不是所謂全球社群的利益，即使犧牲長期盟邦的利益也無妨。這種世界觀基本上的本質是現實主義。」[46]然而拿假裝道德選擇不存在來描述世界的現實主義者，只是掩飾他們的選擇。生存第一，但它不位於價值清單的末尾。絕大部分的國際政治與生死存亡不相干。

聰明的現實主義者也了解不同型態的實力。沒有一位總統可以沒有實力卻能在國內或國外領導，但是實力絕不只是炸彈、子彈或資源。你可以用恫嚇（巨棒）、收買（胡蘿蔔）和吸引力（軟實力）來讓別人做你要他做的事，然而要完整的了解實力，就要涵蓋這三方面。由於軟實力很少靠它本身就足以成事，也需要長時間才能完成效果，領導人發覺恫嚇的硬實力和收買更誘人。但是單獨使用時，硬實力可能比起結合吸引力與軟實力牽涉到更高的代價。羅馬帝國不只依賴它的兵團，也依賴羅馬文化的吸引力。柏林圍牆倒塌不是因為砲轟，而是因為對共產主義失去信心的人用鐵鎚和推土機把它拆了。一個國家的軟實力立基在它的文化、它的價值觀和它的政策，而這些文化、價值觀和政策在別人眼中是具有正當性的。總統解釋其外交政策的論述可以加強軟實力。譬如，甘迺迪、雷根和歐巴馬都以吸引國內外支持的方式來建構他們的政策。尼克森和川普在吸引國外人士支持時就沒那麼成功。川普自稱是民族主義者，但是含括其他人的愛國主義和排除其他人的本土主義，兩者之間有道德差別。

世界主義

共同人性是另一個重要的心理世界地圖。雖然薄弱，還是有某種程度的國際人類社群存在。我們在前文提到，我們對共同人性的直覺透過演化進入到我們的身體。絕大多數美國人看到飢腸轆轆的孩童照片，都會起惻隱之心，即使不是全都會允許他們跨越國境進入美國，或收容他們進入自己的家（不過有些人會這麼做）。世界主義者主張基本人權是普世的：「它們不會遵守政治疆界，而且要求普世的政治去執行它們；即使這代表打破國家主權的高牆。」[47]許多美國人同時對一系列廣大的同心圓的好幾個社群有多重的效忠，這些社群跨越國界。一個人可以同時感受自己是一個城鎮、一個國家、一個區域、一個職業、一個跨國種族團體，以及整體人類的一部分。然而，外圍的圈子往往比較弱，產生比世界主義者通常認定更弱的道德責任。一個人可以同時是個強大、兼容並蓄的民族主義者，又是溫和的全球主義者。所有大型的社群都是想像出來的共同體，但是在今日世界，國籍這個想像的共同體通常是最強大的。用哲學家艾比亞（Kwame Anthony Appiah）的話來說：「世界主義是道德想像力的一種擴張行為。它認為人類通過簇擁在一起的成員身分來塑造生活：一個家庭，一個鄰里，多個重疊的認同群體，盤旋而出以涵蓋全體人類。它要求我們成為很多東西，因為我們就是很多東西。」[48]

我有時候會以下列思想實驗測試我的學生對於世界主義的存在和局限有什麼樣的道德直覺。假設你是一個游泳健將，正在海濱讀書，看到一個小孩即將在浪頭下淹死。你會放下書去救她嗎？大部分人說是的，會去施救。她是否呼救，或是以外國話大叫，會有差別嗎？大部分人說，她是否用外國話呼救，沒有差別。如果她離岸邊有點距離，而你又不是強壯的泳將，你願意冒多大的風險？答案從審慎到英勇都有。如果是兩個小孩溺水，你只能救一個，他們是否是你的子女有差別嗎？大部分人回答會有差別。

換句話說，你身為父母的角色帶來超越比人道救難的共同人性更大的道德權利和責任。邊界是隨意劃定的，有時候也不合正義，但是國家是產生額外的權利和責任的群體。霍夫曼曾經寫道：「國家可能只不過是許多個人的集合體，邊界可能只是事實，但是道德的重要性已經依附在它們身上。」[49]一個無視邊界的道德、法律和體制意義的世界主義者，無法像把每件事都看做攸關國家生存的現實主義者那樣，在國際領域中進行平衡權利這項艱巨的工作。自由主義者（我將在下文詳細討論）在國家疆域內看到道德意義，儘管人道主義救援義務可以與保護同胞的偏愛並存。[50]當中需要留意的微妙之處既多且廣。外交政策是雙重困難的，因為它要求調和國內與國外的義務。倡導良性外交政策，卻無法在國內獲得支持的領導人，是失敗的。同時，只關注國內輿論的總統是在回避艱難的道德和政治選擇，包括選民的道德討論。

自由主義

我們在前文已經讀到，國際政治經常被稱為無政府狀態，但是無政府只意指「沒有政府」，未必指類似大西部邊疆地區選出市長或警長之前的混亂狀態。自由主義者認為權力平衡、國際法、規範和國際組織等起碼的做法和體制，在大多數狀況下可以創造足夠的秩序，並建立有意義的道德選擇架構。

即使在戰爭的極端情況下，法律和道德也可以發揮作用。正義之戰的理論源自於早期的基督教會，聖奧古斯丁（Saint Augustine）與其他人正努力應對這樣一個悖論：如果善良不反抗，就會消滅，任由邪惡繼承大地。正義自衛理論在十七世紀之後變得世俗化，而今天它提供一個考量到全部三個道德面向的廣大規範性結構：

基於正義原因的良好意向；合乎情勢比例原則的強力手段，而且它會區分軍事與民間目標；由於審慎考量成功的或然率而產生良好結果。正義之戰理論絕非只是理論。它已訂定在《國際人道法》（International Humanitarian Law）——即《日內瓦公約》（Geneva Conventions）——和《美國統一軍事法典》（American Uniform Code of Military Justice）當中。違反訂定在武裝衝突法中的道德原則的士兵，在許多國家都會被送去坐牢，包括美國。

不同的心理世界地圖對無政府狀態有不同的描繪，它影響到領導人建構其道德選擇的方式。現實主義派的霍布斯（Thomas Hobbes）在一六五一年，英國把國王斬首的血腥內戰之後寫道，想像一個沒有政府的自然狀況是人人相互對抗作戰，生命危險、殘酷又短促。反之，自由主義者洛克（John Locke）在幾十年之後比較和平的時期撰文，就想像自然狀況是涉及到社會契約，允許成功的追求生命、自由和財產。*今天，自由主義者說，雖然沒有世界政府，還是有某種程度的世界治理，無政府狀態也有個限度。自由主義者強調體制——國內及國際皆然——的角色，以推動主權國家在今日世界彼此合作。他們認為，「自由主義者最為重視的變數是相互依賴。歷史上第一次，現在要實現基本的人類利益，就必須有全球體制。」[51]

世界主義者比起自由主義者更懷疑國家主權，強調的是個體的共同人性。然而，這三種單純的心理地圖並不互相排斥，而且在實務上，總統在制定外交政策時，會在不同的前後脈絡，以未必一致的方法，混合全部三種世界政治心理地圖。我們將會在下述案例中看到，絕大部分總統是「有世界主義色彩的自由派現實主義者」。

第二次世界大戰之後，人權法興起，特別是針對種族滅絕恐怖殺戮的反應，使總統的選擇變得十分複雜。美國民眾想要有所反應，但是對於應該介入多深卻意見分歧。譬如，柯林頓在回顧時批評自己於一九九四年沒有對發生在盧安達的種族滅絕屠殺做反應。[52]可是，如果柯林頓試圖派出美軍部隊，他一定會遭遇政府、國會和輿論界部分人士的激烈反對。特別是有美軍士兵在一九九三年於索馬利亞的另一項人道干預中殉難之後，民眾在心理上還沒準備好進行另一次干預行動。柯林頓知道他可以對聯合國及其他國家提供更多協助，拯救某些在盧安達被殺害的人命。但是今日，好的領導人經常陷於兩難，一邊是他們的世界主義傾向，另一邊是對於選出他們的選民負有更傳統的責任。

---

* 傑佛遜在美國《獨立宣言》中把它修改為「生命、自由與追求幸福」。

現實主義是大多數總統用來制定外交政策路線的心理地圖時，會自動選擇的立場，而且鑑於這是一個主權國家林立的世界，現實主義是最佳的起點。問題在於，許多現實主義者在開始時就停了下來，沒有意識到世界主義和自由主義通常對於形成準確的道德地圖具有重要意義。當生存受到威脅時，現實主義仍是道德外交政策的必要基礎，即使不足，程度如何依然是必須考量的問題。由於從來沒有完美的安全保障，因此道德問題是在確保其他價值（譬如福祉、身分認同或權利）成為總統外交政策的一部分之前，必須確保何種程度的安全保障。大多數外交政策選擇涉及諸如向獨裁專制的盟國出售武器，或批評另一個國家的人權行為之類的問題。當某些現實主義者將這種權衡取捨與邱吉爾決定進攻法國艦隊的決策視為類似時，他們只是在回避艱難的道德問題。僅僅說安全至上或正義以某種程度的秩序為前提是不夠的。總統必須評估情況與霍布斯或洛克式的心理地圖的契合程度，或者更有可能在安全與其他重要價值之間的連續性上採取行動。

干預的麻煩

以干預做為例子。美國應該採取什麼樣的行動跨越主權國家的邊界？自從一九四五年以來，自由主義精神的《聯合國憲章》把武力的使用限制於自衛及經安全理事會核准的行動（美國及其他四個國家在安全理事會具有否決權）。現實主義者主張，如果是為了防止維持秩序所倚賴的權力平衡遭到破壞，干預是合理的。自由主義者認為，國家是一群人的群體，他們擁有決定自己命運的主權，此一權利載於《聯合國憲章》。只有用在對抗先前的干預，或是避免使自決顯得荒謬的慘敗狀態，干預才合乎道理。[53]世界主義者則最重視正義和個人人權，認為它們是進行人道干預的正當依據。

在實務上，這些原則經常以奇怪的方式混雜在一起。以越南為例，甘迺迪和詹森認為美國在南越是為了對抗北越的干預，可是越南人卻自認為他們是一個民族，遭到現實主義者為了冷戰的權力平衡目的而人為的分割為二。挺諷刺的是，現今的美國竟與成為越南主權當局的勝利者保持良好關係。在第一次波斯灣戰爭，老布希總統動用武力將伊拉克部隊趕出科威特，以維護區域權力平衡，不過他這麼做時，採用自由主義的聯合國集體安全決議之機制，並且組織廣大的盟軍以加強美國的正當性和軟實力。老布希（Bush 41）自認為是個現實主義者，不肯介入去制止塞拉耶佛平民遭受砲轟，但是索馬利亞人飢寒交迫的悽慘畫面在一九九二年十二月躍上美國電視螢幕後，他派美軍到摩加迪休市（Mogadishu）去執行世界主義的人道干預任務，後來這成為繼任的柯林頓總統的燙手山芋。*但是人道干預並不是美國外交政策所遇上的嶄新或獨特的難題。遠在威爾遜成為美國總統之前，維多利亞女王主政時期的英國人就曾經辯論是否動用武力來制止蓄奴制度、比利時在剛果的暴行，以及鄂圖曼帝國對巴爾幹少數民族的壓迫。[54]

輿論也顯示出類似的混合心理地圖模式。由於外交政策通常比起國內議題居於較低的優先順位，美國民眾基本上傾向於現實主義。我們在前一章看到，不受攻擊的安全和經濟安全通常在民意調查中居於最高順位。[55]菁英通常比大多數民眾更傾向干預主義，以致某些批評者認為菁英比起民眾更為自由派，[56]但是「強大、普遍支持國際組織、多邊協定及行動，以及國際集體決策的模式，顯示絕大多數美國人是……『新自由主義者』」，而且支持人道援助也顯示出世界主義的色彩。[57]當總統只關注國內議題時，沒有一個心理地圖能吻合所有的情況。由於民眾大多沒有對這些問題進行反思，因此沒有理由期望民眾有單一、一致的看法。甚且，我們在下文將會看到，有些總統的事業經歷在政治過程中受到高度的過濾，因此民眾對他很熟悉，而另一些總統則是政治素人，他的品格和舉止會讓人感到更多的驚訝。[58]

在第二次波斯灣戰爭時，美國干預的動機很複雜。理論家對二〇〇三年入侵伊拉克究竟是現實主義或自由主義性質的干預仍然爭辯不休。[59]小布希政府裡的某些關鍵人物——如錢尼（Richard Cheney）和倫斯斐（Donald Rumsfeld）——是現實主義派，擔心海珊（Saddam Hussein）擁有大規模毀滅性武器，也關切當地的權力平衡，但是政府中的「新保守派」（neoconservatives，他們通常以前是自由主義者），除了美國霸權，也強調推動民主。政府外的人士，譬如某些自由派是因為海珊可惡的人權紀錄而支持戰爭，也有些人批評小布希不能像他父親在第一次波斯灣戰爭那樣取得聯合國安全理事會體制上的支持。

從最廣義的定義來說，干預指的是外來行動，它影響到另一個主權國家的內政事務：它們可以從低度恫嚇這一端的電臺廣播、經濟援助和支持反對黨，到高度恫嚇這一端的經濟封鎖、網路攻擊、無人機進擊和軍事入侵。從道德的角度看，就限

---

* 我在本書提到美國第四十一任總統 George H. W. Bush 時，採用 Bush 41 這個縮寫，提到他兒子 George W. Bush 時則用 Bush 43。（譯按，基於中文讀者之習慣，中文版依行文脈絡分別稱為老布希及小布希。）

制當地的選擇和權利而言，所涉及的恫嚇程度非常重要。再者，軍事干預是很危險的工具。它看起來好像很簡單，但很少真的那麼簡單。審慎起見，要提防意外的後果。

華特認為：「過去二十年若是由現實主義者掌舵美國外交政策，很可能就可以避免許多代價慘重的失敗。」[60]或許他說的很正確，但現實主義及自由主義都有許多變體。現實主義是一種寬廣的趨勢，不是他所想像的確切類型，具有清晰的政策涵義。錢尼和倫斯斐肯定認為自己是現實主義者。二〇一六年的總統候選人政見辯論會上，川普和希拉蕊都說美國有責任制止敘利亞民眾傷亡慘重，但是兩人也都沒有主張軍事干預。固然某些評論員認為，促進民主是「在美國自命為特殊國家之下所產生的政策」，以恫嚇手段和非恫嚇手段促進民主，兩者之間存在極大的差異。[61]「美國之音」（Voice of America）的廣播和民主基金會（National Endowment for Democracy）跨越國境，以及派出第八十二空降師進入其他國家，是完全不同的兩碼子事。以結果而論，手段和目標同樣重要。世界上並沒有單一心理地圖可以為總統提供一個簡單的答案，也不能替代他們的明智判斷和情境智商。

合乎情境的最佳道德選擇：計分卡

那麼我們又應該如何評斷總統外交政策上的道德呢？總統們有自己的價值觀和信念，但他們也是活在韋伯所謂不完美的道德真實世界中的領袖。瑞士裔美國現實主義學者沃爾佛斯（Arnold Wolfers）認為，第二次世界大戰之後「關於是什麼構成國家重大利益，以及應該附加多少價值在它們身上的詮釋，是一個道德問題。不能用國際政治中固有的所謂非道德的必要性來解釋」。同時，領導人也不能永遠遵循單純的道德法則。沃爾佛斯的結論是，我們在評斷領導人外交政策的道德時，最多只能希望他們做出「環境所允許的最佳道德選擇」。[62]這話說得沒有錯，但不是全然有幫助。這是一個必要但肯定不充足的標準。在無政府狀態的世界裡，審慎是美德，但是如此廣泛的審慎規則很容易遭到濫用。

我們又要如何評斷我們的總統確實做出了環境所允許的最佳道德選擇呢？我們可以依據三個面向的道德觀點來評斷他們，也可以從現實主義、自由主義和世界主義這三種心理地圖中汲取智慧。當我們檢視總統尋求的目標時，我們不期望他們在國際層面追求相等於國內政策所預期的正義。一九四一年八月的《大西洋憲章》

（Atlantic Charter）是自由主義國際秩序的創始文件之一，小羅斯福和邱吉爾在憲章中宣示他們專注免於匱乏的自由和免於恐懼的自由（雖然他們對大英帝國有不同的觀點）。但是小羅斯福並未試圖把他在國內推行的「新政」（New Deal）推及到國際層面。即使是著名的自由派哲學家如羅爾斯，也認為其正義理論（theory of justice）的條件僅適用於國內社會。[63]

同時，羅爾斯認為自由主義的社會在國際上也有責任，責任清單應該包括互相援助，以及尊重確保基本人權的權利與體制，同時也允許人們在多樣化的世界裡盡可能自己決定自身事務。[64]因此我們應該問，總統的目標是否包括表述一個在國內外都普遍具有吸引力價值的願景，但是又審慎的平衡這些價值，以及評估風險，俾能有合理的成功機會。這代表我們不僅依據品格和意向來評斷總統，在其促進價值時也要依據他的情境智商來評斷他。

至於道德的手段，我們可以根據公認的正義戰爭標準來評斷總統，即我們國家法律所訂定的比例原則和有區別的使用武力，也是羅爾斯所謂的最低限度干預的自由主義，俾能尊重其他國家的權利和體制。至於道德後果，我們可以問一問總統是否成功促進了國家的長期利益，他是否透過避免極端孤立與對外國人的不必要損害來尊重世界主義的價值觀，以及他是否透過促進真相和信任、擴大道德討論，來教育追隨者。這些標準很溫和，來自現實主義、自由主義和世界主義的智慧。由此產生的計分卡絕對不夠完整，但是它為我們提供了一些基本方針，而不僅僅是簡單的審慎。

這種涵蓋三個面向的計分卡並不能解決所有的問題，但是它鼓勵我們在做比較的時候，要檢視總統行動的所有面向。以雷根和布希父子兩代共三位總統為例。當人們有時候籲求一種「雷根式的外交政策」時，他們往往是指雷根以簡馭繁的特質，他把複雜的問題簡化，並以有效的言詞陳述價值觀以獲致道德上的明確性。這不僅是不恰當的單一面向道德推理，理由在前文已經說明，也誤解雷根道德領導的成功，包括他推行政策時交涉和折衷的能力。儘管如此，清晰度以及把目標說清楚、講明白，可以教育和啟發民眾。關鍵問題是，雷根是否審慎的平衡自己的願望和實現目標的風險。有些人認為，他在第一任初期的言詞引起了美蘇之間的緊張關係與互不信任的態度，增添了誤判形勢或導致戰爭的可能性，但是它也創造了談判的誘因，當戈巴契夫在雷根第二任期中上臺掌權時，雷根善加運用、取得優勢。以結果而論，雷根毫無疑問增進了美國的國家利益，雖然結束冷戰、終結蘇聯的功績

表2-1 怎樣才是一位道德外交政策領導人？三個面向的檢查表。

意向：目標和動機

1 **道德願景**。領導人是否表述具有吸引力的價值，而且這些價值也決定了他／她的動機？他／她是否具有情緒智商能避免基於個人需求而違背這些價值？

2 **審慎**。領導人是否具有情境智商能明智的平衡自己追求的價值與加諸別人的風險？

手段

3 **使用武力**。領導人使用武力時是否注意必要性、能區別對待軍民，以及合乎比例原則的照顧到利益和傷害？

4 **自由主義的關切**。領導人是否在國內、外都嘗試尊重及採用體制？他對別人的權利尊重到什麼程度？

結果

5 **受託**。領導人是否是一位良好的受託人？國家的長期利益得以推進嗎？

6 **世界主義**。領導人是否也考量到其他人的利益，最低化對他們的不必要傷害？

7 **教育**。領導人是否尊重真相和建立可信度？事實受到尊重嗎？領導人是否在國內、外製造和擴大道德討論？

大半屬於戈巴契夫。總而言之，雷根以不僅限於美國自身利益的方式充分利用了機會。

老布希自己承認，他沒有改革的遠見，只是專注於避免在冷戰結束時正劇烈變化的世界中遭受災禍。他雖然提起「世界新秩序」，卻從來沒有闡明其內涵。當他和團隊回應極大程度超出控制的力量時，他以審慎的態度設定平衡機會與現實的目標。每一次，老布希都對短期目標設下限制，以追求長期穩定為終極目標。批評者抱怨老布希不曾訂下更具變革性的目標。[65]以道德而論，雖然老布希並未表達出強大的道德願景，我們很難說他應該少幾分謹慎、多冒點風險。以結果而論，老布希是值得信賴的受託人，達成國家的目標時，他的做法不是過分孤立，對外國人利益的傷害也降到最低。他很小心不去羞辱戈巴契夫，也妥當駕馭俄羅斯過渡到葉爾辛的局勢。但同時，並非所有外國人都受到妥當的保護，譬如老布希對伊拉克北部的庫德族、中國的異議人士，或陷於前南斯拉夫內戰烽火的波士尼亞人，就沒有賦予優先處理的重要性。從這一點而言，老布希的現實主義為他的世界主義設下了限制。假如具有更好的溝通技巧，老布希或許能夠付出更多心力去教育美國民眾了解他們在冷戰之後所面臨的世界轉變的本質。但是鑑於歷史的不確定性和出現災難的可能性，老布希可以說是掌握了上個世紀最上乘的外交政策。他讓美國從新起的大浪潮中獲益，而他也有本事避免在暴風雨中沉船。

相形之下，他的兒子小布希上任之初是個拘謹的現實主義者，對外交政策興趣不大，但是二〇〇一年九月十一日恐怖攻擊之後，他的目標變得具有變革性。小布希和威爾遜、小羅斯福及杜魯門一樣，關心的是安全，但卻在危機時刻轉而採取推動民主的言詞來號召民眾追隨支持。小布希在二〇〇二年發布的《國家安全戰略》，日後被稱為「布希主義」，它宣稱美國將「找出並消滅恐怖份子，無論他們身在何處，並連同支持他們的政權一併處理掉」。這場新賽局沒有規則可言。解決恐怖主義問題根源的辦法是在每個地方傳播民主。追求自由的議程成為他二〇〇六年《國家安全戰略》的基礎。但是剷除了海珊，並沒有完成此一使命，而且對於情境的了解不足，加上拙劣的規畫和管理，傷害了小布希宏大的目標。

儘管基因相同，小布希的政策和他父親的政策大不相同。小布希的政策和威爾遜的政策最相似。兩人都是虔誠信教、恪遵道德的人，剛上臺時專注於國內議題，對外交政策沒有任何願景。兩人以大膽的願景回應危機時，傾向於把世界視為黑白分明，而不是具有灰色地帶，並且堅守此一信念。兩人都試圖教育民眾，但是好老師必須是個好學生，而小布希的缺乏耐心妨礙了他的學習。威爾遜起先成功教育了大多數美國人民接受他的國際聯盟構想，他之所以失敗是因為拒絕和參議院妥協。以長期而言，威爾遜的願景藉由日後聯合國的創建，得以實現一部分，但是他在有生之年卻缺乏領導才能和必要的技巧將其落實。

外交政策有一個棘手的大問題，就是它的脈絡十分複雜，這也是為什麼情境智商是總統在制定道德外交政策時非常重要的技能。情境智商是了解環境演變並善加利用趨勢的能力。[66]有時候審慎被貶抑為只是策略性的自私自利，認為它和道德信念站在對立面。但是在三個面向的倫理道德中，兩者都很重要。韋伯指出，信念很重要，但是在類似外交政策這種複雜的政治環境裡，總統是個受託人，他必須遵守責任的道德。在這種脈絡中，薄弱的情境智商產生輕忽的評估和魯莽的冒險，進而導致不合乎道德的結果。我們生活在一個多元文化的世界，對於社會工程及如何建設國家仍然所知有限。當我們不能確定如何改善世界時，審慎就成為責任道德中的一個重要美德，急躁的願景會產生重大的傷害。審慎通常需要情緒智商（emotional intelligence），這是駕馭情緒、將其導向建設性目的而非受情緒主宰的一種能力。[67]我們將會看到，審慎經常要求這樣的自我控制。歐巴馬把這個基本原則稱為「別幹蠢事」（don't do stupid shit）。他被批評沒有提出適當的願景，但是審慎行事是不錯的起始。外交政策和醫學相同，謹記希波克拉底誓詞很重要（Hippocratic oath）：首先，別造成傷害（first, do no harm）。

這再度出現體制、公益的角色，以及總統對我們的國家利益做出多廣泛的定義。整體評估不能只看特定的具體行為，也取決於它們的模式如何塑造世界政治環境。總統可能具有廣闊且長遠的願景，卻無法說服民眾追隨，譬如一九一九年的威爾遜總統。一九三〇年代那災難連連的十年，是因為美國取代英國成為全球最大強國，卻不能承擔起英國提供全球公共財的角色。其結果就是全球體系陷入了經濟蕭條、種族滅絕和世界大戰。在國內政治中，政府提供諸如維持治安或清潔環境之類的公共利益，所有公民都可以從中受益，而且沒有任何人被排除在外。在全球範圍內則沒有一個世界政府，而是由最大國家領導的同盟提供公共財，應對氣候變遷、金融穩定或海洋自由。小國沒有太大誘因支付這類全球公共財的費用。由於他們的微薄貢獻對他們是否受益沒有多大影響，因此他們搭便車、不付錢是合理的。但是，最大的強國可以從他們的貢獻中看到效果，並感受到好處。因此，最大的國家出面領導是合理的，也符合長遠的國家利益。這符合「美國第一」的精神，但是它的基礎是對當前情境有更廣泛的歷史了解，不是像川普總統使用這個口號時所表現的那麼簡單。

人類會講故事，總統用來解釋其外交政策的論述在國內界定了國家認同，也可以擴大國內政治空間，更加開明的界定國家的利益。這些論述還可以產生吸引國外的軟實力，從而為美國創造有利的環境。但是，總統的論述若是表現出對其他文化和宗教的不尊重，不僅會限縮國內的道德討論，也會削弱美國在國外的軟實力，進而傷害我們的國家利益。因此，擴大道德討論是評估總統外交政策的一個重要面向。雷根天生就有這樣的說故事天分。

雷根的國務卿舒茲（George Shultz）曾經把外交政策比擬為園藝——「持續不斷的培養各式各樣的行動者、興趣和目標」。後來在歐巴馬政府任職的蕭雷（Derek Chollet）指出，日後也出任國務卿的萊斯（Condoleezza Rice）要的是更加具有變革性質的外交，「不接受世界停留在現狀，而試圖要改變它。萊斯的雄心不只是要當園丁——她要成為景觀設計師。」[68]視脈絡情境而定，這兩種形象都有可能，但是我們應該避免常見的錯誤，即自動認為，就效益和道德而言，變革型的景觀設計師比起細心照料的園丁，是更好的外交政策領導人。季辛吉說過：「在世界秩序的兩個方面——權力和正當性——之間取得平衡，是政治家的本質。不顧道德尺度的權力算計，將把每一次的意見分歧變成力量的考驗……另一方面，不考慮平衡的道德處方，則往往導致聖戰或引誘別人挑戰的無能政策；不論是哪一種極端危機，都危害了國際秩序本身的連貫性。」[69]不顧現實的善意干預可能會使數百萬人的生命陷入更糟的處境。莎士比亞正確的提出警告，要提防大破壞和戰爭之犬被釋放出來。

對總統而言，要有良好的外交政策，審慎是必需的美德，但是光靠審慎還不夠。兩次世界大戰中間那段時期的歷任美國總統，當他們需要更寬闊的體制願景時，卻失之於審慎。威爾遜有這種遠見，卻不具充足的現實主義。小羅斯福上任之初並沒有外交政策願景，而是在任職期間發展出來。在科技和社會快速變化的世界，只是把花園照料好並不夠。一種願景意識和正確了解及回應這些變化的策略，也非常重要。在評斷總統追求能讓美國人民更安全、也讓世界更美好的道德外交政策之紀錄時，很重要的一點是要檢視他們全面的領導技能，要檢視行動和體制、作為和不作為，也要從三個面向進行道德評斷。即使如此，我們還是經常會有混雜不一的裁判，這就是外交政策的本質，我們將在以下各個案例中一一探討。

第三章

建立美國自由主義國際秩序的創始人

在第二次世界大戰後建立美國秩序的幾位總統，在就任時並未帶著建立美國或自由主義的國際秩序這樣的「大戰略」進入白宮。小羅斯福在經濟大蕭條期間上任，外交政策在他腦子裡是最後一個工作項目。英國在一九三三年邀請他出席國際會議，討論如何穩定金融制度，他置之不理。雖然國務卿赫爾（Cordell Hull）贊成更開放的貿易，美國的經濟與世界上大多數國家一樣，躲在高關稅壁壘的背後，相當孤立。一九三八年之後，小羅斯福開始關注希特勒構成的安全威脅，而在戰爭期間，他的政府開始思考戰後世界的體制問題。他們第一個關心的是如何避免另一次經濟大蕭條，一九四四年七月，四十四個盟國在新罕布夏州布列敦森林（Bretton Woods）集會，創立國際貨幣基金（International Monetary Fund）和國際復興開發銀行（International Bank of Reconstruction and Development）。在安全領域方面，小羅斯福組織的聯合國，透過增設一個包含「四大警察」（後增為五國）的安全理事會，強化威爾遜自由主義的國際聯盟，並且由它執行對付侵略者的集體安全措施。其宏大設計的假設前提是，戰時與蘇聯的合作關係將繼續下去，因此沒有太多萬一合作破裂的其他另類安排。日後蘇聯的否決權終於癱瘓了安全理事會。小羅斯福對戰後秩序的「大設計」有許多缺失，尤其是沒有考量到世界權力平衡由多極轉變成為雙極時要如何運作。然而，最重要的是，小羅斯福在他去世前不久發表孤立主義的墓誌銘，宣稱「我們已經學會成為世界公民、人類社群的成員」。[1]

一九四五年，杜魯門承繼了小羅斯福制定的部分經濟體制計畫，以及依據與蘇聯繼續合作為前提的聯合國，但是杜魯門沒有為合作破裂的冷戰世界訂定計畫。杜魯門雖然在第一次世界大戰期間到過法國戰場服役，但他並沒有太多外交政策經驗，而在他擔任副總統的短短幾個月時間裡，小羅斯福也鮮少對他面授機宜。甚且，「一九四五年秋天進行的民意調查顯示，過半數的美國人希望他們的國家採取行動減輕美國人心目中厭惡的絕望和貧窮」，但是絕大多數人也希望部隊快快回國復員，深信他們的政府應該集中精力於改善國內生活條件。[2]第二次世界大戰削弱了其他大國的經濟，卻茁壯了美國的經濟，使它幾乎占全球經濟一半的份額。即使如此，華府並沒有建立「美國霸權」的清晰戰略或計畫。杜魯門總統的頭幾年任期，外交政策存在相當大的不確定性。一直要到一九四七年之後，美國秩序的大部分主要體制——如馬歇爾計畫和北約組織——才發展起來，成為應付一系列危機的策略，而且甚至當時所謂的美國霸權也並未含括全球一半的人口。[3]

艾森豪在二戰期間曾任歐洲盟軍最高統帥，杜魯門在一九五一年任命他為北約組織第一任最高統帥，但是在一九五二年大選期間，艾森豪批評杜魯門的政策只知圍堵，而非擊敗蘇聯。某些共和黨人仍然執迷於孤立主義，另外有些人則盡其所能的遏制共產主義。即使如此，艾森豪做為總統的行動鞏固了他前任總統的政策。一九五三年，艾森豪在白宮日光室召開一項計畫演習，將遏制歐洲共產黨勢力的戰略與既有的圍堵蘇聯戰略這兩種方案做比較。鑑於蘇聯在一九四九年開發出核武器後爆發核子戰爭的風險與代價，艾森豪駁回遏制派的方案，圍堵仍是美國的戰略。他在一九五四年聲稱：「如果世界本身想要避免毀滅，必須與俄國人達成權宜的妥協（modus vivendi）*——共同生存的方法……回應他的說法，華府領袖辯論起『共存』。談到與蘇聯共存時，何種〔共存〕程度才能令人滿意，以及究竟這個字詞真正的意思是什麼？」[4]

三位總統都受到曾在二戰期間擔任高階職位的經驗與一九三〇年代經濟大蕭條記憶的影響。三個人都認為孤立主義是嚴重的錯誤。小羅斯福曾在威爾遜麾下擔任海軍部助理部長，在設計新組織聯合國時，試圖採納威爾遜有關集體安全的概念。杜魯門也自認為是威爾遜主義者，起先試圖繼續執行小羅斯福以聯合國為中心的世界計畫，但接二連三的事件逼得他必須做出選擇，因而走向圍堵蘇聯強權的政策，以及在海外永久性的部署軍隊。艾森豪在一九五二年大選時，與其他共和黨人一致批評圍堵政策為「怯懦」的政策，他起先認為海外駐軍是暫時性的措施，但是他很快就接納杜魯門的政策。簡而言之，並沒有建立美國盛世或自由主義國際秩序的宏大計畫，但是三位創始人都從一九三〇年代的失敗汲取了教訓。

小羅斯福——美國世界角色的改造者

一九二〇年代在拉什莫爾山（Mount Rushmore）雕刻總統肖像時，華盛頓、林肯、傑佛遜和老羅斯福因為功業彪炳被鐫刻在巨岩上。如果今天要再於拉什莫爾山雕像，小羅斯福幾乎肯定必然入列。歷史學家長年來定期對歷任總統的評比，小羅斯福通常都位居第三，僅次於華盛頓和林肯，即使保守派歷史學家也如此評價他。[5]在歐洲許多國家的民主政治紛紛崩潰之際，他經常被認為幫助美國挽救了自

---

* 譯注：modus vivendi這個拉丁字的字義是生活方式。modus是方式，vivendi是生活。它通常指允許衝突中的各方暫時和平共存的協議或安排。

由民主體制。同時，當然，他也領導這個國家參與二戰，因而深刻的改造了美國的世界角色。

小羅斯福起先對外交政策非常謹慎。鑑於美國民眾有強大的孤立主義意識，他「從來不敢忘記，民主國家的外交政策，尤其是必須有痛苦犧牲的政策，若無全民共識是無法存活的」。[6]起先，他維持西半球傳統，他的國務院專注於貿易和他對拉丁美洲的「睦鄰」政策。直到一九三〇年代末，他才看到需要有更加全球性的外交政策。

希特勒和小羅斯福都在一九三二年當選，但是小羅斯福後來才逐漸察覺到希特勒所構成的威脅。一九三七年，西班牙內戰期間，小羅斯福謹慎的建議對交戰雙方都進行封鎖，但是當國內政治現況艱困時，他很快就放棄了。小羅斯福的政策是減緩歐洲步上戰爭的腳步，以及，一旦戰爭爆發，避免美國捲入。[7]到了一九三八年底，《慕尼黑協定》（Munich agreement）和水晶之夜（Kristallnacht）暴力侵犯猶太人事件*，使得小羅斯福個人觀點丕變。雖然他在公開場合支持後來造成捷克領土遭到瓜分的《慕尼黑協定》，私底下他已認定不可能與希特勒有任何實質上的合作。

小羅斯福希望國會廢止《中立法》，提供援助給英國和法國，但是美國人民不願意。一九三六年和一九三七年進行的蓋洛普民意調查，顯示七〇%的美國人認為加入第一次世界大戰是個錯誤。一九四〇年，不到一〇%的受訪人認為美國應派兵到海外。一九四一年，支持參戰者增加到二三%，但是即使如此，絕大多數的民眾仍然反對參戰。[8]美國人並沒有認同小羅斯福關於納粹威脅世局的觀點。小羅斯福在一九三八年告訴他的演講稿寫手說：「當你試圖領頭向前時，回頭一看，卻發現沒有人跟上來，真是可怕呀！」[9]小羅斯福的情境智商領先美國民眾，但是身為民主國家手腕靈活的政客，他既追隨、也試圖領導民意。

小羅斯福雖然在公開場合強調不干預，卻不誠實的悄悄採取支持盟國的措施，並為美國參戰進行準備工作。為了在不違背《中立法》的前提下協助英國，他拿驅逐艦換取英國在加勒比海的基地，但他只是簡單的說，對於美國而言，這是一筆好買賣。當他在一九四〇年以《租借法案》（Lend-Lease）名義援助英國時，他將這與暫時把庭院裡的水管借給鄰居相比，即使他明知這個比喻是誤導，因為借出去的

＊譯注：水晶之夜事件指的是一九三八年十一月九日至十日凌晨，納粹黨對德國全境猶太人發動暴力攻擊的事件，一般認為這是對猶太人全面屠殺的開始。

東西根本沒有歸還的希望。儘管冰島地理位置靠近歐洲，他卻派部隊進駐，理由是他們將保護西半球。

小羅斯福試圖教育民眾和國會，但是儘管他有過人的口才，卻沒能說服他們改變《中立法》。當演說和遊說都無法改變對方心志時，他又製造危機，試圖讓他們回心轉意。小羅斯福試圖製造好幾起海上事故，甚至不惜說謊，宣稱德國一艘潛水艇攻擊美國基爾號驅逐艦（USS Greer），可是這一招也沒有效果。他參加一九四〇年選戰、爭取三連霸連任時，打出一個騙人的口號，宣稱「你的子弟不會參戰」。到最後，儘管他有「偉大的溝通者」這樣的盛譽，他面對的兩難情境還是靠日本人偷襲珍珠港，加上希特勒為了支持他的軸心國盟友而犯了對美國宣戰的錯誤，才得以解決。

陰謀論人士暗示，珍珠港事件是小羅斯福製造的一項危機，但絕大多數歷史學者不採信這個觀點。[10]實際上，小羅斯福專注於來自歐洲對美國的威脅，而且他處理對日關係也顯示在戰略設計和執行上都相當笨拙。他形容美國對日本實施的石油禁運是一條套索，隨時可以抽緊，但又未能監督官僚在實際執行時採取更嚴格的做法，這使得禁運在東京看來像是要扼殺日本。[11]同時，也不太像他刻意誘使日本發動攻擊。他在一九四一年七月告訴內政部長艾克斯（Harold Ickes）說：「就控制大西洋而言，我們能夠協助維持太平洋的和平，是非常重要的一件事。」[12]和他對歐洲的知識相較，小羅斯福對亞洲的情境智商並不強，但挺諷刺的是，亞洲替他解決了如何介入對希特勒作戰的問題。就這一點而言，儘管人命犧牲是悲劇，珍珠港事件對小羅斯福來說是幸運的。這起事件讓小羅斯福能改革美國的外交政策，也確保美國民眾的態度會支持此一劇烈變化。

身為富裕又霸道的母親極力呵護的兒子，小羅斯福從小就學會如何利用搪塞技巧保護自己的獨立自主。他的整個政治生涯過程，非常依賴詐術，他也把詐術運用在太太、友人和民眾身上。他是個頗有天賦的演員，在一九二一年以三十九歲之齡得了小兒痲痺症而不良於行之後，演技更加爐火純青。威爾斯（Garry Wills）認為，「患了小兒痲痺症反而使他能超乎尋常的察覺別人對**他**的看法。這增強了他要掌控這些看法的決心。他的不舒服也讓別人不舒服。他必須轉移他們的注意力，把他們的注意力導向他喜歡的主題；他要逗別人笑，讓他們印象深刻和高興。這意味著他必須在極度痛苦中毫無破綻的騙過他人，讓大家相信他是輕鬆自在、有自信的。他成為一位精湛的演員。」他利用夾鼻眼鏡（pince-nez）、菸嘴等道具，以及仔細安排的舞臺管理，將人們的注意力從他癱瘓的下半身引開。「這一欺騙手法在一九四四年競選期間達到最高點，病入膏肓的小羅斯福試圖坐在敞篷汽車裡，駛經紐約市區，以顯示活力十足，不料卻被大雨打斷。」[13]另一位歷史學家則說：「小羅斯福是一個深藏不露的人，不喜歡大膽的說出令人不痛快的真相。因此在珍珠港事變之後很久一段時間，他還繼續向敵人及盟友謊稱他廣闊的外交政策目標。」[14]

小羅斯福也是會妥協的人，經常改變立場，使得追隨者和觀察家搞不清他真正相信的是什麼。他惡名昭彰，讓部屬被蒙在鼓裡、不知他葫蘆裡賣什麼藥，他提起自己的領導技巧時，自稱有如馬戲團的雜耍小丑，總是同一時間將好幾顆球維持在天空中。和善於組織的其他總統如艾森豪或老布希恰恰相反，小羅斯福希望部屬相互競爭，因此他可以保持許多條情報管道，同時掌握最後的決定權。我們可以從甘迺迪或杜魯門管理白宮的作風裡看到這個跡象。

小羅斯福一向保持貼近民意，絕不讓自己太超前於民意。有些人認為這種靦腆膽小在道德上是種失敗。譬如，假若他不顧美國國內民眾反猶太人的反應，在戰前就放寬移民入境限制，他可以從希特勒的歐洲拯救更多猶太人的性命。戰爭初始，同樣的態度導致日本裔美國公民的人權受到侵犯，被送進集中營看管。即使他的主要目標是讓民眾做好參戰的準備，與盟國並肩作戰，當他的試探氣球一連多次被刺破，小羅斯福很快就退卻了。他改而盼望近似獨立發生的危機和事故會教育民意，走向他希望的方向。但是，試圖教育民眾和不道德的操縱民眾，兩者之間的界線在哪裡？在民主國家裡，什麼程度的欺騙是道德上允許的？

我們在第二章已經看到，在自私自利和為群體目的欺騙這兩者之間有重大的區別。小羅斯福並沒有超脫偶爾自私說謊——有時候甚至很樂於說謊。這深鑄在他的人格中。然而，他大部分的重大欺騙是為了他認為有益於受騙的民眾而撒謊。一個合理的測試是問一個認同其目標的公正觀察者如何評斷其行為，以及此一行為對信任和體制的損害程度為何。小羅斯福有時候太過分。在一九四〇年大選時口口聲聲保證不會參戰，或是運用誤導的標記如「以驅逐艦換基地」或實行「租借」做為軍事援助計畫的掩飾，這是一回事。可是在一九四一年刻意告訴美國民眾，美軍船艦「基爾號」遭到德國潛水艇攻擊，其實卻是「基爾號」自己先發動攻擊，那可就完全不一樣了。

替小羅斯福外交政策的道德性辯解，論者必須依賴結果論證，強調「在極端情勢下，有時候有必要違背法律的文字，俾能拯救法治」。希特勒對存亡續絕構成極大威脅，因此小羅斯福別無他法，只好欺騙民眾。歷史學家諾蘭（Cathal Nolan）雖然原諒小羅斯福在戰爭開始時扯謊，卻批評小羅斯福採用謊言支持他的戰時與戰後計畫，此時用必要性當藉口已經相當薄弱。戰爭後期，小羅斯福刻意對美國民眾瞞騙蘇聯內部的特質。貼切的批評並不是小羅斯福說謊：「真正的問題是他在利用總統有力的發言地位發動全面運動，設法說服反蘇的美國人，以大規模物資援助俄羅斯吻合美國直接、重大的利益之前，**沒有必要**對美國人撒謊。」[15]有些歷史學家認為小羅斯福公然說謊延伸到他在評估史達林動機時自欺欺人。[16]這些欺瞞的效應之一就是，美國人沒有好好準備在戰爭結束時如何和蘇聯打交道。

根據我們在第二章發展的計分卡，小羅斯福在第一面向「意向」的成績不錯。他描繪出具有吸引力的價值，也有必要的情緒智商使個人動機吻合這些價值。借用大法官小霍姆斯（James Wendell Holmes, Jr.）的名言來說，小羅斯福有「二流的智慧，一流的脾氣」。[17]他不讓雄偉的言詞、不安全感或自憐來使自己偏離方向。雖然他對亞洲的情境智商沒有比對歐洲的了解更清晰，也維持自己外交政策風險和現實的合理平衡。但是他的道德目標因為一定程度的偏狹而受到局限，若是採取更大膽的立場，就能拯救更多的猶太人，對日裔美國人的傷害也不會那麼大。

就第二面向「手段」來說，有鑑於他加入戰局時第二次世界大戰的特質，採取武力是必要的，儘管在轟炸敵國城市時沒有區分軍民。他的內政手段符合憲法，不過他要詐的程度可能過分了，長期下來也傷害到體制。同時，他對戰後成立聯合國和布列敦森林體系的擘畫，以及對英國施壓、要求它解散殖民統治，顯示他對權利和體制有自由主義的關懷。早在一九四一年和邱吉爾一同發表《大西洋憲章》時，小羅斯福已經在倡導這些目標。

在第三面向「結果」上，小羅斯福的外交政策才有最大的道德意義。他選擇將希特勒視為威脅，並為美國加入第二次世界大戰預做準備，而不是接受輿論的孤立主義趨勢，這是一個重大的道德決定，對國家安全和建立世界秩序產生極大的影響。日本攻擊珍珠港和希特勒對美國宣戰，幫了小羅斯福的忙，可是他已經先做了困難的政治工作，準備藉由和平時期的各項措施如援助英國、成立徵兵制和重建海軍等，來利用這個幸運機會獲益。小羅斯福另一個幸運是他決定打破憲政先例在一九四〇年競選第三度任期時，共和黨提名威爾基（Wended Wilkie）這個溫和的國際主義者做為他的對手，而不是主張美國第一的孤立主義者林白（Charles Lindberg）。18

同樣重要的是，在珍珠港事變之後，小羅斯福展開教育美國民眾他們可以持續在世界發揮作用的歷程。他了解第二章討論的體制之道德重要性。他看到美國在一九三〇年代搭順風車的不道德結果（他本人也參與在其中），也理解到更好的世界必須要有體制，而最大的國家必須帶頭創立和維持此一體制。在這方面，小羅斯福的道德願景源自威爾遜的自由主義傳統，但是他把威爾遜規畫的體制加入現實主義的成分。和威爾遜倡議的國際聯盟不同的是，小羅斯福的聯合國將設置安全理事會，它具有否決權——四大警察後來擴大為五國——可以懲戒侵略者。

這個宏大的設計若要發揮作用，美國和蘇聯必須維持戰時的合作關係，這個願景攸關到小羅斯福生前最後的努力。為了維持合作關係，小羅斯福對美國民眾並沒有完全坦白蘇聯的真相。他在一九四五年於雅爾達和史達林最後一次見面時，十分明白兵疲馬乏的美國民眾希望美軍部隊立刻解甲回國，他「必須依賴笑臉、而非武器來說服史達林，讓〔蘇聯部隊控制下的〕東歐真正的政治獨立」。[19]在幫助打造戰後自由主義的國際秩序時，小羅斯福擴大美國人對外交事務的道德討論。至於真相方面，他的某些謊言可以用長期結果來合理化，但不是所有的謊言都交待得過去。他也沒有好好教育民意，或是準備不足的副總統杜魯門，以致於當他這位偉大的演員在一九四五年四月撒手人寰時，杜魯門倉促接班。以下的計分卡總結了這些評斷。

小羅斯福
道德計分卡

良：○　　優劣並見：△　　劣：×

項目	評分
意向與動機	
道德願景：有吸引力的價值、良善的動機	○
審慎：價值和風險的平衡	○
手段	
武力：比例原則、區分軍民、必要性	△
自由主義：尊重權利和體制	△
結果	
受託：成功的為美國長期利益著想	○
世界主義：對他人傷害最小化	△
教育功能：誠實的；擴大道德討論	△

杜魯門——美國道德主義的堅守者

杜魯門是來自密蘇里州「戴著眼鏡的小個子」，從來沒上過大學，在他父親的農場工作了十年。在三十三歲那年，他還是一個親力親為的農民。他與出身富貴之家、又是名校哈佛畢業的小羅斯福總統截然不同。可是歷史學家一般品評，都把杜魯門擺在美國前十名總統之列。他的國際經驗有限，僅在第一次世界大戰期間短暫服役於法國戰場，擔任砲兵軍官；一九三五年至一九四五年擔任聯邦參議員。他擔任小羅斯福副總統的兩個半月期間，小羅斯福從未與他商量軍國大事，譬如原子彈的研發、雅爾達會議等等。用傳記作家麥克羅奇（David McCulloch）的話來說，杜魯門是個「十九世紀的人物」[20]，可是他做出了一些二十世紀的重大外交決政策。如果說威爾遜和小羅斯福派大批軍隊到海外作戰，打破了美國的西半球傳統，杜魯門持續讓大軍長駐海外，對戰後秩序更是重要。華盛頓曾經警告不要與其他國家結盟糾纏不清，但杜魯門推動的北約同盟延續至今七十年。

在一九四五年，美國最主要的政治關切不是國際秩序，而是國內就業問題，以及戰後經濟是否將陷入衰退。杜魯門很快就把大約三百萬美軍從歐洲調回國。一九四五年有一項蓋洛普民意調查，詢問美國人他們認為明年美國最重要的問題是什麼？就業和罷工高踞榜首。[21]可是美國的民意已經不再是一九三〇年代以來的孤立主義。一九四五年十月，七一%的受訪人認為，為了美國的未來前途，美國應該積極參與世界事務，[22]歷次民調顯示，從一九四五年至一九五六年之間，認為美國應積極參與世界事務的受訪人，從未低於七〇%。[23]

杜魯門接任總統時並沒有一套清晰的外交政策。他欽佩威爾遜，也希望執行小羅斯福對戰後世界秩序的宏大設計；這套系統是以自由主義集體安全的思想為基礎，並佐以大國擔當新成立的聯合國安全理事會常務理事國，擁有否決權。一九五〇年六月，蘇聯犯了戰術錯誤，抵制安全理事會，從而使得北韓軍隊越過三十八度線入侵南韓後，集體安全制度派上用場。杜魯門的回應被歷史學家梅伊（Ernest May）形容為「不言而喻」反映其最深刻的信念。[24]他在獲悉北韓南侵消息之後回到華府，對他的顧問表示，他想到墨索里尼和希特勒，現在蘇聯又來尋釁：「天哪！我絕不會讓他們得逞。」[25]他從一九三〇年代學到教訓，誓言絕不讓侵略者恣意妄為。威爾遜主義是他在道德上自然的選擇。

蘇聯外交部長莫洛托夫（Vyacheslav Molotov）在一九四五年四月——即杜魯

門接任總統後不久──訪問白宮時，杜魯門責備他背信，尤其是關於東歐問題。有些批評者認為這次會面證明杜魯門的冷戰傾向，但是這一事件可以更正確的解讀為杜魯門針對蘇聯扯謊的天真美國人反應，而不是他有發動冷戰的計畫。其實，杜魯門曾經像小羅斯福一樣，低估史達林的惡毒意圖，錯誤的把他拿來和堪薩斯市的政壇角頭老大普仁德賈斯特（Tom Prendergast）相比擬。[26]一九四六年初，美國外交官肯楠從莫斯科發回那封著名的「長電報」（Long Telegram），就蘇聯的意圖向華府提出警告，但是杜魯門試圖維持小羅斯福的合作政策。一九四六年夏天，他要助理柯立福（Clark Clifford）測試政府官員的觀點。當柯立福回報大部分專家同意肯楠的分析時，杜魯門下令這份報告限印十份，嚴密保管起來。[27]他不希望他的雙手被綁住，並且沒有替代方案。

大戰結束和後來所謂杜魯門主義（Truman Doctrine）出現之間的一年半時間，是「美國外交史上最艱巨和混亂的一段時期……美國徘徊於和平合作的希望與全面戰爭的恐懼之間」。[28]俄國事務專家鮑倫（Charles "Chip" Bohlen）說：「美國面臨的世界情況，與預測政策所依據的假設截然不同。大國之間沒有團結一致……反而是完全不團結。」[29]後來到了一九四七年二月，英國面臨蘇聯和南斯拉夫對希臘和土耳其的重大壓力，不得不撤出東地中海，杜魯門同意了代表重大轉變的杜魯門主義，幾個月後又推出馬歇爾計畫，後來再於一九四九年成立北約組織。

杜魯門不是具有個人魅力的領袖，也不是個偉大的溝通家。他雖然相信閱讀歷史所認識到的英勇領導人，卻擔心自己跟不上先賢。甚且，他周遭有一些強大的顧問。[30]副國務卿艾奇遜（Dean Acheson）和密西根州共和黨籍聯邦參議員范登堡一九四七年在白宮關鍵性的會議中參與決策。馬歇爾（George Marshall）在哈佛大學畢業典禮上發表那篇著名的演說，後來據以發展出冠上他姓氏的計畫，而且杜魯門敬重馬歇爾。不過，著名的策士艾奇遜、哈里曼（Averell Harriman）、羅威特（Robert Lovett）、麥克洛伊（John McCloy）、肯楠和鮑倫，每個人都有盲點和缺陷。「沒有任何一個人可以獨力指引國家迎接此一世界大國的新角色。」可是，集合起來，「他們將遠見和務實、進取和耐心的正確組合，帶入這項艱巨的大任務中。」[31]

有些批評者把杜魯門形容成只是傳遞這些所謂智者的意志。然而這樣的說法見不到他選擇人才並得到這支幹練團隊尊敬的能力，也低估了他的在職學習，以及他在工作上發展情境智商的能力。並且也沒看到杜魯門做出艱巨決定的意志。被視作偶像級人物的國務卿馬歇爾反對建立以色列國，他卻敢摒棄馬歇爾的主張；專橫的戰時英雄麥克阿瑟將軍想要擴大韓戰，而他敢將麥克阿瑟革職；另外，他也在戰事膠著後拒絕動用核子武器。[32]雖然杜魯門並沒有因為決定使用原子彈來結束第二次世界大戰而失眠（用他自己的話來說），他的性格使他對於進一步使用核子武器感到相當懷疑，儘管共產中國在一九五〇年十一月介入韓戰之後，他在國內備受政治責難。杜魯門可以被嚴重批評不夠謹慎，竟然不理中國已經警告說，美軍若是打進北韓、向鴨綠江推進，北京將會參戰，但是他的樂觀評估也是情報機關認同的；他的許多顧問，尤其是在現場指揮作戰的麥克阿瑟將軍，是很難駕馭的。[33]

任何形容杜魯門只是傀儡的說法，都沒注意到他對美國在世界的角色抱持道德立場的重要性。杜魯門對美國例外論抱有威爾遜式的看法，這使得圍堵理論的訂定方式有了不同。[34]杜魯門做出決定，採取艾奇遜和范登堡的建議，祭出圍堵政策保護世界各地自由人民，「嚇死了美國人民」，而不是把它當作是在東地中海玩權力平衡的議題。肯楠對於他原本的概念被如此軍事化，並且在意識型態上更加擴大，感到相當驚慌。有些分析家也抱怨，杜魯門不設限的全球承諾後來導致越戰的重大災劫，但是這樣說也過於簡化。南斯拉夫的狄托共產政權（Tito's Communist

Yugoslavia）與史達林決裂後，杜魯門提供援助給狄托（Josip Broz Tito）——即使狄托仍是希臘共產黨的重要支持者。亞洲方面，杜魯門則接受馬歇爾的建言，不再保護蔣介石的國民政府，避免繼續陷於必敗之局——儘管在國內，國會及傳媒界共和黨人施加了極大的壓力。

甚且，杜魯門強調杜魯門主義和馬歇爾計畫所含括的價值，也有助於大西洋同盟的建制。德國的民主化至為重要，美國在歐洲霸權的自由主義性質使得它比起傳統的軍事同盟更加公開、更加穩定。套用一位挪威學者的話，美國成功維持住戰後歐洲的效忠，因為它是一個「受到邀請的帝國」。[35]除了杜魯門主義、馬歇爾計畫和北約組織，杜魯門在開發中國家也加入第四點，提供技術援助進行現代化。

總而言之，在美國回應二戰之後全新的兩極化地緣政治結構時，正是杜魯門對圍堵目標的解讀，引導了美國的外交政策。圍堵是一種現實主義的權力平衡政策，但是在杜魯門指導下，它也成為自由主義國際秩序的一部分。同時，他也是務實派，願意以自由主義價值換取安全利益。正如小羅斯福總統的遺孀愛蓮諾（Eleanor Roosevelt）在寫給他的信中說，她並不相信「以民主做為名義，接手邱吉爾先生在近東的政策」。有位歷史學者說：「希臘或土耳其政府或許有堅定的反共聲名，但這並不意謂它們本身自由或民主。」[36]這句話同樣也適用在南韓總統李承晚身上。

意外接任總統的杜魯門，有著和小羅斯福大不相同的性格。「他幾乎沒有個人魅力，或甚至可說完全沒有，他的自我意識甚至比大多數觀察家所了解的還更脆弱，而且非常厭惡需要操弄別人。然而，他是個優秀的經理人，而且在重大事件上，具有健全的判斷力，特別因為他了解自己的弱點。由於他的不足之處比起他的長處更加明顯，他經常被同時代的人貶抑為『小個子』，實際上，他是二十世紀相當重要與成功的一位總統。」[37]

在另一位傳記作者筆下，杜魯門「讓自己周圍環繞著教育程度更高、身材更高、更加英俊瀟灑、更有教養的人，習慣於有高人在側，並未因此感到困擾。他知道自己是誰」。[38]這種明顯的矛盾顯示杜魯門的自信具有不同層次。在表層底下的敏感和不安全感，導致他寫了一封不慍不火的信給批評者，但是更深一層的自我意識，導致他把寫好的信放進抽屜裡，並沒有寄出去，而最終他有開革麥克阿瑟這樣桀驁不馴的軍事英雄的性格和勇氣。杜魯門具有很高的情緒智商，能夠控制個人的需求和動機，而且他知道自己對國際事務的知識有限。他和小羅斯福不同，他透過成立中央情報局、國防部和國家安全會議，好讓自己可以倚重工作上的授權和制度化的外交政策。

就我們三個面向的道德而言，杜魯門在第一面向「意向、目標和動機」這一項上得分很高。他就任時承諾執行小羅斯福的宏大計畫，但是他也有自身強烈的道德願景。「他是個威爾遜式的理想主義者，深信美國的國際領導地位；美國外交政策的責任是推動人類福祉。他可以滔滔不絕大談如何把田納西流域計畫推廣到世界偏遠角落，以及人類尚未達成的進步。若是要從理論面談論極權主義，他可能無從置喙。但是……他可能比起同時代的任何人更了解它的挑戰，不論是納粹或是蘇聯。」[39]杜魯門展現出美國中西部地區庶民的基本價值，而他的情緒智商使他能夠把他個人的需求和動機，與他公開宣示的目標保持一致。他知道如何控制住自我意識，堅持援助歐洲計畫掛上馬歇爾之名、而不是總統的名義，因為這樣「在國會爭取支持會更順利」。[40]

杜魯門做得相當好，能夠審慎平衡他目標中的風險和現實。他在大戰剛結束的初期相當謹慎，在透過經驗學習和請教熟練的顧問之後，才發展轉型改造的目標。即使如此，他還是出了名的小心謹慎。一九四九年的就職演說中，他列舉軍事和經濟措施以圍堵蘇聯擴張之後，又提出謙卑之詞：「我們必須不讓自己有任性行事的特許權。」[41]雖然他以普世主義的語彙表述杜魯門主義，他還是在知道美國力量有限的情況下去運用，抵抗試圖翻轉中國內戰結果的壓力。誠如艾奇遜所說，自由主義的言詞必須「比真相更清晰」，才能說服民眾與國會，但是政府只將資源編列在希臘和土耳其身上。直到韓戰爆發之前，杜魯門在擴張五角大廈預算上面非常小心。

杜魯門抗拒美國利用其獨占核武優勢以進行預防性戰爭的建議。*用杜魯門自己的話來說：「這種戰爭是獨裁者的武器，不是像美國這樣的自由民主國家該用的武器。」[42]杜魯門認為核子武器不是一般的武器，不肯讓軍方監管，反而交給文官主持的原子能委員會（Atomic Energy Commission）負責監管。「儘管美國獨具原子彈，對於用它來對付日本時毫無懸念的這個人來說，現在對於再次使用它的可能性感到非常困擾。」[43]蘇聯企圖把美國駐軍擠出被東德團團圍住的德國首都柏林，杜魯門啟動「柏林空運」（Berlin Airlift）來應對，這就是平衡顧問們所討論的風險與現實的典範，後來甘迺迪在一九六二年處理古巴飛彈危機時效仿此一模式。

著名的法國知識份子艾宏（Raymond Aron）曾經認為二十世紀的特性是「全面戰爭的世紀」。[44]在核子武器威脅下，它反而變成有限戰爭的世紀。縱使如此，歷史仍然需要透過關鍵重大的人類活動才能做出此一道德演進，而杜魯門正是此一過程的關鍵人物。下令在廣島投擲原子彈的這位先生，現在於柏林空運期間又下令研究動用核子武器的準備方案，但是見到研究報告後，他否決了這個選項。[45]當他在一九四八年推動馬歇爾計畫時，雖然可以施加更大的壓力反對蘇聯宰制波蘭和捷克，但是他選擇審慎，而不是戰爭的風險。

韓戰方面，在中共部隊一九五〇年十一月跨過鴨綠江、擊退美軍之後，杜魯門堅持打的是有限戰爭，不接受麥克阿瑟的下列要求：一是轟炸中國目標，二是借重剛在國共內戰落敗、退守臺灣的蔣介石部隊。[46]杜魯門在一九五〇年六月曾經有過不謹慎的動作，准許艾奇遜稍早之前把朝鮮半島劃在美國防禦周邊之外，又讓美軍部隊疏於備戰。杜魯門希望落實《聯合國憲章》中的威爾遜之集體安全精神，但是一個現實主義者可能會對涉及的風險更加小心，而誠如艾奇遜後來的觀察心得，認為韓國局勢最後「摧毀了杜魯門政府」。[47]就杜魯門而言，一九三〇年代學到的道德是，面對侵略要勇於抵抗，而他也的確實踐此一精神——並因此付出代價。在此同時，他看到核子武器的道德不相稱，拒絕動用它們以拯救其地位和聲譽的誘惑。

* 譯注：套用海軍部長威廉斯（Francis Williams）的話，這是「追求和平的侵略者」。

和小羅斯福不同的是，杜魯門罕於耍詐。雖然他對介入朝鮮局勢的說法沒能讓民眾對戰爭做好充分的準備，大體上，杜魯門尊重真理，在國內及國外的體制都建立起信任感。他也關注自治和權利的問題，一九四八年《聯合國人權宣言》（UN Declaration on Human Rights）就在他觀禮下簽訂。杜魯門在手段這一項上受到責難的是，動用核子武器以結束對日戰爭時不加區別的殺害日本平民百姓。鑑於曼哈頓計畫（Manhattan Project）的聲勢，新總統若要叫停此一計畫，需要很大的勇氣，而他也沒有理由叫停，尤其是當時人們對核子武器所知不多。審慎區分軍民和比例原則早已因為投擲燃燒彈、空襲城市而大受侵犯，而民眾渴望結束由日本啟動的這場戰爭。杜魯門出任總統時，火車已經離站，他也順應共識。但是在柏林和朝鮮半島出現是否啟用核子武器的問題時，杜魯門已經知道更多，拒絕把核子武器當作常態看待。他在一九五三年卸任時的告別演說中提出警告：「就理智的人而言，掀起原子戰爭是完全不可想像的一件事。」[48]他堅守原則，幫助建立核子禁忌。

在道德結果這個面向，杜魯門決定維持美軍駐在海外，以及建立強大的同盟體制，這對建立美國秩序是個重大關鍵。某些共和黨孤立主義者抱怨會涉入海外糾葛的風險，但鷹派抨擊他將蔣介石和東歐拋給極權主義的共產黨宰制是不道德的。他們和麥克阿瑟一樣，覺得杜魯門應該更堅強對抗史達林，因而責怪他在這方面的不作為。或許杜魯門沒有利用美國獨具核子武器的優勢，因而留下殘局，但是核武風險極高，而且說句公道話，他非常小心謹慎的照顧美國的長期利益。甚至，他在這麼做時，也注意到其他國家的需要，訂出計畫協助他們，譬如馬歇爾計畫和技術援助。

雖然杜魯門不是雄辯滔滔、善於言詞的演說家，他和他的內閣試圖教育美國民眾，在戰後世界的重建及穩定中維持美國的領導地位是非常重要的。某些批評者責備杜魯門把肯楠現實主義的圍堵理論改變成為過分普世的自由主義原則，要保衛世界各地的自由人，最後就釀造出越戰。但我們還是很難把越戰的帳算在杜魯門頭上，而且正如范登堡參議員所提出的警告，若沒有杜魯門的普世論，這個戰略將更難以向美國人民推銷。杜魯門沉浸在美國的道德主義裡，但是他也的確執行大體上符合道德的外交政策，這有助於建立一九四五年之後的自由主義國際秩序。這些評斷歸納在下面這張計分卡上。

杜魯門
道德計分卡

良：○　　優劣並見：△　　劣：×

項目	評分
意向與動機	
道德願景：有吸引力的價值、良善的動機	○
審慎：價值和風險的平衡	○
手段	
武力：比例原則、區分軍民目標、必要性	△
自由主義：尊重權利和體制	○
結果	
受託：成功的為美國長期利益著想	○
世界主義：對他人傷害最小化	△
教育功能：誠實的；擴大道德討論	○

艾森豪——為美國創造和平與繁榮

雖然歷史學家把杜魯門評鑑為前十名總統之一，他在一九五三年卸任時的民意支持度卻很低，而他的外交政策在政治上頗有爭議。民主黨以華萊士（Henry Wallace）為首的自由派，認為杜魯門對蘇聯太過不肯妥協，而共和黨也意見分歧，比較積極強硬的一派批評「圍堵政策太怯弱」，以塔虎特（Robert Taft）為首的孤立主義派則要求減少美國在海外的承諾。艾森豪以五星上將之階退役，出任哥倫比亞大學校長，然後又復役，接任第一任北約組織盟軍最高統帥。他原本並沒有意願要競選總統，但是他擔心塔虎特可能在一九五二年取得共和黨提名，遂轉念挺身而出。

和杜魯門一樣，艾森豪出身中西部寒微家庭，但是他有機會進入西點軍校就讀（於一九一五年畢業），二戰期間在軍中服役又有耀眼的成績，使他比起之前歷任總統對國際事務都有更豐富的情境智商。艾森豪和杜魯門不同的是，他並不需要在職訓練。一九五三年就任伊始，艾森豪就在白宮日光室召開著名的政策演習，檢驗外交政策的基本選擇方案，但這場演習教育艾森豪的成分較少，反而是由他來教育內閣成員和親信幕僚。他抵擋住讓他擔心的黨內兩派意見（孤立主義派和主張限制蘇聯擴張的一派），而且不意外的，他選擇中間路線。共和黨人把肯楠調離國務院，但是艾森豪利用他來替圍堵政策辯論，雖然肯楠的政策曾被某些想要降低共產主義擴張成績的共和黨人斥為怯懦、不道德。

國務卿杜勒斯（John Foster Dulles）拒絕給肯楠派任新職位，但是艾森豪不被杜勒斯限制。歷史學家蓋迪斯（John Gaddis）說，杜勒斯的狂妄氣焰讓艾森豪不自在，但是在孤立主義派和麥卡錫派仍占多數的共和黨內，把杜勒斯擺在國務院有相當大的政治價值。甚且，即便艾森豪是軍人出身，他也沒有教訓部屬的習慣。他了解軟實力。用他的話來說：「你不是靠敲人腦袋來領導，那是攻擊，不是領導。」[49] 他反而設法教育杜勒斯和政府內部其他官員，讓他們了解更強悍的戰略可能會有什麼樣的風險、代價和結果。蓋迪斯說，艾森豪利用肯楠「解放艾森豪，讓他不必陷入杜勒斯在一九五二年大選期間要他承諾接受的『解放』策略」。[50]

艾森豪上任時只有溫和的目標，他的領導作風是交易型，而非個人魅力。他鞏固了圍堵理論，藉由一些審慎的判斷，使其能永續長存——這些判斷包括像是在朝鮮和越南避免陸地戰爭，而繼他之後的幾位總統則陷入此一泥淖。他削減海外支出，俾以支持國內經濟，並且強化與歐洲和日本的新同盟。他願意和蘇聯談判，並在一九五六年蘇聯干預匈牙利局勢時，展現了高度的審慎精神，拒絕中央情報局向匈牙利人民空投武器的提議。[51]雖然他依賴大規模報復的核子威脅來抵銷蘇聯在歐洲的傳統兵力優勢，以及省下昂貴的陸軍開支，但同時，他也很謹慎的拒絕動用核子武器來對付北韓和中國。

艾森豪設法維持民眾對外交政策的廣泛共識。民意專家郝斯迪（Ole R. Holsti）認為，「如果說『國際主義的外交政策共識』這個詞語恰當的表述美國外交政策在國內的基礎，它最能適用於韓戰和越戰這兩大創傷中間的時期。」一九五六年有五九％的共和黨人、五八％的民主黨人、五八％的中間選民，贊成以外援協助制止共產主義。[52]一九五四年一項蓋洛普民意調查顯示：六二％民眾認為自己是國際主義者，而自認是孤立主義者的民眾則為一七％。大多數人（七六％）認可聯合國。[53]

艾森豪經常以溫和的勸說「在後領導」（lead from behind），而不是直接下達命令。研究歷任總統的專家葛林斯坦（Fred Greenstein）稱呼艾森豪總統的作風是「藏著手的總統」，因為他結合明顯的君主制風格和比較不明顯的總理作風。杜勒斯敲響言語上的警鐘，艾森豪則內斂的控制住外交政策。艾森豪有一流的組織管理能力，並且相當堅固的掌控著政府施政。[54]他改進杜魯門的體制創新如國家安全會議，用它管理資訊和政策的流暢度，也用它來教育他的高級官員。但是他的低調作風也有代價，他沒有就民權和偽造的飛彈差距等問題教育民眾，而民主黨籍批評者則利用這些問題興風作浪。

艾森豪了解美國力量的局限，也把危機管理得很好。雖然他對東南亞局勢使用「骨牌倒了」這個誤導性的比喻，但他也避免讓此一比喻將他捲入大規模干預越南的行動中，因為用他的話說：「這會吞沒我們一師又一師的部隊。」然而，公開宣示必須守住中南半島之後，艾森豪就冒著失去可信度的風險，對他而言，要做這樣的決定非常不容易。[55]他考慮過以空軍力量、核子武器或地面部隊來進行干預，但最後裁定不片面行動。[56]他將情感需求與其分析區隔開來，避開後來毀了詹森總統的陷阱。詹森沒有艾森豪的情緒智商和情境智商。艾森豪作風審慎，結果之一就是享有八年的和平與繁榮。

傳記作者安布羅斯（Stephen Ambrose）指出，由於艾森豪的領導統御「堅定、公平、客觀、有尊嚴，他是絕大多數美國人期許的總統典範」。如果要用一個字詞來形容對他的反應，那就是「值得信賴」。[57]尼克森曾經說過，要做決定時，艾森豪是「全世界最不會情感激動又具分析能力的人」，而葛林斯坦認為他的領導統御最驚人的，「不是他沒有激情，而是他的公開行動不涉及情緒」。[58]他具有情緒智商可以管控他的動機。雖然艾森豪嫻熟馬基維利式的政治手腕，以間接行動對付麥卡錫（Joseph McCarthy）這些對手（或甚至他的盟友，尼克森副德統），但他一般都能尊重事實。同時，他具有強大的道德信念。他是個主張自由市場的共和黨人，也是堅定的反共人物，並堅持美國在世界上的角色。

雖然他把戰時回憶錄的書名定為《歐洲十字軍》（*Crusade in Europe*），艾森豪並不是高擎道德大旗的鬥士（crusader）。一九五二年，當他接受共和黨提名參選總統時，他呼籲全黨跟他一起發動清理華府的聖戰（crusade），但這只是泛泛之談的政治辭令。批評者後來「發現很難找出他所謂聖戰的目標是什麼。既沒有慷慨激昂號召全民武裝起來，也沒有偉大的道德鬥士，又沒有理想主義那種追求某些壓倒一切的全國目標」。艾森豪在一九五三年想要「提供道德上的領導，既倚賴也闡明美國對蘇聯、乃至全世界具有的精神優越性。」[59]但是他對於當時影響美國軟實力甚大的國內重大道德議題——民權及麥卡錫主義——並沒有採取強而有力的公眾領導。

至於第三世界，艾森豪在他圍堵蘇聯影響力時，並沒有顯示尊重其他國家的民主和人權。碰到要推翻其他國家民選政府時，美國並沒有出現自由主義的克制。[60]

他的確沒有接受派兵到越南的提議，因為「在亞洲人民眼中，〔我們將〕只是以美國殖民取代法國殖民罷了」。[61]一九五六年，英、法聯軍和以色列連手攻打埃及的蘇伊士危機中，他運用經濟壓力迫使英國撤軍，因為他說他不會放縱武裝侵略——不論誰是進攻者、誰是受害者。雖然艾森豪對自由世界使用自由主義的言詞，他希望以此號召各國與西方民主國家同一陣線，可是他推翻伊朗和瓜地馬拉民選政府，以及他對納瑟（Nasser）、卡斯楚（Castro）及剛果盧默巴（Patrice Lumumba）的敵意，卻造成第三世界不敢相信美國。即使在冷戰雙極對立的情境脈絡下，我們也很難將艾森豪的許多祕密干預視為是合乎比例原則或有必要性，而即便是一位同情他的傳記作家也認為：「很不幸，艾森豪的中央情報局對美國利益的傷害大於好處。」[62]甚且，他對祕密行動仍然保持祕密的期待是錯誤的。[63]

危機管理是艾森豪最拿手的本事，不論是一九五三年的朝鮮、一九五四年的奠邊府（Dien Bien Phu）、一九五五年的金門馬祖、一九五六年的匈牙利和蘇伊士、一九五七年蘇聯發射人造衛星、一九五九年的柏林，或一九六〇年蘇聯擊落美國一架U2間諜飛機，「艾森豪處理每起事件都沒有過度反應、沒有陷入戰爭、沒有增加國防預算，也沒有把老百姓嚇得半死。他處變不驚，堅信可以找到解決之道，然後真的找出解決方法。這是非常了不起的表現。」[64]他的戰時經驗和感情上的自我控制，提供必要的情境智商和情緒智商去避免災禍。

就道德層面而言，艾森豪的遠見和目標是溫和、平衡的，他的情緒智商維持了他的動機和公開價值觀的平衡。他很謹慎的平衡價值和風險，但是他在手段方法上的紀錄則褒貶互見。推翻瓜地馬拉阿班茲（Arbenz）和伊朗莫沙德（Mossadegh）民選政府的祕密行動，違反當地的自治自主，而艾森豪自己也承認，「完全明白美國干預中美洲和加勒比海事務，大大傷害我們在整個拉丁美洲的地位。」[65]他允許中央情報局局長杜勒斯（Allan Dulles）進行祕密行動，包括在若干國家企圖行刺，因為在雙極的冷戰世局，他認為有必要阻止共產黨任何可能的進逼。[66]但是論者可以質疑，這些左翼的民族主義政權會走向共產主義國家嗎？長期的記憶和反彈並不利於美國或當地人民。甚且，就介入寮國和越南局勢，他留給繼任的甘迺迪總統不高明的建議，也留下祕密進攻古巴的計畫，後者釀成一九六一年的豬灣（Bay of Pigs）事件*。傳記作家希區考克（William Hitchcock）問道：「艾森豪為什麼下

* 譯注：一九六一年四月十七日，一批古巴流亡人士在美國中央情報局的協助下，於古巴西南海岸豬

令執行如此殘暴且貽害不小的祕密行動？」他認為這是「道德想像力的失敗」。[67]

儘管艾森豪在祕密干預方面的一些做法十分可議，但他在韓戰中好幾次拒絕接受動用核子武器的建議，也不肯動用核子武器防止越南人在奠邊府擊敗法國部隊或協助國民黨軍隊防衛金門、馬祖，使他在道德方面獲得相當的稱讚。他批駁參謀首長聯席會議建議在越南動用核子武器的計畫時，說了一段話：「你們這些傢伙一定是瘋了。我們不能在不到十年的時間內，動用這種可怕的東西對付亞洲人兩次。我的天哪！」一九五四年的另一個時間點，艾森豪對參謀首長聯席會議主席、海軍上將雷德福（Radford）說：「假設我們有可能摧毀掉俄羅斯。我要你帶這個問題回家做功課：獲得這樣一場勝利之後，你打算怎麼辦？從易北河到海參崴這一大片土地……被撕裂、摧毀，沒有政府、沒有通訊，只剩下一片饑饉和災難的地域。我問你，文明世界要怎麼處理它？我要重複一遍，勝利只存在我們的想像之中。」[68]艾森豪不僅審慎考慮了美國狹隘的利益，在他對於不使用核子武器的道德推理中也加入了世界主義的元素。

挺諷刺的是，這些私下的道德決定與他公開場合對核子武器的聲明大相逕庭。艾森豪在財政上是個保守派，在他的卸任告別演說中反對「軍事—工業複合體」

（military-industrial complex）。到了一九五八年，他把五角大廈經費從上任初始占國內生產毛額（GDP）一四%，削減到只占國內生產毛額的一〇%。核子嚇阻提供了一項物廉價美的國防政策。[69]和杜魯門不一樣的是，艾森豪希望核子武器被看做是軍火正常的一部分——「好像子彈一樣」——深怕把它發展成為禁忌，會傷害它的正當性，使它抽離出軍火庫。他的國防姿勢是要以具有大規模報復能力的戰術核子武器做為威脅，以節省傳統兵力的經費。同時，他也要維持總統對核子武器的控制。

艾森豪拒絕動用核子武器並不妨礙他基於嚇阻、威懾的目的，威脅要動用它們。他暗示要動用核子武器，有助於僵持不下的韓戰達成停火協議，在一九五四年和一九五八年臺灣的外島危機中他又對是否動用核子武器保持模稜兩可的說法。艾森豪會動用核子武器嗎？他的親信助理古德派斯特（Andrew Goodpaster）將軍認為不會。可是，其他顧問卻不同意這個看法，而艾森豪也從來不就此一假設性問題

灣登陸，入侵由卡斯楚領導的共黨政權，三天後即宣告失敗。這次行動對美國來說，不僅僅只是軍事上的失敗，也是政治上的失誤，更因此導致了後來的古巴飛彈危機。

回答。他的目標是嚇阻，而且套用傳記作者湯瑪斯（Evan Thomas）的話，他「透過聰明、間接、微妙，以及十足的算計——也透過擁有他絕對不會用的武器——來保護他的國家，可能也保護了其他人類免於遭到殲滅」。[70]

雖然沒有人確實知道艾森豪是否會動用核子武器，他在關鍵時刻的私下決定是「不」，可是他的公開姿態卻營造巨大的核子風險架構。[71]這些私下的選擇加劇了他深怕這種禁忌會削弱他的公開選擇，而他的繼任者也擔心，精心規畫的大規模報復機制使總統幾乎沒有真正的選擇空間。與此同時，他試圖推動與蘇聯簽訂武器控制協定。然而，由於他的嚇阻具有虛張聲勢的性質，艾森豪根本沒辦法跟美國人民坦承他對核子武器的真正看法。他有一次對他的新聞祕書說：「吉姆，別擔心。如果有人問起這個問題，我會把他們搞得糊里糊塗。」[72]

艾森豪的核子政策跟他的一般作風是一致的，公開場合彷彿和藹親切的王族，超脫於紛擾之上，可是又如總理一樣躲在幕後小心的控制。誠如葛林斯坦指出：「他不是馬基維利型人物；他知道在私底下討論時誠實和理智清晰的重要性，但他認為這是一種不言而喻的公理，即公開談話要適應當前情況，並盡可能達到最佳效果。」[73]這種欺騙手段遠不及小羅斯福的謊言或川普在推特上的貼文對公眾欺騙的程

艾森豪
道德計分卡

良：○　**優劣並見：△**　**劣：×**

項目	評分
意向與動機	
道德願景：有吸引力的價值、良善的動機	○
審慎：價值和風險的平衡	○
手段	
武力：比例原則、區分軍民目標、必要性	○（核武方面）
自由主義：尊重權利和體制	×
結果	
受託：成功的為美國長期利益著想	○
世界主義：對他人傷害最小化	△
教育功能：誠實的；擴大道德討論	△

度，但這種有問題的手段限制了艾森豪教育民眾的能力。然而，整體來說，艾森豪的外交政策領導透過謹慎避免和危機管理，為美國人和其他許多人創造了八年的和平與繁榮。這些都是非常令人印象深刻的道德後果，他的計分卡總結了他的紀錄。

*****

研究倫理道德在創立美國自由主義國際秩序的三位總統做決定時所扮演的角色，有幾點相當突出、值得注意。這三位總統都是自由派的現實主義者，他們在建構自己的世界心理地圖時，都汲取這兩種傳統。他們對體制與集體安全的見解雖然都是由威爾遜一脈相傳下來，也都相信美國例外論，可是他們並非頑固的教條主義者或撐起十字軍大旗的鬥士。他們都沒有採用當時由路易斯安那州州長脩義龍（Huey Long）和威斯康辛州聯邦參議員麥卡錫所代表的民粹派民族主義傳統。這三位總統在平衡風險和價值時都十分謹慎。三人在動機上都展現良好的情緒智商，在他們的世界心理地圖上則呈現良好的情境智商。雖然杜魯門主義提及「每個地方的自由人」，但他不在中國這種嚴重侵犯人權的地方引用它。雖然艾森豪的共和黨批評圍堵主義的不合道德，高唱限制共產主義在歐洲的擴張，他卻悄悄準備在匈牙利人民一九五六年的起義中拋棄他們。

與此同時，美國例外論與價值觀的語言在形塑政策時十分重要。正如鮑倫談及老友肯楠把歐洲劃分為勢力範圍的提議時所說：「從抽象觀點來看，它們可能最合適。但是做為實用的建議，它們根本不可能成立。這種外交政策在民主國家根本行不通。」[74]實際上，歐洲的確是分裂了。杜魯門和艾奇遜都迅速看到，密西根州聯邦參議員范登堡是對的——原本孤立主義派的范登堡變成共和黨主要的國際主義者——想要國會撥款給杜魯門主義，他們需要強調價值，「讓情勢比真相更清晰」。爭取支持這項政策，訴諸道德至關重要。

另一點值得注意的是，不作為與作為一樣具有極大的道德重要性。在第二次世界大戰結束時，美國已經生產世界將近一半的產品，而且壟斷原子武器。某些決策者被發動預防性戰爭和為了和平而侵略的主張打動心坎。杜魯門拒絕了這類不道德的想法。甚且，從一九四八年柏林危機到一九五八年金馬外島危機這十年期間，杜魯門和艾森豪摒棄軍方所提動用核子武器的建議。當時，核子武器還是新鮮事物，一般人對它了解不足，杜魯門或艾森豪若是決定動用它們，日後的世界就會和今天大不相同。很可能會出現更多擁有核子武器的國家，使用核子武器的可能性也更頻繁。諾貝爾獎得主謝林（Thomas Schelling）認為，開發出核子禁忌可謂是過去七十年最重要的規範發展之一。這是一隻不吠叫、不咬人的狗。艾森豪雖然抗拒正式的禁忌，深怕這一來會削弱他透過大規模報復的嚇阻戰略，然而在重要關頭他也抗拒戰術動用核子武器的建議。有一部分像杜魯門，他的推理是根據戰略審慎；但是他們倆人私底下也都表達是基於直覺的道德考量才不肯動用核子武器。核子禁忌是否持續仍有力量，直到今天還在辯論；而在民眾、菁英和總統層面，都有不同的道德觀點，但是禁忌和辯論都存在，可以追溯到一九五〇年代這些總統的決定。[75]

最後，就組織機構而言，三位總統都珍視聯合國，但是很快就發現它的局限性，因為蘇聯頻頻使用否決權。他們是沒有落入制度窠臼的制度主義者。他們了解軟實力，以及制度在塑造期望上所扮演的角色。馬歇爾計畫非常重視歐洲的經濟統合，三位總統在和爭吵不停的歐洲盟友打交道時，面臨無數的挫折。他們也認識到，必須有一個美國的安全架構，在架構裡，歐洲經濟可以逐步發展統合，這後來導致北約組織的成立。這三位創始人了解，硬實力和軟實力可以相輔相成。他們的大戰略並不完美，在執行上也經常不是那麼篤定，即使如此，這三位創始的總統建立了一個架構，引導許多人——美國國內外的許多人——走向更美好的世界。

第四章

越戰時期

一九六〇年代起始，冷戰的焦慮達到高峰。蘇聯擊落一架U2間諜飛機之後，艾森豪和赫魯雪夫之間的高峰會議取消：美國人擔心蘇聯正在發展的核子武器，也擔心蘇聯在非洲和拉丁美洲擴張勢力，特別是卡斯楚（Fidel Castro）在古巴崛起掌握政權之後的局勢。歐洲方面，蘇聯極力施壓，要求改變被東德團團圍住的柏林的地位。亞洲方面，共產黨撐腰的叛軍威脅著美國人支持的南越政府，而越南問題成為這個年代最大的爭議。

然而，外交政策的氣氛和現實之間存在著差異。蘇聯一九五七年十月發射史普尼克人造衛星（Sputnik），震撼了菁英和廣大民眾認為美國科技較為優勢的意識。情報機關的報告過分高估蘇聯的力量，包括甘迺迪在內的民主黨人批評艾森豪允許出現飛彈落差（missile gap）。艾森豪清楚美國遙遙領先，但是他不多說，深怕傷害到U2偵察飛行帶回來的重要情報。飛彈落差的確存在，但是實情與兩黨語言交鋒的內容恰恰相反，實際上美國以將近六比一的優勢領先。一九六〇年代開始時的國內氣氛，有一部分與世代改變有關。甘迺迪指控全球趨勢把美國拋在後面，而艾森豪又允許「共產黨把我們趕出我們領導這場世界革命的正當地位」，甘迺迪向開發中國家（如越南）提出未來願景，將會是「更加和平、更加民主、更加由本地人控制」的世界。[1]

然而，適得其反，一九六〇年代的美國外交政策卻傷痕累累。越戰導致五萬八千多名美軍官兵陣亡、數百萬越南人喪生、美國城市及校園頻頻暴動、一位總統提早退休、另一位總統差點被彈劾。戰爭以美方敗戰畫下句點，精神和政治傷痕延續數十年之久。美國介入越南的源頭可以上溯到杜魯門和艾森豪時代，但是涉入最深的是甘迺迪、詹森和尼克森這三位總統。三個人都經歷過一九五〇年代初期偏執的麥卡錫主義時期，以及「誰把中國輸給共產主義」這一激烈的國內政治辯論。每一位都擔心揹上「失去」越南的總統這一政治罵名，可是沒有一個真正對越南這個國家有任何深入的了解。

有關越南最重要的比喻——艾森豪創造出來、卻又諷刺的極力避開的「骨牌理論」——成為繼他之後擔任總統的人士之陷阱。華府風行的印象是，如果北越共產黨占領南越，將會產生連鎖反應，把亞洲其他國家推倒，在一個雙極的世界推向中、蘇集團。即使某些領導人私底下已經察覺這個比喻的局限性，他們公開使用這個形象成為限制他們選擇的陷阱。與這個比喻相關的是，民眾更加關心冷戰時期全球承諾的可信度。國防部助理部長麥克納頓（John McNaughton）在一九六五年三月留下著名的評估；他估計我們留在越南的原因有七成是「避免對我們美國身為保證人的聲譽造成可恥的失敗紀錄，兩成是維持南越及其鄰近地區不落入中國手中，另一成是允許南越人民能享有更美好、更自由的生活方式」。[2]

以後見之明回過頭看，如果美國總統在言詞上更注意民族主義、而不是共產主義，他們可能會使用更好的隱喻——紅色和黑色方塊交錯的棋盤遊戲。以骨牌比喻是一種意識型態的隱喻，骨牌一倒，全都變成紅色。棋盤遊戲則是一個現實主義的比喻，它的特色是：「敵人的敵人就是我的朋友」。中國已經開始不服俄國人的指導，而在越南的戰鬥是以反對法國殖民統治的民族主義鬥爭為起始。法國大敗之後，透過一九五四年《日內瓦停戰協定》建立的北越和南越分界線，原本是暫時的性質，但是雙方都沒有確切遵守要在一九五六年舉行大選的計畫，隨後進行了二十年的戰爭。許多越南人持續認定越南是一個國家，並不是美國所描繪的兩個國家。在美軍最後撤出，而越南於一九七五年由共產主義統一之後的年代，俄國和中國、中國和越南、越南和柬埔寨，彼此之間戰火不斷。與骨牌理論相比，以民族主義為基礎的現實主義棋盤隱喻被證實更適合預言政治的結合和衝突，而今天，越南共產黨政府歡迎美國海軍的泊靠訪問，以制衡來自共產中國的壓力。

甘迺迪——改變冷戰氛圍的偉大溝通者

甘迺迪一九六一年就任總統時年僅四十三歲。他不僅是美國人民選出的第一位天主教徒總統，也是歷來最年輕的總統，言談之間充滿年輕與活力氣息。他不僅比艾森豪年輕二十七歲，作風也與艾森豪大不相同。他競選時對艾森豪的「八年來毫無作為」表達不滿，保證要開闢「新疆界」，「使國家再度動起來」。他充滿魅力的呼籲全民「要問你能為國家做些什麼」，啟發了許多青年世代；和平工作團（Peace Corp）和把人送上月球等倡議也鼓舞了新青年。一九六三年十一月，甘迺迪遇刺身亡，在職一千天戛然而止，震驚世界。

他的任期短暫，又以悲劇畫下句點，產生了神話和反神話，各方臆測如果甘迺迪仍然在世，會是什麼情況。到他去世五十週年時，估計有四萬本書以他為主角，比起清楚界定的歷史人物，他成為更流行的名流神話。[3]他的外交政策脫離不了寮國、柏林、古巴和越南等冷戰危機。有些事件他處理得不錯，有些則處理得很笨拙。然而，他將因為處理一九六二年古巴飛彈危機的技巧而長留於後人記憶中，當時全世界最接近於爆發核武戰爭的邊緣。前任英國首相麥米倫（Harold Macmillan）

說：「他僅憑這一幕就贏得歷史地位。」[4]

經歷這場恐怖事件之後，甘迺迪在一九六三年改變了冷戰競爭的調子，於美利堅大學發表與蘇聯修好的演講，也展開控制核子武器的過程，達成《有限度禁止核武試爆條約》（Limited Test Ban Treaty）。同時，我們必須記住，他和赫魯雪夫針對柏林問題的交涉，以及在古巴兩次祕密行動失敗，替古巴飛彈危機鑄下前因。（豬灣事件是他從艾森豪政府繼承而來，而「貓鼬行動」（Operation Mongoose）*則是其政府啟動的祕密行動。）越南方面，他把美軍顧問人數由六百八十五人增加到一萬六千人，同時又鼓動一場笨拙的政變，推翻吳廷琰（Ngo Din Diem）政府。歷史學者布林克理（Alan Brinkley）下結論說：「我們很難說他是一位偉大的總統，但他也不是失敗的總統。」[5]

甘迺迪一九一七年出生於波士頓一個富裕的愛爾蘭裔天主教徒家庭，他先就讀私立中學，再進入哈佛取得學位。他早年的政治生涯得到父親的金錢與人脈資助，但他也是一個在太平洋服過役的戰爭英雄，顯示出無比的勇氣。另外，他終身勇敢與宿疾搏鬥，只不過他小心隱瞞，不讓公眾知道。他堅強反共，但不是僵硬的空論者。當艾森豪告訴甘迺迪，新總統可能必須介入，才能防止共產黨接管寮國時，甘迺迪卻乾淨俐落的避開危機，同意寮國保持中立。冷戰達到巔峰時刻，他在一九六三年六月十日於美利堅大學演講，甘迺迪宣稱美國人發現共產主義「否定個人自由和尊嚴，令人極其反感」，他也相信「沒有任何政府或社會制度是如此邪惡，以致於必須認定它的人民缺乏道德」。[6]甘迺迪呼應他一九六一年在西雅圖發表的演講，呼籲要有更寬廣的世界主義願景。「如果我們現在不能終結我們的分歧，至少我們可以使世界安全、多元化。因為歸根究柢，我們最基本的共同紐帶是我們都居住在這個小星球上。」

甘迺迪曉得民族主義和反殖民主義日益茁壯。推動「拉丁美洲進步同盟」（Alliance for Progress in Latin America）等計畫，以及支持南越政府，甘迺迪希望引導第三世界民族主義遠離共產主義、走向民主陣營。他受到麻省理工學院經濟學者羅斯陶（Walt Rostow）等現代化理論家主張的吸引（他延攬羅斯陶加入他的政府）；羅斯陶認為，可以透過國家建設（nation-building）和對付本土游擊運動的剿

* 譯注：豬灣事件失敗後，甘迺迪政府繼續執行「貓鼬行動」，目標是破壞古巴政治與經濟，包括計畫刺殺卡斯楚。

叛行動來鼓勵民主。然而，有位英國人對美國促進民主的行動有如下的評估：「甘迺迪政府擁抱剿叛運動的核心存在一個謬誤……類似於正在破壞國家建設者透過戰略性經濟援助和投資促進民主的努力。開發中國家通常缺乏可以建立民主體制的政治文化。」[7]美國沒有力量在越南改變它。透過支持政變以推翻吳廷琰總統，達成政府更迭，經證明是違反建設性的舉動。雖然德國和日本戰後民主化對於建立自由主義的國際政治至為重要，兩者可都是發生在二戰徹底敗戰、國家遭遇長時間占領之後。甘迺迪的國家建設和剿叛行動讓民主化變得很廉價。

甘迺迪的作風很有群眾魅力，他的言詞很有啟發力量。身為溝通者，他也能夠創新。老羅斯福利用公開演講為所欲為的宣傳自己的理念，小羅斯福利用廣播電臺進行爐邊談話（近來川普則善於利用推特），甘迺迪則是採用電視實況轉播的先鋒。他不僅在一九六〇年與尼克森競選總統時，成功的運用電視轉播辯論會，他在白宮透過電視播放的新聞記者會也受到各方普遍觀看和讚賞。

雖然甘迺迪的言論大開大闔，他的政策大多是逐步漸進。雖然他在公開行為上冒了一些風險，總體而言他是很謹慎的。據說他在飛彈危機期間估計過發生核武戰爭的風險是三分之一，論者也可以質疑他是否應該將這種風險套到美國人民身上，但他的推論是，默許赫魯雪夫在古巴布建飛彈，將意謂著日後為了柏林發生戰爭的風險更高。他在飛彈危機的折衷解決方案上相當謹慎。

然而，他私下的行為卻截然不同，包括與一名黑道大哥的情婦暗通款曲，又和一個據信是東德間諜的女子來往。他的親信助理對這些事都知情，聯邦調查局局長胡佛（J. Edgar Hoover）也都瞭然於胸（胡佛干預了第二個個案）。無論你對他搞婚外情有什麼樣的道德評斷，甘迺迪把女人帶進白宮的政治風險，模糊了總統公私行為的分際。

甘迺迪的管理作風比較類似小羅斯福，而非艾森豪。他解散了艾森豪縝密的顧問幕僚和外交決策過程，把國家安全會議恢復為一個小型的非正式團體。艾森豪在甘迺迪上任後不久到白宮拜訪，事後向一位朋友抱怨說：「一群該死的小屁孩突擊隊到處亂跑。」[8]結果就是漏接了一些重要的球。甘迺迪自己也承認，他沒有完全取消從艾森豪政府承繼而來的祕密入侵古巴計畫，並且對於一九六三年推翻吳廷琰政府的政變，起先只是隨興應允，並未特別注意。用甘迺迪自己的話說：「我覺得我們必須對此負起很大的責任。」[9]我們不清楚甘迺迪是否核准中央情報局「貓鼬行動」的詳細內容，以及暗殺卡斯楚的計畫，但是中央情報局局長赫姆斯

（Richard Helms）日後作證時表示，他面臨要對卡斯楚採取行動的壓力，而間接證據也很有力。[10]

豬灣失敗之後，甘迺迪學習得很快，在處理古巴飛彈危機時顯現出令人印象深刻的組織技能和情緒控制，他抗拒軍方提出先發制人攻擊的建議，以免可能升高為核子戰爭。[11]他反而採取海上封鎖古巴島的做法以爭取時間，也把先出手啟動衝突的擔子丟給蘇聯。我們聆聽當時的錄音帶，很有趣的發現甘迺迪很節制，而副總統詹森的發言則搖擺不定，「在尋求談判妥協與動用武力之間搖擺不定」。[12]總統的道德性格對於美國外交政策的結果產生巨大差異，這是一個明顯的案例。*

古巴飛彈危機除了關係到離佛羅里達海岸僅有九十英里的這座島嶼，也和柏林不無關係。自從杜魯門執政時期的柏林封鎖和空中運補以來，蘇聯一直試圖藉由將西方國家擠出這個德國前首都的西方占領區，來鞏固它在東歐的地位。甘迺迪和他的顧問對於依賴核子嚇阻的威脅，比艾森豪更加謹慎。他們透過在歐洲增加傳統武力和開發出「彈性反應」的策略來增加總統的選擇方案。同時，從一九六〇年至一九六三年之間，美國將它的核彈頭由兩萬個增加到兩萬九千個（蘇聯方面則從一千六百個增加到四千二百個）。[13]甘迺迪也試圖鼓勵西歐國家在防務上合作；艾森豪削減國防預算，甘迺迪則不然，他在職的三年期間，國防預算增加一七%。

歐洲的局勢因為政治難民經西柏林逃出東德而惡化。甘迺迪一九六一年六月和赫魯雪夫在維也納會面時，柏林就是中心議題。儘管甘迺迪提出警告，赫魯雪夫仍威嚇甘迺迪。會議結束後他說：「這傢伙太嫩了，經驗非常不足，甚至可以說是不成熟。」[14]甘迺迪對這次峰會也很務實，告訴一位記者說，赫魯雪夫「修理」他。幾個月後，蘇聯立起柏林圍牆，阻擋難民湧往西方，甘迺迪也悶不作聲的接受了。

唯恐赫魯雪夫低估美國的核武實力，甘迺迪要求五角大廈就美國擁有的巨大戰略優勢發表公開聲明。赫魯雪夫在古巴部署飛彈，有一部分或許是為了保衛卡斯楚政權，但也是要矯正戰略均勢，想就柏林問題增加壓力。在飛彈危機的最後解決方案中，甘迺迪祕密授意他的弟弟羅伯，在蘇聯飛彈撤出古巴後，美國將悄悄撤走艾森豪部署在土耳其的中程核子飛彈。他沒有「開槍把他們轟出去」，而是「收買他們退走」。甘迺迪是個謹慎的領導人，了解追求合乎道德的結果時，妥協的重要性。

* 有些人會質疑這是道德問題或是審慎問題，但是誠如第二章討論的，在後果無法預料的複雜外交政策議題上，審慎成為三個面向道德的理性美德。

關於甘迺迪外交政策的主要未知數是，如果他還在世，究竟會對越南做什麼？一九六三年十月，他簽署《二六三號國家安全行動備忘錄》（National Security Action Memorandum 263），目標是在一九六五年底之前把大量美國軍事人員撤出越南。一些支持者發誓，他打算在一九六四年當選連任後撤出越南；他們指出他曾向參議員傅爾布萊特（William Fulbright）說過要撤軍。一九九〇年代，國防部長麥納瑪拉（Robert McNamara）和國家安全顧問彭岱（McGeorge Bundy）等前任顧問紛紛說，他們相信甘迺迪會撤出越南，但是或許和其他前任官員一樣，他們的判斷可能因關切自身歷史定位而受影響。[15]回憶錄不是歷史，而是想要塑造歷史的一種努力。批評者則指出，甘迺迪總統從來沒有跟他最親信的顧問、他的親弟弟羅伯討論過這樣的計畫，直到詹森執政初期，羅伯還是繼續支持打越戰。歷史學家直到今天仍然議論紛紛，尚無定論。[16]

甘迺迪對越戰一直反反覆覆。歷史學家羅格瓦爾（Fredrik Logevall）相信，「甘迺迪比起當時大多數全國政治人物，更可能力排眾議，下令全面檢討越南政策。」[17]在一九五一年訪問越南與奠邊府之役戰敗後的再度訪問之後，他發聲反對美國的介入，但在一九五六年他發表演講，宣稱越南是「自由世界在東南亞的礎石，是拱門的基石，是防微杜漸的起點」。接任總統後，他明智的拒絕艾森豪建議介入寮國的主張，顧問敦促他派出作戰部隊，他也不斷拒絕，不過他大幅增加軍事顧問的人數到一萬六千人。

按照傳記作家達列克（Robert Dallek）的觀點，甘迺迪拒絕派出超乎軍事顧問的援助，「這個立場很可能就是全面撤出的序曲。」達列克相信一九六三年十一月推翻吳廷琰的政變進一步促使甘迺迪往撤軍方向走，「我們很難相信甘迺迪會再派數千名美軍部隊到像越南這樣艱困的地方作戰。」[18]另一方面，採用骨牌理論的言詞使他陷入進退維谷的兩難局面，而他要如何解決這個兩難，我們不清楚。羅格瓦爾的評估是，「甘迺迪去世時，他的越南選擇權是開放的，伺機而動。」縱使如此，「更好的說法是，甘迺迪極可能**不會**美國化這場戰爭，反而會選擇以某種方式脫身。」[19]

我們應該如何評斷甘迺迪短暫但頻生風波的外交政策呢？就他的目標和動機而言，他在我的計分卡上有不錯的排名。他的道德願景表達出廣泛有吸引力的價值，包括推進民主和自由、控制核子武器，以及經濟發展（他倡導組織「拉丁美洲進步同盟」已經表達得很清楚）。他的情緒智商足以確保他的動機大致吻合他表達出來的價值，不過逃脫國內政治懲罰的動機與他宣布要在越南維持自由的目標互相扞格。如果就像他在一九六三年五月告訴參議員曼斯斐德（Mike Mansfield）的那樣，他必須等到一九六四年大選之後才能撤出，「我們很難相信他會願意為了連任總統而讓年輕人死在越南戰場。似乎比較可信的是，甘迺迪從未忘記政治和政策制定是可能的藝術。」[20]美軍顧問殺敵也被殺，但由於不肯派作戰部隊前往越南，他畫下一道線，降低了傷亡人數。甘迺迪過世時，美國有一百零八名軍事人員死亡。[21]就大目標而言，甘迺迪也能夠鼓舞其他人參加服務，他的就職演說不僅向美國人訴求，也向「世界公民同胞」訴求，號召大家一起為「人類的自由」努力。

同樣重要的是，即使嘴上不常說，甘迺迪大體上了解美國的力量有其局限性。他很謹慎的保持風險和價值的平衡。經歷上任不久就在古巴犯下的錯誤，他展現出妥協的意願，這是飛彈危機能避免戰爭的關鍵因素。他隨後在一九六三年於美利堅大學的演講也替冷戰競爭定下不同的調性。他提到和平是「理性的人必然的理性目標」。雖然他仍然反共，但接受世界主義者對人道的看法，啟動控制核子武器的進程。他不是訴求威爾遜的「為了民主打造安全的世界」，而是訴求「為了多元化打造安全的世界」（不過這一點似乎不吻合他在越南的行動）。

甘迺迪在第二個道德面向「手段」的紀錄則優劣互見。他願意在海上封鎖時威脅要使用武力，但在實際運用時很謹慎且合乎比例原則，他對核子議題十分謹慎，以及不肯在古巴與越南出動大規模地面部隊，就是兩個鮮明的例證。他可以被非難的是，他不能尊重別人的權利和體制。他呼籲「為了多元化打造安全的世界」，跟他在古巴進行祕密行動（包括暗殺），以及在越南以政變推翻吳廷琰，可謂背道而馳。根據總統助理佛瑞斯塔（Michael Forrestal）的說法，吳廷琰在政變中意外喪生，「使他在道德和宗教立場上過意不去」。[22]國務次卿鮑爾斯（Chester Bowles）這個自由派在一九六一年被他解職。按照鮑爾斯的說法，「這個新政府最讓我關心的問題是，它對於是非對錯是否缺乏真正的信念。」[23]甘迺迪核准使用強力落葉劑「橙劑」（Agent Orange），它在越南製造了極大的生態與健康傷害。歷史學家弗格森（Niall Ferguson）指控甘迺迪冷酷無情的干預，包括攻打古巴半途而廢、企圖暗殺卡斯楚，以及在越南策動流血政變。[24]

評估道德結果這個面向，甘迺迪的行動還是該打優劣互見的評分。就美國利益而言，他是個優秀的受託人嗎？麥米倫認為，甘迺迪因為妥善處理古巴飛彈危機而贏得永遠的歷史地位，他的判斷無疑是正確的。從他的錄音帶紀錄，我們可以懷

甘迺迪
道德計分卡

良：○　　**優劣並見：△**　　**劣：×**

項目	評分
意向與動機	
道德願景：有吸引力的價值、良善的動機	○
審慎：價值和風險的平衡	△
手段	
武力：比例原則、區分軍民目標、必要性	○／△
自由主義：尊重權利和體制	△／×
結果	
受託：成功的為美國長期利益著想	△
世界主義：對他人傷害最小化	△
教育功能：誠實的；擴大道德討論	○／△

疑，若是換了詹森當家作主，結果恐怕更差。但是針對此一讚美，懷疑派指出甘迺迪先前的一些行動，如豬灣登陸、維也納峰會到貓鼬行動等，使他陷入一九六二年十月的危險時刻。*認為不能責怪他的人則提出是他改變了冷戰的氛圍，以及在一九六三年達成第一次核武控制協定。越南方面，甘迺迪讓自己陷入骨牌理論的論調裡，並且大幅增加美國的介入程度，但是我們不知道他若是在一九六四年當選連任後是否能挽回聲勢。我們只知道詹森跌入了深淵。

在道德後果的其他方面，甘迺迪的表現就不錯。他的謹慎離完美還很遠，他的祕密行動也製造傷害，可是有時候他會將其他人不必要的危險降到最低。或許他最強的一點是他留下的教育結果。雖然有時候他扯謊，但他啟發人心的言詞擴大了國內外的道德討論，譬如推動和平工作團計畫、人類登陸月球計畫等。許多年輕人被

* 一九八七年十月，這場危機發生二十五週年之際，我在哈佛主持了一場關於蘇聯決策者與甘迺迪政府官員的討論。彭岱和麥納瑪拉發誓甘迺迪沒有再度入侵古巴的意圖，但麥納瑪拉坦承：「如果我是你，想法又會不一樣。我會很容易揣測這場入侵即將發生。」請見 James G. Blight and Janet M. Lang, *The Fog of War* (Lanham, Rowman and Littlefield, 2005), 40-41.

甘迺迪的遠見吸引而進入公共部門服務。他對美國的軟實力很有貢獻。世界各地有許多城市的街道以其姓氏命名，而他的理想仍然啟發許多他稱之為「世界公民同胞」的人。請參考他褒貶互見的計分卡。

詹森——升高越戰造成重大傷亡，以致於放棄競選連任

甘迺迪一九六三年十一月遇刺身亡後，詹森繼任總統。兩人關係並不親密。甘迺迪之所以不顧弟弟羅伯的反對，挑選詹森為副總統，純粹出於戰術考量。兩人的出身背景非常不同。甘迺迪自小就含著銀湯匙出生在波士頓富貴人家，詹森的家庭卻在德州西南部掙扎求生。甘迺迪從哈佛畢業，詹森則自聖馬可斯市（San Marcos）的西南德州州立師範學院畢業。詹森曾經向一個新聞記者吐露怨言，他說：「我不認為我會從任何外交事務上得到好評，不論它們是多麼成功，因為我沒讀過哈佛。」[25]詹森在種族隔離的科圖拉（Cotulla）鎮教貧窮的墨西哥裔美國小孩，這段經驗留給他強烈的印象，日後影響他擔任總統時所推出的投票權政策，以及他稱之為「大社會」（the Great Society）的反貧窮計畫。

詹森年紀比甘迺迪大了十歲。他在一九三一年前往華府，擔任國會助理，一輩子都在首都打滾，從國會助理到眾議員、參議員，與小羅斯福、杜魯門和艾森豪等總統打過交道。一九四八年經過一場有爭議的參議員選舉之後，詹森竄起，成為少數黨領袖，接著再成為多數黨領袖。相較於甘迺迪擔任眾議員和參議員的表現乏善可陳，詹森的政治手腕則改變了體制，他成為傳記作家卡洛（Robert Caro）筆下的「參議院掌門人」（the master of the Senate）。[26]

甘迺迪是個偉大的溝通者，懂得運用電視，詹森在電視上的表現就比較差勁。然而在小型政治場合裡，他就有非凡的政治互動能力，從盛氣凌人到表現個人魅力都得心應手。詹森身材壯碩，有六呎三吋半高，他愛用他的大塊頭身材震懾別人，以「詹森對待法」（the Johnson treatment）聞名。他經常喜歡運用他的權力欺騙和羞辱別人，包括他的太太和幕僚。他的部屬以下列形容詞描述他：「勇敢和凶暴；體恤和殘忍；咄咄逼人、像暴君、感覺遲鈍、心胸狹窄、善解人意、害羞、世故、機智和寬宏大量。」專門研究歷任總統的歷史學家葛林斯坦對詹森總結出以下評語，指他是「一個高明的幕後協商政客，一個複雜和有缺陷的人物」。[27]他的親信助理莫比爾（Bill Moyers）說：「我既愛他又恨他。」[28]卡洛提起詹森「可怕的務實」和「似乎無限的欺騙、隱瞞與出賣的能力」。[29]根據詹森前任新聞祕書雷迪（George Reedy）的說法，「身為一個人，他是個可憐的人——欺負人、虐待狂、惡棍和自私自利。」詹森不信任媒體，指控它們說謊，也把自己不孚眾望歸咎於媒體作祟。他會同時收看好幾個電視臺，但從未得到他渴望的媒體對其自我形象的肯定。可是，同樣的這個自私自利的漢子也會在早上五點鐘出現在白宮戰情中心，「查看越南戰場傷亡報告，每一個死者都讓他心如刀割。」[30]

詹森是他那個時代典型的反共人士，但不是個盲目的意識型態擁護者，他也有勇氣在一九五四年挺身反抗麥卡錫參議員。幾十年下來，詹森的觀點從支持「新政」調整為參議院內保守派南方集團一員的看法，不過他選擇拋棄南方同僚，協助艾森豪政府在一九五七年通過《民權法案》（Civil Rights Act）。卡洛形容詹森「絲毫不受哲學或意識型態羈絆」。[31]他後來大力擁護民權，與他有志爭取總統大位有很大的關係，但是在野心和務實主義之下，是他年輕時在德州南部見識到種族歧視和貧窮等不公正現象的經驗。當他在一九六五年推動具里程碑意義的《投票權利法案》（Voting Rights Act）時，他說：「當你看到年輕孩子滿懷希望的臉上的傷痕時，你永遠忘不了貧窮和仇恨會帶來什麼。」[32]

雖然他有一部分得益於甘迺迪被暗殺後民眾湧現而出的同情心，詹森能夠、也有意願通過並超越甘迺迪的民權方案，即使他完全明白「把南方送進共和黨懷抱很長一段時間」的風險。[33]許多歷史學家相信，與林肯以降的每一位總統相較，詹森對民權的貢獻最大，光憑這一點他就肯定該列居美國前十大總統。

但是詹森在總統殿堂的地位卻被他的越南政策搞砸了，他的政策是如此不得民心，以致於他在一九六八年退出競選連任。歷史學者古德溫（Doris Kearns Goodwin）寫道：「『如果不是越南』——在評價詹森歷史地位的談話中，這句話不知道出現多少次。」她敘述詹森在一九七〇年跟她談話，提起在一九六五年初那幾個星期，「我在一開始就知道，不論我往哪個方向走，肯定都會被釘上十字架。如果我拋棄我真心鍾愛的女人——大社會，俾便與世界另一頭的蕩婦——戰爭——攪和，我將失去家裡的一切……但是如果我拋棄戰爭，讓共產黨接管越南，我將被看作是懦夫，我的國家將被當作是姑息主義者，我們將不可能在全球任何地方、為任何人完成任何事情。」[34]

詹森的政治手腕比較適合在參議院的小房間裡耍弄，而非在白宮的全國舞臺揮舞，他的情境智商也比較適合處理國內政治，而非外交政策。他的外交政策有些方面是成功的，譬如他謹慎處理法國總統戴高樂（Charles de Gaulle）在一九六六年讓法國軍隊退出北約組織的事件，以及他在一九六八年審慎處理北韓逮捕美軍艦艇「普布羅號」（USS Pueblo）的事件。比較有爭議的是他在一九六五年派出二萬二千名部隊進入多明尼加共和國（Dominican Republic），因為當地發生政變，令人擔心那裡的左翼政府可能與古巴結盟。另一方面，他繼續甘迺迪與蘇聯的武器控制倡議，說服參議院在一九六七年批准《外太空條約》（Outer Space Treaty），也在一九六八年談判《核不擴散條約》（Nuclear Non-Proliferation Treaty）。但是所有成績全因越戰而蒙上陰影。詹森在現代化理論上與甘迺迪看法一致。他「支持政府在海外推動民主的宏偉企圖，是發自內心的真誠信念」。[35]

起先詹森並不願升高越戰。他不願意做出可能危害他在十一月連任的任何動作。一九六四年五月，詹森告訴彭岱：「我不認為值得為它而戰，我也不認為我們能夠脫身。這真是他媽的大爛攤子。」[36]然而，八月間，兩艘美國海軍驅逐艦在含糊不清的情況下，遭到北越海岸巡邏艇攻擊，詹森下令報復攻擊，並說服國會通過《東京灣決議》（Tonkin Gulf Resolution），授權採取「一切必要措施」。後來他對一位助理坦承，「那些混帳愚蠢的水兵只是在射擊飛魚」，但是在八月四日對全國演說時，「他決定要說謊」，宣稱美軍並未挑釁就遭到攻擊。[37]他利用這次事件取得國會的全權授命，增加他的選擇空間。

一九六五年一月，從甘迺迪前朝留任的兩位官員——彭岱和麥納瑪拉——呈給詹森一份備忘錄，建議逐步升級軍事作戰。二月六日，越共游擊隊在百里居（Pleiku）殺害九名美軍顧問，詹森啟動戰事升級，他在七月份大舉增兵，最後在他任期終了時，達到五十三萬六千名美軍作戰部隊在越南的高峰。隨著每次增兵升高作戰都沒有成功解決問題，詹森進退維谷的兩難困局愈發嚴重。「顯然他希望自己的話可以隱匿或甚至改變既成事實，也為了阻止他的支持度繼續流失，詹森愈來愈沉溺於隨意扭曲事實和作假：不斷提到在越南大有進境，隨自己心意描述情況。」[38]同時，他縮小他的顧問圈，雖然允許某些象徵性的不同意見，他也恐嚇其他人，成為「他自己宣傳的囚徒。篩選可能性、事實和想法之後，詹森的性格扭曲了事實，與在極權社會中發生作用的意識型態幾無差異」。[39]有人仔細比較艾森豪和詹森的諮詢顧問系統，認為詹森的個人特質中缺乏協商的能力。[40]詹森愈挖愈深，把自己陷在骨牌比喻的坑洞裡。他說：「喔，當然我承認你關於共產主義多樣性的論證，以及你宣稱民族主義和共產主義一樣強大。但問題是，哪一個更強大？……我知道的是，如果侵略在南越得逞，那麼侵略者將得寸進尺，直到整個東南亞落入他們手中。」[41]

由於詹森將議題個人化，使得情勢倍加複雜。他的情緒智商不足，而他個人的需求與他的公開目標災難性的交織在一起。儘管他一副凶悍行徑，他其實是個沒有安全感的人，他深怕被人看成懦夫。「對於詹森而言，再也沒有比被當成勇者看待更重要的了。」[42]他一門心思想要證明甘迺迪從未計畫放棄越南，一九六七年，他指示羅斯陶編纂甘迺迪的聲明，以示他會不計代價、堅持到底。[43]經過一九九七年的仔細研究，後來成為川普總統的國家安全顧問的麥馬斯特（H. R. McMaster）得出結論：「總統對短期政治目標的執著，加上他的性格，以及他的主要文武顧問的個性，使得政府無法適當的處理越南情勢的複雜性。」[44]

詹森相信他的大社會立法是他留下政績的關鍵。但是這造成詹森刻意欺騙，並且不能教育民眾越戰實情。根據他的前任國家安全副顧問巴托（Francis Bator）的說法，詹森同意一九六五年七月大幅增兵，但宣布「政策並無改變」，並且不肯提升稅率以支持增兵，是因為他擔心觸發「大砲與奶油孰重」的話題，會導致國會擊敗他的大社會立法。「詹森認為，鷹派的南方民主黨員和一向主張小政府的共和黨人很可能會違抗他……如果他被描繪成姑息共產黨的人的話。」[45]

但是羅格瓦爾認為詹森還有更多選擇方案。一九六五年初，美國民眾並沒有太多人關心越南；資深參議員對於升高戰爭抱持懷疑態度，而且詹森剛在一九六四年大選中結結實實的大勝鷹派的共和黨總統候選人高華德（Barry Goldwater）。當詹森於同年五月向他在國會最親近的友人、喬治亞州聯邦參議員羅素（Richard Russell）請教時，羅素建議發動一場政變，「扶植某個人上臺，而他非常盼望我們會撤軍。這就讓我們有好藉口脫身……越南對我們來講，除了心理角度之外，根本不重要。」[46]

彭岱回顧往事時說，如果詹森決定及早收手，「他有足夠的創新點子退出，又不會破壞『大社會』。」[47]為什麼即使韓福瑞（Hubert Humphrey）副總統等精明的政客警告國內政治可能會內爆——後來一九六八年果然全面爆發反戰風潮——詹森還是執意升高戰事，並將戰爭美國化？根據羅格瓦爾的說法，「問題在於可信度，不只是國家的可信度，也是國內政黨和個人的可信度。可信度被丟棄了。」詹森的個人動機也使得問題複雜化。「他深怕他所想像的個人屈辱，將無可避免的伴隨著戰敗。」[48]按照彭岱的看法，甘迺迪和詹森在越南問題上的重大區別在於，「甘迺迪不想被人看成是笨蛋，而詹森則不想被人看成是懦夫。」[49]

我們要如何總結詹森外交政策的倫理道德呢？就公開發布的目標而言，在抽象層次上，詹森維持南越不淪入共產黨暴政此一外交政策道德願景，和甘迺迪的主張沒有兩樣，但是由於詹森的個性和特質，它變得更加複雜。他的動機是要維護自己是勇者的形象，卻在相當程度上使他的道德意向出現瑕疵。就審慎這一點來講，詹森對越戰搖擺於務實和樂觀之間。他在一九六八年決定與北越談判是謹慎的一步，但是在此之前他對進展的錯誤評估造成許多人死亡。與此同時，在涉及蘇聯和歐洲外交政策的其他面向，詹森的謹慎應該得到高分。

就手段而言，我們很難說他是有區別的、或甚至合乎比例的使用武力。消耗戰的戰略是殘忍的人肉絞碎機，而在胡志明小徑上噴灑落葉劑也造成無心但可預見的結果。太多平民遭到殺害，古德溫就說：「他的手段屈服於他的目標。」[50]與此同時，儘管軍方和國會鷹派頻施壓力，要他擴大轟炸目標，但詹森十分努力維持有限度的戰爭，防止戰事蔓延到中國或蘇聯。他拒絕艾森豪不請自來、建議他考慮戰術性使用核子武器的提議，而且當他獲悉軍方正在發展一套在越南動用核子武器的備用計畫時，他下令立即停止此一規畫。[51]至於在自由派尊重其他人權利和體制這一方面，詹森的做法則優劣互見或可列為劣，無論是在越南，或是一九六五年派二萬二千名美軍進入多明尼加共和國。

關於結果這個面向，詹森在外交政策許多方面是美國利益的優秀受託管理人，但是在越南方面就不可能這樣說。他沒有帶領我們涉入越南，但是他在一九六五年大規模升高戰爭，使美國必須長期承受巨大的代價。至於對他人傷害最小化，即使數百萬越南人的傷亡，北越其他領袖如胡志明和黎筍也責無旁貸，詹森在這一項的得分很差。他也不能因為他的外交政策論述在國內外產生任何有益的教育效果，而得到豁免。詹森一再對美國民眾說謊（民眾在一九六八年以前大部分支持越戰），也耽誤了大眾更廣泛的了解這場衝突的時機。

彭岱曾經說過，拿意外事故來做為軍事報復的合理化理由「就像輕軌電車」。如果你沒趕上這班車，總還能搭下一班車。很諷刺的是，一九六四年美軍受到好幾次的攻擊，但是詹森偏偏選了非真實的八月四日東京灣事件大做文章、升高戰事。日後這件事被暴露是「幽靈電車」時，詹森「失去人民的信任，而總統非常需要人民的信任」。[52]正如卡洛的總結，憲法對總統職權的限制被削弱，以及民眾對總統的信任出現落差，「非常深刻的影響這個國家的歷史，而這在相當程度上受到人物

詹森
道德計分卡

良：○　　優劣並見：△　　劣：×

項目	評分
意向與動機	
道德願景：有吸引力的價值、良善的動機	△／×
審慎：價值和風險的平衡	△／×
手段	
武力：比例原則、區分軍民目標、必要性	×
自由主義：尊重權利和體制	×
結果	
受託：成功的為美國長期利益著想	×
世界主義：對他人傷害最小化	×
教育功能：誠實的；擴大道德討論	×

性格的影響。」[53]

杜魯門拒絕升高韓戰，象徵全面戰爭的世紀終結。有限戰爭有一項道德益處，那就是降低經由戰爭升級所造成的損害，但是這種戰爭涉及到虛張聲勢的元素。要維持談判的可信度，總統必須保持堅定的樂觀，但這會誤導民眾。不過在詹森的個案上，這個戰術又因他個人需求而增強。羅格瓦爾認為，在莎士比亞的劇本中，「悲劇出於主角的每一個選擇。馬克白（Macbeth）不再是受害者：他也為自己的滅亡出了一份力。對於詹森也必須如此看待。」[54]

他差勁的外交政策計分卡凸顯出這些結果。

尼克森——終結越戰，付出極高的道德代價

越戰時期的這三位總統都有高度複雜的性格和優劣互見的紀錄，但是尼克森最讓人感到困惑。他道德上的缺失導致他在一九七四年辭職下臺，以避免遭到彈劾，但他也是三人之中最能創新、最具戰略思考的外交政策思想家。他相當靦腆，曾自稱個性內向，卻進入外向性質的行業。儘管有種種局限性，他是非常成功的政客，

贏得兩次總統大選，之前則在一九六〇年的大選中以些微差距輸給甘迺迪。他曾登上《時代週刊》封面五十六次。尼克森能力很強，但「他不是天生如此，全是靠拚命努力，孤獨的努力」。*他自認是個理想主義者，但「幾乎不信任任何一個人，以最壞的一面去設想他人……他堅持的字詞和思想是『強悍』。他認為這是把他帶到偉大邊緣的因素」。[55]

有位專門研究總統的歷史學者說：「即使是尼克森的親密助手，也認為他神祕難測。困惑的根源在於他保持高度的私密性，在他的政治性格中同時並存著具有腐蝕性的犬儒主義和達成建設性成就的渴望，矛盾的是，擁有許多長處、實力堅強的政治人物，竟然採取如此具有自毀性質的行動。」[56]一些觀察家試圖解開這個謎，認為存在「兩個尼克森」，但傳記作家湯瑪士（Evan Thomas）認為，「只有一個尼克森。在尼克森身上，光明和黑暗的力量糾纏在一起，無法解開。它們相互滋長。尼克森的長處就是他的弱點，反之亦然，他的弱點也就是他的長處。推動他的驅策同樣也會摧毀他。居於劣勢的敏銳度使他富有遠見，但也使他盲目。他想要顯示自己很強硬，是因為他感到軟弱。他學會要討人喜歡，是因為他感到被人排斥。」[57]

尼克森的前任助理葛根（David Gergen）形容他工作勤奮、愛國、成長於貴格教會（Quaker）傳統。「尼克森誠心希望自己能成為模範總統。在他保留於白宮的私人筆記中，他曾寫下：『我已經決定，我的主要角色是道德領導。』」但是葛根又說，雖然「尼克森可以大談倫理道德……他並沒有帶著道德框架進入政壇。他不認為他的角色是教導人民『憲法精神，也不認為他應該鼓勵追求美德，以及他必須履行道德的行為』。他對行使原始權力過於著迷，把維護民主體制的事交給別人去做」。[58]

尼克森一九一三年出生於加州小城友巴林達（Yorba Linda），比詹森小六歲，比甘迺迪大四歲。和詹森一樣，而不同於甘迺迪，尼克森的家庭經濟環境只能說是小康。他從鄰近的惠提爾學院（Whittier College）畢業。三個人出身的家庭都存在一種緊張關係：一位虔誠信教的母親要求子女遵循道德規範，以及一位道德要求不高的父親。三個人在二戰期間都服役於海軍，戰後都進入國會。三個人都在年輕時

* 一九八〇年代初，我曾請教過總統尼克森，他向大眾發表一小時長的演講，分析蘇聯的行為，竟然完全不看任何筆記，這是如何辦到的。他的回答是：「我把講稿全文打出來，熟背並演練文章內容。」他這一招挺管用的。

就進入政壇，尼克森四十歲就成為艾森豪的副總統。三個人都是典型的反共人物，但基本上都是務實派，而非嚴肅的理論家。尼克森從政初期就以打擊赤色份子、堅決反共出名，不過他後來協助艾森豪馴服麥卡錫。和詹森不同的是，甘迺迪和尼克森喜歡外交政策大過於國內政策，不過尼克森也有一些重大的國內政策成績，譬如訂定勞動所得扣抵稅制（earned income tax credit）*，以及建立環境保護署。

尼克森喜愛閱讀歷史，他心目中的典範人物在內政方面是英國務實的保守黨首相迪斯雷利（Benjamin Disraeli），在外交政策方面則是法國總統戴高樂。尼克森也欣賞戴高樂的超然，以及戴高樂將外交政策視為行政部門特權的態度。尼克森的管理風格是把自己孤立在白宮一小撮幕僚背後。外交政策方面，他倚重原本是洛克斐勒（Nelson Rockefeller）顧問的哈佛教授季辛吉，並且鼓勵季辛吉讓白宮成為外交政策的中心，而孤立了由羅吉斯（William Rogers）主持的國務院。他鼓勵季辛吉在不照會國務院的情況下，另闢祕密管道和蘇聯駐美大使杜布萊寧（Anatoly Dobrynin）對話；也同樣鼓勵季辛吉祕密訪問中國。但是，認為季辛吉控制了尼克森的人，全都錯了。譬如關於中國，尼克森遙遙領先季辛吉，早在一九六七年就發表文章預測中國孤立狀態的終結。[59]

外交政策方面以下三項成就可以歸功於尼克森：著名的對中國開放、透過和蘇聯的緩解低盪（détente）和武器控制管理冷戰，以及（雖然太慢），結束越戰。向中國開放是利用中、蘇之間日益增長的摩擦，很有技巧的翻轉結盟狀況，將各方注意力從美國在越南失敗、蘇聯和古巴在非洲擴大影響力這兩件事上轉移開來，另闢焦點。尼克森在一九六七年就預見到此一可能性，並且巧妙的管理好國內外政治，可謂功不可沒。這影響了「尼克森對中國的操弄」此一外交名詞的產生，也就不足為奇。[60]

雖然這三項成就都很重要，尼克森外交政策帳簿的負債面卻經常被人遺忘。對於一個以自己具有遠見為傲的人而言，尼克森（季辛吉亦然）令人驚訝的對國外經濟政策缺乏興趣又短視。有人提醒他義大利貨幣不穩定，尼克森回了一句名言：「我才不鳥里拉咧！」[61]到了一九七一年，美國占世界經濟的超乎正常份額已回復

＊　譯注：勞動所得扣抵稅制（earned income tax credit）是美國一種租稅扣抵制度，針對低收入和中等收入的個人及夫妻進行補貼，特別是家有學齡子女的夫妻。當勞動所得低於一定金額時，部分稅賦可以抵免，以彌補社會安全稅的負擔，並保持工作的誘因。

到戰前水平的二五%，美元的獨霸地位必須調整。尼克森可以透過提升稅率和削減國內需求，來抑制美元承受的壓力，但是他不希望在一九七二年的大選付出政治代價。於是乎他允許財政部長康納利（John Connally）利用他國來解決美國國內經濟問題，片面破壞布列敦森林體系，且未經協商就對盟國開徵關稅。康納利對盟國留下一句名言：美元是我們的貨幣，但這是你們家的問題。[62]雖然這樣做明顯會有重大的外交政策影響，季辛吉和國務卿羅吉斯都沒有被邀出席做出此一決定的大衛營會議。[63]後果果然產生了不小的影響，尼克森的決定留下通貨膨脹這個大問題，削弱了美國，而且還貽害福特和卡特兩位總統。

批評者也責備尼克森沒有充分注意國外的人權狀況。他默認智利一九七三年的政變，推翻經由民主程序選出的總統阿彥德（Salvador Allende），換上皮諾榭（Augusto Pinochet）高壓的軍人政府，是一個經常被人提起的例子。另一個例子是他支持巴基斯坦的高壓軍人政府，在一九七一年出重手鎮壓爭取獨立的東巴基斯坦〔後來獨立，更改國名為孟拉加（Bangladesh）〕。尼克森和季辛吉依賴葉海亞．汗（Yahya Khan）政府協助他們與中國接觸，但是他們「不僅是出於冷靜的現實政治考量」，也是因為蔑視印度的左派政府；「白宮錄音帶錄到他們情緒激動的怒罵。」[64]

他們優先採用緩和政策，不肯施壓拯救蘇聯境內的猶太人，導致傑克森（Henry Jackson）等參議員的批評，刺激了新保守主義運動的興起。新保守主義派的批評也包括指控尼克森在和蘇聯談判一九七二年的《戰略武器限制條約》（Strategic Arms Limitation Treaty）時不夠強硬——這可是兩大超級強國之間簽訂的第一個雙邊武器控制條約。

在越南方面，尼克森從詹森手中承接了一個艱難的局面，即使他曾經遭人批評鼓勵南越政府阻滯詹森啟動的巴黎和談。*雖然尼克森否認有這種破壞行動，歷史學家法瑞爾（Henry Farrell）認定尼克森說謊，他在一九六八年十月命令助理哈德曼（H. R. Haldeman）「破壞」（monkey wrench）詹森的倡議。[65]尼克森一九六九年上任時，認為驟然撤軍會打翻在東南亞的骨牌，也會傷害美國在世界其他地方的可信度。他也曉得他必須結束越戰。透過廢除徵兵制，他移除掉國內對撤軍時間表的某些壓力。在國際上，他為越戰越南化先做準備工作，宣布「尼克森主義」（Nixon

* 由於南越有其他的訊息來源，這件事更顯示尼克森不道德的選擇手段，而非證明重大的長期因果關係。

Doctrine），促請區域大國多承擔起他們自身安全的責任。

一九六八年，有六一％的美國人認為美國在越南處於下風或陷入僵持。[66]尼克森將此一民意解讀為美國人希望打贏戰爭，但不願付出長時間陸地作戰的代價，他遂設法降低美軍長期的傷亡率。首先，他嘗試了他所謂的「狂人理論」，希望讓北越相信他可能會不顧一切——包括動用核子武器——早日取得勝利。不過，這個計策沒有成功。[67]他希望把武器控制談判和越戰結合在一起，能產生足夠的壓力讓蘇聯去對河內施壓，這一招也沒有成功。當這些希望證明落空時，他和季辛吉只好採取逐步「越南化」，並透過談判尋求解決方案，以便在美軍撤退和西貢阮文紹政權崩潰之間，製造一段「體面的間隔」。

為了尋求解決方案，尼克森在一九七一年五月將戰事擴大到柬埔寨境內，不但在這個國家製造混亂，也使得美國大學校園產生暴動（包括肯特州立大學槍擊事件）。該年年底，他的「聖誕節大轟炸」終於在一九七二年一月初於巴黎達成和平協議，這項協議和北越在十月間所同意者差別不大——停火後，他們可以把軍隊留在南越境內。季辛吉私底下被問到，他認為南越政府能夠撐多久？他答說：「如果他們幸運，可以撐上一年半。」[68]一九七二年八月，季辛吉告訴尼克森：「我們必須找出方法讓大局撐上一兩年。」[69]結果，西貢政府撐了二十八個月。

尼克森結束了越戰，但是付出的道德代價極高。雖然他設法減少美軍部隊人數，也使傷亡人數降低，在他主導的三年期間，兩萬一千一百九十四名美軍陣亡，相較之下，詹森時期美軍陣亡人數是三萬六千七百五十六人，甘迺迪時期是一百零八人。尼克森主導時期的陣亡官兵有六〇％發生在一九六九年，因此其中部分數字必須算在詹森帳上。[70]可信度在國際事務上是一種重要資產，但是「體面的間隔」值得犧牲多少條人命？（越南人和柬埔寨人也死了幾百萬人，這筆帳又要怎麼算？）

尼克森並不是唯一為這個兩難局面傷透腦筋的人。前文提到，在詹森執政時期，哈佛大學法學教授麥克納頓擔任國防部主管國際安全事務的助理部長，他估計作戰的七成理由是為了避免我們做為保證人的名譽受到羞辱。我們在第二章提到，髒手問題不在對錯是非之間做選擇。道德選擇是兩害相權取其輕。可信度不僅關係到越南，也關係到東南亞，甚至牽連到柏林。如果尼克森（或在他之前的詹森）遵循傅爾布萊特或艾金（George Aiken）等參議員的建議，早點接受戰敗的現實，鑑於美國在一九七五年戰敗之後最終又恢復元氣，它對美國全球力量的傷害會有多嚴重？難道除了在越南犧牲更多人命，沒有其他方法可以建立美國的可信度？就某個程度而言，尼克森試圖在一九七一年向中國開放，以此為這個問題提供答案。結束戰爭一向是艱難的事，而尼克森的越戰越南化政策的確降低美軍傷亡率。在一九六九年接受戰敗的事實並宣布撤出，將是政治代價高昂的一項大膽行動。對於中國，尼克森展現他能夠做出這種行動，雖然在越南沒做到。總之，他的漸進主義和欺騙的政策並沒有改變最後的結果，但證實了在人命犧牲和可信度都付出了慘重代價。

僅只拖延敗戰的這個體面的間隔，其代價不能只以傷亡人數來測量。葛根的結論是：「詹森政府在越南這件事上已對全國民眾說了一大堆謊話，但是這不能拿來當尼克森時期繼續欺騙的理由……我們也可以從越戰和水門事件中找出關聯。執迷於保密和制止消息走漏，起先導致對新聞記者及政府官員竊聽，然後演進為成立『水管工』小組＊。」[71]尼克森用來製造他體面的間隔的手段，讓美國在國內外的可信度付出重大代價。

尼克森外交政策的道德性得到什麼樣的淨評估？尼克森公開表述的目標很好。根據季辛吉的說法，支撐尼克森現實主義的是威爾遜式的觀點，即美國要做世界道德領袖。[72]不幸的是，雖然尼克森對國際事務有非常高的情境智商，他缺乏情緒智商來避免他的個人報仇心理和不安全感破壞他的公開目標。由他建立起一份包含新聞記者和部屬的政敵名單，以及對於阿彥德或英迪拉・甘地（Indira Ghandi）等經由民主程序選出的左派領導人的負面反應，就可見其一斑。一般來講，他很謹慎的平衡他的道德觀和風險，但是在孟加拉或轟炸柬埔寨上面就沒有做到。

就道德手段而言，尼克森在使用武力上遵守比例限制，也能區分軍民目標。他限制軍方打造生物武器，並簽訂生化武器公約。儘管他祭出狂人理論恫嚇，卻能避免在越南使用核子武器，也避免了將越南戰事升高而打進中國的可能性——不過美軍還是打進了柬埔寨。但他在越南的武力使用不能說是合乎比例原則和區分軍民目標。他在智利和孟加拉的行動則無法通過自由主義尊重其他人權利和體制的考驗。

就道德結果而言，尼克森對中國開放，以及他處理與蘇聯（包括中東地區）之間的冷戰，使他成為美國人民利益的優秀受託人。可是在對外經濟政策方面，他卻掉以輕心，在終結越戰上，論者可以批評他花了那麼多時間才撤軍，以及因此又犧牲了相當多的人命代價。他在國際間降低他人損害至最小程度這方面的努力則很

* 譯注：the Plumbers，是一個白宮內部的祕密調查小組，任務是制止或應對五角大廈機密消息的洩漏。

差，在越南、孟加拉和智利都是如此。某些現實主義者給予尼克森高度評價，因為他們只關注他對中國開放，而寬宥他其他一切作為。他們對他在通貨膨脹或人權問題上的拙劣表現不感興趣。其他人則更看重這些因素，還發現難以寬恕他犧牲二萬一千名美軍子弟性命（以及不計其數的其他性命），只為了製造一個保住顏面的體面的間隔，其實它根本就很短暫。

尼克森關於真相、信任度和擴大道德討論這些教育結果的成績也很差。雖然尼克森不是唯一要為民眾對政府信任度下降負責任的人，按照葛根的看法，「兩任政府對越南事務的說謊和欺騙，加上水門事件，嚴重傷害民眾對政府的信任，也傷害到往後歷任總統。」[73]一九六〇年代初期，美國民意調查有四分之三的受訪人回答說，他們對美國的體制很有信心；十年之後，這個數字已下跌到只剩四分之一。之所以會有如此重大的變化，原因相當複雜，不應只歸咎於一九六〇年代的總統或是越戰，但是某些重大代價必須記在尼克森身上。[74]

*****

越戰時期三位總統的得分，都比不上創始人階段的三位總統。有些人可能會

尼克森
道德計分卡

良：○ 優劣並見：△ 劣：×

項目	評分
意向與動機	
道德願景：有吸引力的價值、良善的動機	△
審慎：價值和風險的平衡	△
手段	
武力：比例原則、區分軍民目標、必要性	×
自由主義：尊重權利和體制	×
結果	
受託：成功的為美國長期利益著想	△
世界主義：對他人傷害最小化	×
教育功能：誠實的；擴大道德討論	×

說，這是由於世界局勢更加艱巨、考題難度更高。但這種說法並沒有說服力。越戰時期的三位總統共享一幅讓人誤入歧途的世界心理地圖，它過度高估美國的力量，又低估民族主義和在地文化的力量。即使他們私底下表達對骨牌理論的比喻有所保留，但他們在公開場合引用它，使自己愈陷愈深。我們繼續使用考試這個比喻，他們讀錯了主要題目，在作答時又作弊。

總統們認為他們在全球及越南與共產主義作戰是道德行為，但是他們個人的動機使他們意向的道德地位變得複雜了。他們三人都怕被冠上「丟掉越南」的罵名而在國內政治上受到懲罰，因此願意犧牲其他許多人的性命來避免個人付出的代價。把性命與財產耗費在維護美國於雙極世界的信譽這類方向錯誤但意圖良善的比喻上，這是一回事。但是犧牲那麼多人命，為的是國內政治利益，或是在詹森和尼克森，是為了個人要維護硬漢形象，那可是另外一回事。誠如阿肯色州聯邦參議員傅爾布萊特和佛蒙特州聯邦參議員艾金所說，當時有其他政治選項，雖然令人不愉快，但是作惡較少。雙極的冷戰或是國內政治都沒有使得越南的糾葛成為不可避免。這個悲劇出於拙劣的道德選擇。

或許甘迺迪可以避免越戰美國化，但是我們永遠無法確定這一點。他限制美軍只當顧問、不承擔作戰任務，的確避免了後來兩任總統所發生的重大傷亡，但是他這樣做卻助長了戰事升高的趨勢，在一九六三年十一月，他自己也認為打贏越戰的機率只有一％。根據彭岱的說法，做為他第二任任期內的政治問題，甘迺迪預備「沖走它」，而且當他被問到要如何規畫出撤軍辦法時，甘迺迪告訴顧問們：「很容易呀。在當地扶持一個政府，讓它要求我們走人哪。」他沒有想到，這對於勢力平衡將是個大考驗，他只想到美國人的政治意見。[75]

某些觀察家稱許詹森和尼克森，認為他們大規模使用武力——包括轟炸、化學落葉劑、消耗戰、戰略重鎮，以及其他工具——拯救東南亞免於淪陷到共產主義統治之下，但是這個說法並非事實。最大一塊骨牌——印尼——在發生軍事政變推翻蘇卡諾（Sukarno）總統後，已跌進與反共背道而馳的方向；政變發生在詹森於一九六五年升高越戰之前。另一方面，他們值得嘉許的是，這三位總統都沒有認真考慮動用核子武器，他們都努力不使戰爭升高，以避免波及到中國或蘇聯而發生重大衝突。就這一點而言，大家都該心存感謝，但是就人命犧牲和國家付出的代價而言，我們必須評斷越戰時期這三位總統在道德上都是失敗的。

第五章

越戰後的退守

尼克森於一九七四年八月因不名譽事件而辭職下臺之後，繼任的福特（Gerald Ford）昭告全國：「我們長久以來的噩夢已經成為過去。」但是要克服越戰和水門事件所帶來的影響，並不容易。對於體制的信任已經下滑，美國外交政策態度進入休養生息和退守的階段。[1]

雖然尼克森在一九七二年以壓倒性勝利贏得連任，一九七四年國會期中選舉，反對陣營橫掃千軍，一群被稱為「水門嬰兒」的民主黨政客進入國會。在媒體揭弊、官方調查，以及由愛達荷州聯邦參議員邱池（Frank Church）主持的委員會聯手之下，揭露中央情報局在冷戰期間採取的許多祕密行動，包括企圖暗殺等手法。經濟也因為通貨膨脹和成長遲緩這一「停滯通膨」（stagflation）而遲緩下來。困擾著福特和卡特兩任總統的這個問題，源自於詹森的「槍炮與奶油」雙兼的政策，他不願在「大社會」和越戰之間做取捨。尼克森在一九七一年實施工資與物價管制，使問題更加惡化，後來撤除管制時更造成通貨膨脹大爆炸。

關於種族、性別、同性戀權利、墮胎和環保議題的社會與文化規範，在一九六〇年代末期和整個一九七〇年代，開始出現翻天覆地的大變化。果然如同詹森在簽署《民權法案》和《投票權利法案》時所預言，種族問題開始了一段漫長的過程，把「鐵板一塊的南方」從堅實的民主黨大本營變成堅實的共和黨大本營。文化變遷產生一股保守主義的反應，尼克森稱之為「沉默的多數」（the silent majority）。雷根高舉此一保守主義大旗，於一九七六年向福特總統挑戰共和黨總統候選人提名，但沒有成功。可是四年之後，雷根不但取得共和黨提名，還在大選中擊敗爭取連任的卡特總統。有位觀察家說，一九七〇年代是「美國政治地貌大變化的史詩時期，戰後中間主義政治共識的時代在大停滯通膨肆虐十年以及越戰慘敗的雙重壓力下瓦解了」。[2]

國際制度的結構沒變，還是雙極世界。美國占全球經濟的比重已經從一九四五年異常的高點下降，到一九七〇年時占比為四分之一左右，相當於戰前的水平。美國的經濟實力仍然遠遠超過其他任何國家，但是蘇聯儘管經濟體小得多，卻大力投資在軍事方面，使其在核子彈頭數量上領先。在古巴飛彈危機之後，美國放慢它的核子建軍，而蘇聯卻加速發展。許多分析家認為，「核武過多」不是衡量相對實力的好標準，但是「當前危險委員會」（Committee on the Present Danger）等新團體卻認定蘇聯現在擁有核武優勢，這個問題引起相當大的焦慮。蘇聯也變得更積極支持非洲的革命政權。除了越戰失敗，批評者也舉這些事例做為美國國勢衰退的證據，批評政府還在與蘇聯進行武器控制談判及低盪和解。福特和卡特在努力恢復信賴和指引外交政策時，面對的是波濤洶湧的怒海。

福特——期望當個好總統，而不是偉大的總統

福特是一位很獨特的總統。他是美國現代史上任期最短的總統（只有八百九十五天），也是唯一未曾經過選舉就成為副總統和總統的元首。福特是出身密西根州的溫和派共和黨國會眾議員，尼克森挑選福特遞補在馬里蘭州州長任內涉及貪瀆醜聞而辭職下臺的副總統安格紐（Spiro Agnew）。依據《美國憲法第二十五條修正案》，福特在一九七三年經參議院認可，出任副總統。

福特和尼克森同年齡，也在第二次世界大戰時服役於海軍，並於戰後進入國會。他從密西根大學畢業，在校時是美式足球明星；後來又從耶魯法學院畢業。他連選連任十二屆國會眾議員，晉升為眾議院少數黨領袖。他在同僚中人緣極好，「他被視為是正直、莊重和穩定等美德的簡潔化身——與情緒反覆不定的詹森和尼克森形成鮮明的對比。」[3]

民眾起先以高達七一％的支持率接受福特繼任總統，但是就任一個月之後，他未先示警或做好政治準備就宣布全面赦免尼克森，支持率立刻急落到四九％。雖然許多批評者懷疑背後有見不得人的祕密交易，前任白宮助理葛根卻認為，福特是試圖清理亂局、邁步向前，但是疏於做好公布之前必要的準備工作。用他的話來說：「我們現代的總統不止一人是先天的說謊者；而福特則是天生有話實說的人。」[4]他期望當個好總統，而不是偉大的總統。選擇內閣會議室牆上掛的肖像時，尼克森選擇艾森豪、老羅斯福和威爾遜的肖像。福特則以林肯肖像替換老羅斯福，又以杜魯門肖像替換威爾遜。[5]

福特和杜魯門一樣，是個務實的立法者，而非偉大的溝通者。他的言談沒有推進寬廣的願景。另一方面，他有優異的情緒智商，挑選了一流的內閣人才，發展出有條有理的白宮作業流程，鼓勵意見自由流通。[6]福特關心外交政策需要維持穩定性。他留下季辛吉擔任舉足輕重的國務卿，但是在一九七五年要求他交出兼任的國家安全顧問一職，由他幹練的副手史考克羅夫（Brent Scowcroft）升任。福特短暫的任期內主要的外交政策議題是：南越潰亡、馬雅貴茲號（Mayaquez）和板門店事件後動用武力，以及石油輸出國家組織（Organization of Petroleum Exporting

Countries, OPEC）在一九七三年底將油價調漲為四倍之後，經濟相互依存度愈來愈重要的情勢。

一九七五年初，美國在西貢及其附近仍有六千名部隊，但是南越政府已經抵擋不住共產黨的節節進逼。福特遵循一九七三年巴黎和談時尼克森的承諾，要求國會提供七億二千二百萬美元的軍事援助給南越，以強化阮文紹政府。國會以懸殊比數拒絕提供此一援助。四月二十一日，阮文紹總統辭職下臺，四月三十日，西貢淪陷。美國的角色只限於撤退美國人及部分越南職員，留下丟人現眼的照片，照片裡是直升機由屋頂載運人員、逃到停在近海的軍艦上。福特能否有不同的做法，或是美國承諾的援助能否產生效果、拯救南越政府，令人生疑，但產生美國毀棄承諾的結果與形象。在此同時，福特政府見證了非常重要的人道反應。一九七五年的《難民援助法》（Refugee Assistance Act）撥款四億五千五百萬美元給中南半島難民，光是一九七五年就有十三萬名越南人逃亡到美國。爾後每年又有數以千計難民湧至。

福特在管理對蘇關係上面就比較成功。他延續尼克森與蘇聯和中國都低盪和解的政策，並且分別訪問兩國。然而，他與蘇聯談判貿易協定的努力卻受到國會阻撓，而他與蘇聯在一九七四年達成的《第二期戰略武器限制條約》（SALT II），也在國會遭到傑克森參議員和反對季辛吉低盪和解政策的其他人士拖延。一九七五年七月，福特與蘇聯領導人布里茲涅夫（Leonid Brezhnev）在赫爾辛基的歐洲安全與合作會議（Conference for Security and Cooperation in Europe）再次碰面，會上幾乎每個歐洲國家都同意支持人權及歐洲各國主權疆界。福特遭到批評，認為他接受蘇聯宰制東歐，但是長期來看，赫爾辛基協議有關人權部分的條款，有助於削弱蘇聯的控制。鑑於隨後發生的事件，相當諷刺的是，多年之後有位助理透露，布、福會談時，布里茲涅夫表示可以幫助福特一九七六年競選連任。福特逕予拒絕。[7] 接受布里茲涅夫的幫助，不符合福特的道德價值觀。

一九七五年和一九七六年，福特在亞洲兩項事件中動用武力，以展現美國的可信度。第一樁事件發生在一九七五年五月，西貢淪陷之後不久，柬埔寨的赤棉政府（Khmer Rouge）在國際水域強奪美國商船馬雅貴茲號，福特派陸戰隊拯救船員。作戰中，美軍陣亡四十一人，人數比救出的船員還多，但是這項行動具有象徵性的價值。雖然福特被警告，指出奪取這艘商船是不成熟的赤棉政府的舉動，美方稍有耐心或許是明智的，他還是採取行動，來維護美國在蒙受羞辱的西貢撤退之後的信譽。用他的話說，雖然他對於犧牲了陸戰隊員性命非常難過，但是他覺得「果斷的行動可以向我們的盟友擔保，也可以直率的警告我們的對手，美國不是束手無策的巨人」。[8]這是為了維持可信度付出的代價。

一九七六年八月，兩名美國士兵在南北韓邊界板門店清掃樹木，遭到北韓部隊開火射殺，福特的反應是大舉展現實力，派出大批陸面部隊清掃樹林。北韓默不作聲，不再有反應。第三件涉及軍事力量的事是福特繼續提供軍事援助給印尼，儘管先前蘇哈托總統（President Suharto，越戰中是美國盟友）於一九七五年入侵剛從葡萄牙取得獨立的東帝汶（East Timor）。印尼軍方被批評侵犯人權，但是人權問題在福特政府並非優先事項。福特在回憶錄中批評卡特推動人權，以及想和古巴、越南關係「正常化」，是「業餘玩票」。[9]同時，一九七五年他在三十五個盟國峰會上簽署的《赫爾辛基最終協議》（Helsinki Final Act）也首次把人權奉為歐洲東、西關係的核心議題。

福特也相當關注國際體制的重要性。日本和歐洲快速成長，世界各國經濟相互依存度大增，而石油輸出國家組織在一九七三年震撼全球，把油價暴漲四倍，造成景氣衰退。福特調解伊朗和沙烏地阿拉伯這兩個帶頭搗亂的國家，但是也提議成立一個石油消費國家組織，它就是設立在巴黎的國際能源總署（International Energy

Agency）。一九七五年，他提議在法國朗布耶（Rambouillet）舉行的經濟峰會應該做為七大經濟體（七國集團、G7）每年會談的機制。為了擋掉馬克思主義者在聯合國要求建立「新的國際經濟秩序」，他支持聯合國世界糧食計畫（UN World Food Program），強化國際貨幣基金和增加在非洲的開發援助。[10]

福特整體道德成績相當不錯，但是由於任期太短，他的外交政策結果普通。鑑於他承繼的大環境不佳，他的表現算是不錯。他的目標和道德願景不錯，是那個時代的典型觀念。和前任尼克森不同，他的情緒智商和良好品格使他能夠保持他的動機吻合他公開宣示的目標和價值。他試圖保持與蘇聯的談判和武器控制，以緩和冷戰競爭，不過批評者抱怨，認為他對蘇聯不夠強硬。他審慎保持價值與風險的平衡，接受在越南失敗的嚴峻事實。

就手段而言，福特在馬雅貴茲事件和板門店事件使用武力，算是合乎比例原則和懂得區分。論者可以辯論他動用武力、犧牲士兵性命來恢復可信度，但是比起尼克森犧牲幾萬人性命在越南以創造短促的「體面的間隔」，福特可算合乎比例原則。福特尊重權利和體制的自由主義作風，在他參與赫爾辛基峰會的過程充分表露出來，儘管共和黨內保守派極力反對。福特願意推動及簽署《赫爾辛基協定》，即

福特
道德計分卡

良：○　**優劣並見：△**　**劣：×**

項目	評分
意向與動機	
道德願景：有吸引力的價值、良善的動機	○
審慎：價值和風險的平衡	○
手段	
武力：比例原則、區分軍民目標、必要性	○／△
自由主義：尊重權利和體制	△
結果	
受託：成功的為美國長期利益著想	○
世界主義：對他人傷害最小化	○／△
教育功能：誠實的；擴大道德討論	○

使他的政治顧問提醒他這樣做對國內選情會有影響，這顯示他有勇氣做他認為道德正確的事。

就結果而言，福特是美國利益優秀的受託人，他展現出世界主義的關切，知道要降低對別人的傷害，也體現在他對待越南難民的做法。就對外經濟政策議題而言，福特相當明顯一貫的維護和強化全球貿易制度，即使在應對他承繼而來的不景氣時面臨相當大的保護主義壓力。根據一位重要經濟顧問的說法，這有一部分是因為他認為這是對付通貨膨脹明智的經濟政策，而且也因為他認為開放的貿易制度是強大的工具，有益於開發中國家擴張他們的經濟。[11]他看到以體制化應對日益增長的經濟相互依存之重要性。然而，或許他最重要的結果是他恢復尊重真相和在國內外擴大道德討論產生的教育影響。

卡特——外交政策強調人權，提升美國軟實力

卡特一九二四年出生於喬治亞州平原鎮一間小農舍，比起他之前的歷任二戰之後總統年輕約十歲。一九四六年，他從安那波利斯市海軍官校畢業，全年級八百二

十名學生，他是第六十名，爾後在以嚴格要求著名的海軍將領李高佛（Hyman Rickover）麾下核子部隊服役。和他之前歷任總統不同，卡特從來沒在國會任職，是華府政壇的圈外人。他擔任過一任喬治亞州州長，政績不錯，但是當他一九七四年宣布參選總統時，實際上沒沒無聞，也未經全國政治過程篩選。人們不禁要問：「哪一位吉米？」他在一九七六年民主黨初選和普選中奮戰不懈，終於脫穎而出，這在很大程度上歸功於他承諾要改革。他的競選口號是：「我絕不會向你說謊。」多年之後，研究人員發現，卡特的確實踐諾言，他的公開發言與書面紀錄果然一致。歷史學家布林克利（Douglas Brinkley）認為，卡特由華府回到平原鎮老家，他的誠實正直夷然無損。[12]

卡特在社會議題上是個自由主義者，對於財政議題則是保守派。他很難團結民主黨內和國會中派系林立的各個團體。雖然在競選上他很有天賦，他並不是天生的政客，不善於折衷妥協和建立同盟。他的態度更像是個道德家或工程師，見樹不見林。他沒把妥協看成是政治上的必要手段，而更傾向於將其視為知道自己正在做一件錯誤的事。[13]有位高階助理說，卡特從來沒有培養一個有效的全國同盟。「他不時會說，『把政治問題交給我來處理』，可是事實上他厭惡政治。他認為他只要做他心目中對的事，民眾都會明白，屆時順理成章會擁戴他連任。然而，政治不能像車子一樣停在橢圓形辦公室*門口，等到選舉時才碰觸到。」[14]做為政治領袖，卡特更像是個誠實版的尼克森，而不像日後也擔任總統的柯林頓這種天生政客：他是好交際的年輕南方人。

有個傳記作家形容卡特是「一位無法展現令人信服的政治願景、又不能使他的政黨團結的總統……這個對於他總統任期的記憶並無錯誤。如果說小羅斯福和雷根展現了如何將難以對付的群體組成聯盟，卡特留給後人的則恰恰相反」。[15]另一位傳記作家則認為卡特被低估了，固然稱不上是一位偉大的總統，他是有生產力的好總統，面對棘手的問題能拿出周全的解決方案，無論政治後果如何，他拒絕改變原則，或放棄個人忠誠。[16]

這些特質使卡特成為這本探討道德與外交政策的書特別有趣的案例。卡特是個威爾遜主義者，認為美國是國際關係中道德的見證人。他對人權有特別強烈的感覺。[17]卡特自己說過，在他一生所見過的歷任總統當中，他最欽佩杜魯門，比起其

* 譯注：橢圓辦公室是指白宮裡的總統辦公室。

他總統，他更加深入研究杜魯門的生涯，因為杜魯門直率、誠實和相當老派。[18]

卡特是個南方浸信會再生信徒，但他鄙視詹森和尼克森受牧師葛理翰（Billy Graham）影響而演出的宗教行為。卡特認為這種表演技巧是偽宗教。取而代之的是，他遵循自己的宗教原則來指導自己的生活——即使當上總統，還是可以看見他低調的講授聖經課。但一個人會因為人太好而不能成為一個好總統嗎？正如前演講稿寫手赫茲伯格（Hendrik Hertzberg）所說：「雷根擁有固定的政治意識型態，而卡特則沒有——不管如何，不是真正的（意識型態）。政治意識型態是一件非常方便的事情。它可以節省時間，因為它可以告訴你，對那些你完全不了解的事情，你可以有什麼看法。」卡特是道德工程師，他想找出政策問題的正確答案，而不是由政治推銷員來實施。歷史學家格拉德（Betty Glad）將他描述為追求「古老的『山上城市』傳統，並分享了它的一些價值和缺陷」。然而，他的威爾遜式道德主義從未使他陷入盲目的志得意滿。[19]

卡特的道德意識型態導致他有強烈的是非對錯感。以赫茲伯格的話來說：「只是因為政治收益或政治恐懼就殺人，這是錯誤的。詹森和尼克森就是如此。在戰爭拉距很長一段時間，很明顯無法獲勝之後……他們仍決定繼續並升高這場戰爭——

他們這麼做不是因為認真相信他們的行動可以幫助美國更安全，或讓越南自由，而是因為他們害怕被人當作軟弱……在馬雅貴茲號事件，就連溫和的福特也派出許多人沒有必要的送死。卡特從來不幹這種事。」[20]卡特很自豪，在他擔任總統期間，沒有一個美國人死於戰鬥任務，不過卡特在一九七九年下令拯救美國被扣的外交官人質時，任務失敗取消，是有些人不幸喪生。

其他批評者則對卡特的道德意識比較嚴厲。譬如，外交政策作家卡普蘭（Robert Kaplan）就認為，「若非尼克森、福特和季辛吉做出強硬的決定，美國可能經受不住卡特一次次的道德無能之舉所引起的傷害。[21]卡普蘭舉的例證是，由於違反人權，卡特在一九七七年決定刪減運交給衣索比亞的軍火。他認為卡特決定不在非洲之角玩權力政治和隨後衣索比亞發生的大量死亡，兩者之間的關連，比起尼克森揮兵打進柬埔寨鄉村地區和六年後赤棉的殺戮暴行的關連，要更加直接。然而，關於美國在非洲的行動是否屬實，很難證明。蘇聯和它的古巴代理人在非洲大陸介入許多革命，但是目前還是不清楚，美國能在衣索比亞控制事件到什麼地步，或是尼克森和福特能夠在安哥拉或莫三比克防止或促使死亡到什麼地步。

一般而言，一九七〇年代被認為是美國外交政策退守的時期。軍事失敗已經傷害美國的可信度和自我形象。蘇聯正在整建它的核子武力和支持第三世界的左派革命；一九七三年阿拉伯國家實施石油禁運，製造能源危機和汽油價格飛漲；一九四五年後世界經濟的高度成長也開始減緩；恐怖份子在歐洲和日本頻頻攻擊，使人關注民主國家的穩定性。一九七〇年代即將落幕之前，伊斯蘭革命推翻了伊朗國王，而蘇聯則派兵侵占阿富汗。

儘管有這些問題，卡特還是有好幾項外交政策建樹，包括和平歸還巴拿馬運河，改善了美國在拉丁美洲的關係；促成以色列和埃及的大衛營協議之談判；緩和甘迺迪所預期將會快速加劇的核武擴散；提高人權議題在美國外交上的重要性；給予中國全面外交承認；與蘇聯談判武器控制。一九七九年底蘇聯入侵阿富汗之後，卡特翻轉越戰之後削減軍事經費的政策，發展新式武器系統，頒布「卡特主義」，宣示將以一切必要手段反擊對波斯灣地區的攻擊，不惜動用武力。

把巴拿馬運河交還給巴拿馬，是卡特做法的一個最佳例證。自從老羅斯福總統以來，它就是美國國力的表徵，也是保守派政治一個敏感的議題。加州共和黨籍聯邦參議員早川雪（S. I. Hayakawa）說了一句有名的玩笑話：「我們公公平平、大大方方的把它偷過來。」但是獨立的委員會調查和美國情報機關都提出警告，巴拿馬民族主義者的怒火在上升，恐將導致恐怖主義和游擊作戰。福特嘗試過，但未能解決這個問題。卡特的政治顧問告訴他，最好把巴拿馬運河問題延緩到第二個任期才處理，但是卡特決定這是應該做的正確事，他把它當成是他的第一份「總統審議備忘錄」（Presidential Review Memorandum）的主題。卡特花費相當大的政治資本，才使得參議院在一九七八年四月勉強以低空飛過的票數通過歸還案，但是他的行動帶動美國與大部分拉丁美洲國家及巴拿馬改善關係。[22]若無巴拿馬運河協議，反美的恐怖份子或許會在拉丁美洲找到更多的沃土。

當中東和平進程陷入停滯狀態，埃及和以色列的談判在一九七八年碰到僵局，卡特邀請沙達特（Anwar Sadat）和比金（Menachem Begin）到大衛營，密切的與他們會商，調停他們的歧見。許多觀察家認為，若無卡特的堅毅和注重細節：無法達成協議。他親自介入談判十三天，協議文字歷經二十份草稿，談判才終於成功。沒錯，政治顧問又警告卡特，他將承擔的風險，他駁回了他們。同樣的，他獨排眾議，不顧因臺灣遊說團施加壓力而必須付出的政治代價，給予中國全面外交承認，這是前任總統做不到的事。

卡特對於延緩核子武器擴散，也有強烈的主張。一九六三年簽署《有限度禁止核武試爆條約》時，甘迺迪曾經表示擔心十年後恐怕會有二十五個國家擁有核子武器。一九七四年，也就是石油輸出國家組織實施石油禁運而使油價漲了四倍之後，傳統智慧認為鈽（plutonium）和滋生反應器（breeder reactor）是走向能源安全的關鍵，即使分離出來的鈽將導致武器級的材料進入國際商業。一九七四年五月，印度試爆它所謂的「和平的核子裝置」，成為第七個核武國家。與此同時，法國和德國正在出口可生產武器級材料的後處理與濃化工廠給巴基斯坦和巴西，看來甘迺迪的預言即將成真。卡特有過核子工程師的背景，了解箇中的危險。用他的話來說，「儘管有來自某些供應這些先進科技的國家的反對，我要竭盡全力制止此一能力散布到其他任何國家。」[23]他不顧能源業的共識，中止美國境內的後處理與滋生反應器工廠，也付出相當大的外交代價，成功迫使法國和德國終止銷售合約。他還成功的達成《核子供應國協議》（Nuclear Suppliers' Agreement），規定供應國對出口敏感的核子設施要有節制。[24]*

卡特另一項創舉是提升人權在美國外交政策的優先地位，它代表從「尼克森、福特和季辛吉以來，將勢力均衡做為世界秩序組織原則」的思想有了重大改變。雖然福特政府已同意赫爾辛基原則（包括人權在內），季辛吉的優先目標是和蘇聯低緩和解。一九七三年，他向尼克森提到，蘇聯如何對待其國內猶太人，以及猶太人的遷徙移民，「不關我們的事」。尼克森對此也說：「我們不能因此而炸了全世界。」[25]但儘管存在內在的緊張關係，卡特決定同時追求低盪和解與人權。

卡特的人權政策不是易於貫徹執行的政策。卡特對某些冷戰盟友的威權政府網開一面，但是他採取了一些措施來對抗實施種族隔離的南非政府；以及阿根廷、智利和其他地方的軍政府；也公開批評蘇聯的人權做法。批評者指控他傷害冷戰盟友，如伊朗巴勒維國王和尼加拉瓜的蘇慕薩（Anastasia Somoza），但是長期下來，卡特重視人權的軟實力替美國帶來可觀的回報。

人權政策凸顯出卡特外交政策一個核心問題：如何經營與蘇聯的關係？儘管有嚴重的經濟敗壞現象（不過美國情報機關沒有掌握到），但蘇聯給人一個虛假的印象，讓人以為它是個崛起的大國，因為它在軍事上大幅投資（尤其是核子武器），加上它又支持非洲各地的左派革命（經常透過古巴代理人進行）。卡特經常顯得立

---

* 我負責這項政策，這可能使我的觀點帶有偏見，但在卡特的領導下，敏感性核設施的出口明顯下降了。

場搖擺，依違於兩派主張之間，一邊是國務卿范錫（Cyrus Vance）比較重視低盪和解的政策，另一邊是國家安全顧問布里辛斯基主張的強硬路線政策。卡特宣稱，他從兩位顧問的反對意見中受益良多，但他們的立場整合得並不完善。「他試圖在太多事情上親力親為……因此范錫和布里辛斯基之間的歧見沒讓卡特煩惱，因為最後拍板決定的是他本人。對於美蘇關係此一核心議題的外交政策決策具有特殊的、連續的特質」，[26]但是兩大重要顧問之間的歧異，有時候給予外界混亂的印象——事實上也的確很混亂。

卡特在一九七七年堅持更加大砍核子武器，而非接受福特近乎完成的海參崴條約，加上他批評蘇聯的人權紀錄，拖緩了《第二期戰略武器限制條約》的協議。批評者指控他眼高手低，追求完美，卻毫無成就。最後，卡特在一九七九年六月簽署了《第二期戰略武器限制條約》，但是已經太遲了，蘇聯在同年十二月入侵阿富汗，破壞了低盪和解的政治氣氛。某些批評家認為，卡特的人權政策和他的控制武器談判相互衝突，但是也有人說，「卡特的人權政策讓美國在世界各地都取得道德可信度——在越南之後，這可不是一樁小事——同時又使莫斯科屈居守勢。[27]

阿富汗遭到蘇聯侵略後，卡特對蘇聯進行經濟禁運、杯葛莫斯科奧運會，也發表「卡特主義」，警告蘇聯休想把手伸進盛產石油的波斯灣。批評者又說，蘇聯入侵阿富汗證明卡特太天真，但是很少人注意到卡特在阿富汗事件之前，已經將國防預算每年調升三%，而且他幹練的國防部長布朗（Harold Brown）一直在投資新一代的科技，包括匿蹤隱形和精準導引武器，日後它讓美國擁有決定性的傳統武力優勢，在波斯灣戰爭中展現無遺。某些人認為卡特政策日趨強硬是受到他那位波蘭出生的國家安全顧問的影響，但是白宮助理巴斯托（Robert Pastor）指出：「恢復冷戰是因為蘇聯趨於強悍，不是基於布里辛斯基的戰術。」[28]

儘管取得了這些成功，卡特的外交政策經常被認為是軟弱的。布里辛斯基在回憶錄中形容卡特「堅強、冷靜、有主見……但是依賴武力不符他的本性。我們都看到結果了。卡特表現出來的不情不願，在民眾心目中被詮釋為軟弱。」[29]二〇一〇年，米德（Walter Meade）提出所謂的「卡特症候群」（Carter Syndrome），即太依循傑佛遜的傳統，將海外事務減至最低，僅藉由本國民主與溫和外交來支持和平。[30]但是這項評估後來遭到法國外交官瓦西（Justin Vaisse）的挑戰。瓦西認為，卡特有非常實質的成績，但是被他的領導風格和「他一貫無能解說和促進政府的決策和成就」所遮掩住。[31]

儘管他有四項重大外交政策成就，在管理蘇聯問題方面的表現毀譽參半，卡特總統任期最後毀於柯梅尼大主教（Ayatollah Khomeini）在伊朗搞出來的伊斯蘭革命。根據布里辛斯基的觀點，卡特「唯一致命錯誤發生在伊朗」。巴勒維國王的垮臺不僅對卡特是政治災難，伊朗的伊斯蘭革命直到今天都還影響美國的中東政策。布里辛斯基力主卡特支持在伊朗發動政變，但是卡特（還有范錫國務卿）認為「從歷史和道德上看，這麼做是不對的」。根據布里辛斯基的觀點，「他們最有說服力的論據，我認為是道德理由。他們覺得美國——尤其是總統本人——不應該承擔起讓另一個國家陷入流血、殘忍的對抗的責任。」[32]

批評者責備卡特的人權政治削弱伊朗國王的地位，但是要說卡特是伊朗革命的主因恐怕頗有疑義。用范錫的話來說，「有一個艱難的問題要問，在一九七八年十一月、十二月，以及一九七九年一月初，美國是否還能做些什麼去影響伊朗革命的方向。我的答覆是或許吧……但即便如此，恐怕為時已晚，因為發動革命的力量已根深蒂固，並花了好長一段時間來完成革命。」[33]我們並不清楚部分徵召而來的部隊能否團結起來敉平這場革命，而且巴勒維國王已經因為致命的癌症，生理和心理都變得脆弱。

挺諷刺的是，當巴勒維國王已經垮臺、流亡國外，卡特又做出一個道德決定，使得情況更加惡化。布里辛斯基告訴他：「我們必須力挺我們原先的朋友。」而卡特也覺得「不讓國王入境美國，道德上過意不去」。儘管范錫反對，情報單位也警告德黑蘭可能會有反美示威，卡特同意布里辛斯基的建議（季辛吉和其他共和黨人也打電話表示支持），准許國王入境美國治病。[34]接下來，德黑蘭激進派學生衝進美國大使館，將館員扣為人質。卡特派特戰部隊拯救人質，不幸在沙漠出了意外，飛機互撞，任務失敗。

卡特專注於人質上：「我無法以筆墨形容人質是多麼令我揪心。」卡特像個工程師，專注在解決問題的各種不同方法上，而不是注意管理人質危機的形象和國內政治此一政治任務。[35]這些事件，再加上卡特大膽任命伏爾克（Paul Volcker）為聯邦準備理事會主席，不惜付出經濟衰退的代價，也要克服兩位數的通貨膨脹，這代表卡特遭遇兩面夾擊，左邊是同黨的愛德華．甘迺迪參議員，右邊是共和黨的隆納德．雷根，徹底輸掉一九八〇年的大選。

要總結卡特的外交政策道德成績，比起替福特打分數更加複雜。就意向和道德願景而言，卡特強調人權有很大的吸引力，它也增強了美國因為越戰而受傷的軟實力。「卡特出任總統，帶來的世界觀或許可稱為具有威爾遜主義色彩，非常重視國際合作以爭取人權及達成和平……他也帶來決心，要親自處理長久以來懸而未決的問題，如巴拿馬運河和中東衝突等。」[36]除了道德意識型態，他若是多使用政治意識型態和馬基維利的技巧，他或許可以更有效的編織自己的願景。卡特公開表述的價值很有吸引力，他私底下的整體動機也是，但是他或許太擔心弄髒手。更關注韋伯對政治的建議，會增加他達成目標的可能性。縱使如此，卡特知道要謹慎，他沒有讓他的威爾遜主義成為聖戰。他平衡價值和風險，他在中東及東南亞緩和人權政策就是例證，他在應付蘇聯行為時也沒有縱容大規模的風險。與此同時，他在巴拿馬運河和大衛營協議這兩個案例上，願意承擔起高度的個人政治風險，創造了別人達不到的重大成就。

就他選擇的手段而言，卡特明顯寧願採取外交交涉而非武力。他最自豪的就是避免動用美軍部隊從事戰鬥任務。但若考量到他增加國防預算，並開發新武器系統，就知道把卡特看做是和平主義者的觀點太誇大了。雖然他競選時的政見是從南韓撤回美軍，但上任後在助理提出異議並說明朝鮮半島局勢的複雜性之後，他改變了立場。批評者舉卡特不願使用武力是嚴重的道德疏失，但是提供更多軍事援助給

卡特
道德計分卡

良：○　　優劣並見：△　　劣：×

項目	評分
意向與動機	
道德願景：有吸引力的價值、良善的動機	○
審慎：價值和風險的平衡	○／△
手段	
武力：比例原則、區分軍民目標、必要性	○／△
自由主義：尊重權利和體制	○
結果	
受託：成功的為美國長期利益著想	△
世界主義：對他人傷害最小化	○
教育功能：誠實的；擴大道德討論	○

衣索比亞、安哥拉、伊朗或尼加拉瓜的威權政府，是否就能導致更好的結果，其實還有爭議。就自由派尊重別人權利和體制而言，卡特的表現很好。

就結果而言，卡特是否有利於美國利益有許多爭議。他的成功是真實的，而在對付布里茲涅夫的蘇聯，純採布里辛斯基的做法，和純採范錫的做法，兩者是否存在很大的差異，是有爭議的。即將到來的蘇聯解體，在其經濟體制中已經瓜熟蒂落了，而卡特人權政策的軟實力也促成了改變，最後以柏林圍牆在一九八九年倒塌達到高潮。至於就世界主義的關切要避免對別人的利益有不必要的損害而言，卡特的分數也不錯。但是最令人折服的是他展現尊重真實的教育效果，他也因為關心人權而擴大了道德討論。就黨派政治之爭而言，貶抑卡特的外交政策變成流行，但是時間已經證明，更重要的事往往遠超過人們所能理解的範圍。如果卡特的外交政策是一支股票，我們或許可以預測它在歷史學者群中的價格長期看漲。

*****

相當諷刺的是，福特和卡特都是具有良好品格的人，他們在外交政策的道德面都得到極佳的評價，可是許多人斷定一九七〇年代是美國外交政策軟弱的時期。但是判斷必須擺在脈絡裡，而且也必須經過比較。鑑於越戰和水門事件剛過，經濟停滯膨脹，以及這一年代的文化革命，很可能問題存在於背景，而不是領導人身上。經過一九六〇年代總統欺騙傷害民眾信任之後，很有趣的是福特和卡特都在講實話、道真相方面建立起聲譽。國內有信任感，國外具有軟實力，其結果不應該被低估。

論者可以主張雷根在下一個十年表現得更好，正如我們會看到的，他得先經歷艱難的開端，以及戈巴契夫在一九八五年意外的出任蘇聯新領導人。英國哲學家威廉斯（Bernard Williams）曾經說，有種東西叫做「道德運氣」。[37]如果年老的布里茲涅夫那代人早在十年前就離開，蘇聯經濟的疲弱早點傳出來，一九七〇年代可能會被後人銘記為冷戰結束的年代，而不僅僅是從越戰復原的年代。歷史學家史壯（Robert Strong）猜測：「如果是卡特配上巴戈契夫同時主政，還能達成多少成就？如果有機會去重新塑造蘇美關係和這個世界，兩個『局外人』會搞出什麼名堂？」[38]

第六章

冷戰的終結

一九八〇年代開始時，美國人的情緒相當消沉。一九七九年，卡特向全國演講，大談「信任危機」威脅到我們的「社會和政治結構」。分析家寫文章探討美國的衰落，一份主要雜誌的封面是臉上淌著眼淚的自由女神雕像。除了人質危機，伊朗革命造成能源價格再次攀升。經濟的停滯膨脹持續不退。受人尊敬的華府律師卡特勒（Llyod Cutler）建議，美國或許必須考慮是否捨棄總統制而改為內閣制。蘇聯顯得國力日盛，不僅擁有大量核子武器，在非洲和中美洲也鼓動左翼革命。

到了一九八〇年代結束時，這一切都不成立，而美國即將終結冷戰，進入它獨步全球的單極時刻。部分原因要歸功於一九八〇年代的兩位總統雷根和老布希。但是部分原因也可以解釋為，一九八〇年代初始以來即誤認為蘇聯國力堅強。事實上，蘇聯是遭遇嚴重經濟衰退的國家。

一九五〇年代，史達林的中央計畫經濟制度專注在重建重工業，宣稱蘇聯的成長率超過美國的重工業。一九五九年，赫魯雪夫訪問美國時，曾引用這些樂觀的數字誇口蘇聯將超越美國。但是，蘇聯的中央計畫經濟制度無法對全球資訊經濟的變化做出反應。它既遲緩且缺乏彈性——笨拙至極。經濟學家熊彼得（Joseph Schumpeter）認為，資本主義接受創造性的破壞，以這個方法靈活回應科技變化的大浪潮。到了二十世紀末，「第三次工業革命」的重大科技變革是資訊日益重要，扮演啟動經濟成長的引擎。

蘇聯的中央計畫經濟制度是為第二次工業革命重工業的緩慢步伐所設計。現在的摩爾定律（Moore's Law）是每兩年電子計算機晶片能力就加倍，新的中央計畫工廠還沒蓋好，就已經過時。蘇聯不擅長處理資訊。它的政治制度深度重視機密，意謂資訊流通既緩慢又笨拙。蘇聯外交部長謝瓦納澤（Eduard Shevardnadze）告訴他的官員：「你們和我代表的是一個大國，過去十五年，它愈來愈失去做為首要工業開發國家之一的地位。」[1]甚且，蘇聯經濟再也不能支撐它的軍事力量，而它的國防預算要花掉國內生產毛額（GDP）的二四％（美國在一九八〇年代的占比是五．九％）。著名的英國歷史學家保羅．甘迺迪（Paul Kennedy）寫道，美國染上「帝國過度擴張」（imperial overreach）之弊，不料蘇聯才是帝國過度擴張，而非美國。[2]雷根和老布希是好船長，不過他們也得到順風之助。

雷根——善於利用機會終結冷戰

雷根一九一一年出生於伊利諾州的小鎮坦必可（Tampico），比起一九六〇年代所有的總統年紀都更大——只有詹森例外。他出自小康之家，父親有酗酒問題，母親則十分虔誠信教。他進入一所小型新教徒學校優利卡學院（Eureka College）就讀，是個漫不經心的學生。和卡特相似，他擔任州長（加州）後才當選總統，從來沒在國會服務過。他在第二次世界大戰服役時沒有出國作戰，而是在軍中拍攝電影。從政之前，他的事業在好萊塢，一九三七年至一九六四年間，他參與五十三部電影演出。早年，他是個積極的民主黨員，欽佩小羅斯福，以銀幕演員工會（Screen Actors Guild）主席身分從事有效率的領導和集體談判。他在一九六二年脫黨，轉投共和黨，在向各行各業團體演講中磨練出保守主義的意識型態。

雷根的意識型態使他把問題都簡單化，但是當談判交涉時，他從來不拘泥於意識型態，因此能跨越界線，或在進行協議時務實的妥協。雷根相信「我們的許多問題都有簡單的答案——簡單，但是艱難。複雜的答案反而容易，因為它避免面對艱難的道德議題」。[3]當他一九八三年稱呼蘇聯為「邪惡帝國」時，他很務實，準備與戈巴契夫談判，後來兩人一九八五年在日內瓦碰面。他們一九八八年最後一次在莫斯科進行高峰會談時，他提到早些年的立場，稱之為「我講的是另一個時間、另一個時代」。

雷根其實沒有外表看起來那麼簡單。他人緣好，但寧可與自己的夥伴相處；他喜歡小城鎮，但是住在大城市；他重視家庭價值，卻與元配離婚，和子女關係疏遠。他是「一個真正的信徒，沒有大家習以為常的人格缺陷：有門戶之見的教派成員」。[4]雷根和小羅斯福一樣，沒有第一流的才智，但是以極大的情緒智商來彌補。他散發出樂觀精神，擅長使用幽默詞句，很會說些寓言之類的故事，這些故事有些真實，有些則虛偽不實。

雷根改變了美國人對自己的看法，但是有位助理寫道，他有時候不曉得在發什麼夢，不注意細節，以致於發生重大疏失。縱使如此，葛根認為他是小羅斯福以來最好的領導人。[5]雖然有些批評者貶抑雷根「只是個戲子」，他曾精明的觀察到，如果**不是**演員的話，他不曉得誰能夠做好總統這份工作。小羅斯福肯定會擊掌贊同這句話，卡特恐怕就大不以為然。

某些建制派人士質疑美國這個國家是否能治理時，雷根的作風卻讓美國人恢復了自信。他有一項最偉大的領導技能就是有能力藉由強調善惡分明的「道德清晰度」，提出一個吸引美國民眾的願景。雷根曾經告訴替他撰寫演講稿的努南（Peggy Noonan）：「毫無疑問，我是個理想主義者，換句話說，我是個美國人。」[6]他採用「山上的城市的隱喻」，認為美國人是上帝的選民，但是按照葛根的說法，雷根不像前幾任總統那樣，渴望像傳教一般將美國的思想和文化傳播到其他國家去，好幾位前任總統就有這種做法。但是他的確認為美國應該做為典範，在其他國家培養民主和自由。[7]他是小羅斯福以來最擅長與民眾溝通的總統。《經濟學人》週刊在回顧他的一生做出總結時，雖然注意到他認知能力的弱點，卻推崇他是二十世紀最重要的總統之一，即使「極力提倡簡單化的他，仍是出奇的令人難以理解」。[8]

除了認知知識不足，雷根的弱點還有組織能力很差。雖然他不是自己部屬的囚徒，卻非常依賴他所派任的人，而且一旦派任之後，他幾乎就是不負起注意他們的責任。和艾森豪一樣，雷根站在統領高位，但是他缺乏艾森豪隱藏起來的總理技能。他不呆笨，而替他工作的人報告說，他會注意自己覺得好的論點，但是「如果某個主題他沒有興趣——是有很多主題他不感興趣——他就飄飄然放過……他的不重視細節和放手授權的立場，很可能危及到他的領導」。[9]幹練、踏實的白宮幕僚長貝克（James Baker）在一九八五年和財政部長里根（Donald Regan）對調職位之後，雷根不能完全理解管理白宮的重要性，以致於爆發醜聞，差點毀了他。儘管八年任期，國家安全顧問六度易人，雷根始終管不好國務卿舒茲和國防部長溫伯格（Caspar Weinberger）之間的鬥爭。

沒能夠監督好高度風險的部屬，如中央情報局局長凱西（William Casey）、國家安全顧問波因德克斯特（John Poindexter）和幕僚諾斯（Oliver North）等人，導致伊朗門事件（Iran-Contra）差一點毀了整個政府；這一事件涉及到以武器向伊朗交換人質，再非法使用出售武器賺來的錢資助尼加拉瓜游擊隊叛軍，對抗馬克思主義政權。雷根以其簡化的價值觀看全局，卻沒了解箇中細節。[10]根據一九八七年參與清理伊朗門事件殘局的艾布夏爾（David Abshire）大使的說法，雷根的第一個反應是否認醜聞，把它掃到地毯底下去。不過他後來同意全面揭露。艾布夏爾的結論是：「或許在雷根身上可以看到，美國從未有過這樣一位總統，他具有如此強大的改造轉型才能，卻對互動領導興趣缺缺。」[11]

雷根經常被譽為終結了冷戰，但是故事恐怕要更複雜一些。他最初的目標是要推翻自尼克森以來的圍堵政策低盪和解的特色，對蘇聯採取更加強硬的態度，不過他的初步目標並沒有包括降低蘇聯勢力範圍或推動共產國家政權更迭。[12]雷根不喜歡冷戰的現狀，他結合言詞攻勢和加強建設軍力，意在對蘇聯增加壓力。但是，直覺和知識之間的落差，清楚顯示在他的反飛彈保護罩或即戰略防禦倡議（Strategic Defense Initiative, SDI）方案上。他允許國家安全會議幕僚把它放進一九八三年一項演講稿中，即使他的國務卿警告說，「我們還沒有這種科技可以這樣說」，而參謀首長聯席會議主席也說，「必要的政策基礎還未打造好」。儘管美國決策官員在國內仍莫衷一是，蘇聯卻擔心涉入一場他們贏不了的軍備競賽，而在財務上深陷大洞。[13]戰略防禦倡議變成外交上的利器，而不是軍事武器。

雷根宣示的目標之一是消除核子武器，認為這是道德上必須做的大事。當顧問們促請他談判時要謹慎小心，他端出道德論調回答：「我讀了《聖經》，裡面有關末日善惡大決戰（Armageddon）的描述談到毀滅，我相信許多城市毀滅了。我們絕對需要避免它。我們必須試一些新方法。」[14]一九八六年的雷克雅維克（Reykjavik）峰會，他在核子議題上得到某些進展，但是當他拒絕戈巴契夫把戰略防禦倡議的測試局限在實驗室內的提議時，談判功敗垂成。挺諷刺的是，雷根的失敗有一部分原因是他在認知上的誤解。雖然他政府內許多人認為戰略防禦倡議是個談判籌碼，雷根卻真心相信它可以如規畫人員所承諾，會是有力的防護罩，因此拒絕對它設限，而這些限制實際上並不會嚴重影響它的開發。至於要緩和核子武器的擴散這一點，雷根政府放鬆卡特加諸於巴基斯坦的壓力，因為他認為爭取巴基斯坦協助反制蘇聯在阿富汗活動應該是優先目標。

雷根真的終結了冷戰嗎？他的行動有助於結果，一部分是透過言談和軍力增強，對蘇聯體制增加壓力，但是雷根真正的技能是從嚴峻的言詞轉變為實際的談判。他遠比其政府內其他人更早就直覺到戈巴契夫有意願談判，後來又能與戈巴契夫建立良好的工作關係。

然而，在促成冷戰終結上，雷根的行動遠不及戈巴契夫的行動攸關大局。戈巴契夫是真正大開大闔的改造者，雖然沒有達成他的目標。戈巴契夫的目標是改造、而不是摧毀蘇聯。沒有他，蘇聯可能還會再拖上十年或更久。然而，歸根究柢，蘇聯崩潰的最深沉原因是結構性的：共產主義意識型態衰退，以及蘇聯經濟失敗。即使沒有戈巴契夫或雷根，這事終究也會發生。雷根擁有這樣的直覺和技巧，能發現戈巴契夫是個可以交涉談判的夥伴，即使這不是冷戰終結的主要原因，也對於冷戰終結的時間點有幫助。如果蘇聯著名的強硬派安德洛波夫（Yuri Andropov）沒有死於腎臟病，或是如果戈巴契夫早五年——也就是卡特當總統時——掌權，雷根的戰略和因果作用就不會有什麼重要性。雷根享有道德運氣，戈巴契夫剛好是這副牌中的王牌，而這張牌發給了他，他也善加運用了這張牌。但是蘇聯崩潰的根本原因是結構性的，而近因是戈巴契夫的改革與開放（perestroika and glasnost），以及外交政策的新思維。他就像個站在歷史舞臺上的人，發現毛衣上有條線鬆了，忍不住伸手去拉，結果拉到整件毛衣都沒了。戈巴契夫無意終結蘇聯，然而畢竟還是奏響了蘇聯的輓歌。

雷根經常被認為是道德外交政策領導人的典範。他是個保守派人士，後人記得他在演講中發出對道德高尚的強烈籲求——一九八二年，他在西敏寺（Westminster）演講，預言自由的普及「將把馬列主義丟進歷史的灰燼中」；他又於一九八七年在柏林提出要求：「戈巴契夫先生，拆掉這堵圍牆吧！」他的籲求奠基在「儘管理性很重要，但理性只占達成重大決策的一半因素。你還需要堅實的直覺、感受，無論你用什麼字詞來表述腦子裡的另一半想法。雷根在思索應該怎麼做、怎麼說時，經常一再的說，『我有一種直覺』」。當人們提起「雷根式的外交政策」時，他們通常指的是出現在雷根把複雜議題簡單化後的道德清晰，以及他陳述價值時有效的言詞。但是這種只有一個面向的評估忽略了雷根手段的重要性——當他推行政策時，有能力討價還價和折衷妥協。依據歷史學者萊弗樂（Melvyn Leffler）的評斷，「雷根的情緒智商比起他集結軍事力量的能力來得重要；他在國內的政治可信度比起他在國外的意識型態攻勢還更重要；他的同理心、親和力與知識比他的疑神疑鬼更重要……他是戈巴契夫次要但不可缺少的夥伴，替劇烈的變化設定框架，而兩人都沒有料到變化來得這麼快。」[15]

縱使如此，就表達價值和願景而言，雷根明確及陳述清晰的目標具有教育性與啟發性。關鍵問題是，雷根是否夠謹慎去平衡他的目標之期望和風險。有些人認為，雷根第一任期初期的言詞在美蘇關係上製造相當程度的緊張和互不信任，增添誤判或意外而導致戰爭的危險。有些分析家相信，一九八〇年代初期的幾次核子危機，其實比當時大家所了解的還更接近爆發衝突，但是我們不了解雷根是否完全明白他製造出來的風險。[16]雷根的強硬路線政策創造談判的誘因，在戈巴契夫於雷根第二任期上臺掌權後，雷根用以發揮其優勢。但是，假設雷根沒有連任呢？

至於國際視野與孤立主義二者間的拉扯，雷根以普世價值表明他的看法，不過他有時遭指控偽善，認為他只看到蘇聯侵犯人權，卻不理會美國若干扈從國家所犯下的侵犯行為。他派兵進入加勒比海小國格瑞那達（Grenada），卻默不作聲，預備與實施種族隔離的南非共存；他支持中美洲國家運用行刑隊殺害無辜百姓的一些政府；菲律賓馬可仕政權遭到第一波抗議之後兩年，他才降低對馬可仕的支持。他相信人權，但是把它當作冷戰武器來用。

就手段而言，雷根毀譽參半。在伊朗門事件這個議題上繞過合法手段，在國內及國際規範和體制上建立惡劣的先例。使用祕密行動在中美洲與左翼政權作戰的「雷根主義」，不只和國會產生法律紛爭，也涉及到在尼加拉瓜港灣布下水雷，而就官方立場而言，美國和尼加拉瓜仍處於和平階段。國際法院（International Court of Justice）裁定美國行為違反國際法時，雷根根本不甩此一裁決。這些侵犯國家自主和體制限制的行為是否能以現實主義的需求做為合理藉口，是有爭議的，但是傷害卻是寶實在在。

以結果而論，雷根無疑促進了美國的國家利益，只不過前文我們已經看到，終結冷戰和蘇聯解體的大部分功勞要歸屬於戈巴契夫。總之，雷根善於利用機會，彷彿不只限於美國的利益。至於其他議題，譬如派陸戰隊到黎巴嫩，而當他們受到攻

雷根
道德計分卡

良：○　　**優劣並見：△**　　**劣：×**

項目	評分
意向與動機	
道德願景：有吸引力的價值、良善的動機	○
審慎：價值和風險的平衡	△
手段	
武力：比例原則、區分軍民目標、必要性	△
自由主義：尊重權利和體制	△
結果	
受託：成功的為美國長期利益著想	○
世界主義：對他人傷害最小化	△
教育功能：誠實的；擴大道德討論	○

擊時又立刻撤軍；或交涉歸還人質，某些分析家認為他立下不良先例去跟恐怖主義談判，造成不幸的長期後果。

雷根的比喻和寓言經常誇大其實，而批評者爭論他究竟是故意扭曲事實，或只是為了他想相信的價值而顛覆事實。大體上，他的言詞擴大了國內的道德討論，但是他的教育效果有時候因為言行不一致而動搖，譬如他支持實施種族隔離政策的南非白人政府。他大談自由和人權，卻支持中美洲和非洲殘暴的威權政府。卡特有時候在類似伊朗的個案上必須對人權政策做出妥協，雷根則利用人權做為武器對付左翼，可是又寬待非共產主義的威權政府，就雷根為自己與為美國宣示的價值而論，在外國人眼中他似乎是個偽君子。然而，大體而言，就他訂下的目標和他的動機等意向來看，雷根具有合乎道德的外交政策，他也貢獻了許多重大結果。有時候他的不足之處是他使用的手段。這些評斷總結在他的計分卡中。

老布希——成功從雙極世界轉為單極世界

蘇聯的解體發生在一九九一年十二月，老布希總統任內，此時美國成為全世界唯一的超級大國。老布希成功的協商，讓冷戰結束，東、西德兩大陣營不發一槍一彈，便在北約組織體制之內統一了。光是這件事就鞏固了老布希的歷史地位，好比甘迺迪總統處理古巴飛彈危機避免戰火、奠定其歷史地位一樣。

老布希的父親是康乃狄克州選出的聯邦參議員，他具有世家貴族的背景，有美好的家庭和常春藤盟校的教育，先後從安多華中學（Andover）和耶魯大學畢業，在學期間還是個體育運動明星。他含著金湯匙出世，但懂得善加運用這個優勢。他在第二次世界大戰期間在太平洋戰場服役，英勇作戰，飛機不幸被擊落卻大難不死。他母親自幼教導他北方佬的謙虛和盎格魯撒克遜白人新教徒的高尚價值觀。戰後，他離開東岸，前往德州從事石油業。老布希後來擔任過兩任國會眾議員、派駐聯合國大使、駐中國代表和中央情報局局長。他在一九八〇年與雷根競爭共和黨總統候選人提名，初選輸給雷根之後，雷根為了吸引溫和派選民，提名他為副總統搭檔。老布希後來總結他對擔任總統的態度是：「我要盡我所能來減少傷害。」17

雷根和老布希的性格截然不同。雷根深具遠見，但是不善於處理細節，而老布希則精於實踐而欠缺遠見。他曾經嘲笑所謂「遠見這回事」，留下此一名句。老布希不是偉大的溝通者，也不是精湛的演員，這使他在許多議題上展現出非常能談判的風格。老布希是有過戰功的戰爭英雄，而雷根的軍中生涯則是電影中想像的情節。雖然老布希是德州選出來的國會眾議員，他對華府環境並不陌生，他的家庭是溫和的東部共和黨建制派成員；而雷根則在加州建立事業，是領導共和黨內新保守派的先鋒。雖然如此，老布希對雷根相當忠誠。

和艾森豪一樣，老布希是對國際事務極具經驗的總統之一，這有助於他發展非凡的情境智商。他也和艾森豪一樣，具有知人善任的重要能力，並建立起有效率的國家安全作業流程。這些技能，加上他的情緒智商，在他嫻熟的處理冷戰後的事務上發揮良好的作用，以及在一九九一年的波斯灣戰爭建立同盟，創造了聯合國的集體安全功能（這是一九五〇年以來的第一次）。他的情緒智商使他能抗拒趾高氣昂和幸災樂禍的態度——這種態度在美國國內盛行，但是並不利於與戈巴契夫打交道。從另一方面來講，同樣是這一性格特質局限了老布希運用職權教育民眾的能力。和甘迺迪或雷根不同，他並沒有啟迪人心的風格。雖然他提到「世界新秩序」以及民主的和平，他從來沒有把這些概念當作可以扣緊輿論的遠見加以闡釋或溝通。

老布希政府就任時，對雷根痴迷戈巴契夫的態度是抱持懷疑的，他起先很小心的接下雷根未完成的工作。特別是，他並沒有認同雷根廢除核子武器的政策。然而，一九八九年馬爾他峰會（Malta summit）之後，老布希發覺他可以和戈巴契夫合作。在國務卿貝克和國家安全顧問史考克羅夫這個能幹的團隊協助下，老布希在下列二事展現非凡的技巧：處理德國於北約組織內的統一（他力排許多顧問和盟國的反對），以及在一九九一年促使蘇聯和平解體。至於俄羅斯於其後所發出的抗議，老布希則以保證北約組織的勢力不會擴大哄騙之，在一九九〇年早期的口頭談判階段是有些含糊和誤解，但是此事並未見諸書面協定，也沒有違背正式的承諾。[18]

很少人在一九八九年預料得到東西、德會在一年內統一，更不用說是統一在北約組織之內。但是一九八九年至一九九〇年是國際政治罕見的流動性時刻之一，當時的國際政治因國內變化而受到影響。戈巴契夫和西德總理柯爾（Helmut Kohl）這兩位具有不同目標的轉型領導人，利用此一流動改變了世界。老布希在巧妙的處理與戈巴契夫的關係時，為了支持他的朋友柯爾，做了重要的賭注。就某個意義來說，他為轉型做出極大的貢獻。

一些歷史學家指責老布希沒有做出更大的賭注，這或許可能避免日後俄羅斯的疏離。有位學者說，「老布希告訴美國選民，他不迷戀宏偉的願景，這是老實話。從他的外交政策領導產生的結果並不是不幸的結果，但是卻不夠理想。他保衛了美國的利益，但是……決定將事先擬定的協議只延伸到東歐，而非俄羅斯，似乎又回到過去的時代。」[19]

曾經在卡特總統底下任職的布里辛斯基，後來稱讚老布希熟練的管理能力，但是指責他不能在外交政策上定下更大開大闔的目標。老布希並不願意遵循雷根宏偉的目標或言詞風格。他對世界新秩序的願景是溫和現實主義者的目標。當他一九九〇年至一九九一年組織同盟，要扭轉伊拉克對科威特的入侵時，他借用聯合國集體安全這套威爾遜式自由主義的言詞，但是他沒有發展新的或更寬廣的願景來制定新目標。布里辛斯基指責老布希沒有看到在俄羅斯推動民主的可能性這個願景，也沒有更努力推動困擾中東和穆斯林世界的以色列—巴勒斯坦和解，更沒有對北韓和南亞的核子擴散採取更強硬的立場。[20]

替老布希辯護的人則質疑，會有任何人能解決這些問題嗎？他們指出，老布希在一九九二年的馬德里會議上針對以巴爭議提出倡議，又說如果他能當選連任，可能還會有更多作為。批評者則抱怨，在如此罕有的流動性時刻，過分小心就是道德上的不作為。原本因為冷戰被凍結的事情，現在已經有可能化解。但是有那麼多球拋在空中，老布希必須擔心萬一漏接了任何一個要怎麼辦：柏林圍牆倒塌、核武議題、伊拉克入侵科威特、中國在天安門廣場鎮壓民眾、南斯拉夫陷入內戰等等，無一不是棘手問題。

老布希的目標是以謹慎小心為基礎。蘇聯衰落、歐洲崛起，製造出的情勢是老布希政府可以看到南斯拉夫聯邦的分崩離析，而得出結論：美國跟這個亂局不相干。這個立場並不是基於缺乏情境智商或對情勢無知，因為老布希政府許多高階官員對南斯拉夫相當了解。國家安全顧問史考克羅夫和副國務卿伊格伯格（Lawrence Eagleburger）都曾經派駐南斯拉夫工作。「國家情報評估」（National Intelligence Estimate）正確預測了南斯拉夫即將爆發內戰。但老布希的優先目標是，在不漏接任何一顆球的情況下，平安度過這個非比尋常而有利的外部變化。他決定讓歐洲人帶頭處理南斯拉夫問題，可是他們承擔不了這份任務。另一方面，我們也不敢肯定的說，如果美國採取更積極的角色就可以防止日後在波士尼亞的人道危機和種族滅絕大屠殺，不過柯林頓政府最終還是控制住慘劇。

根據幕僚的說法，老布希的領導風格是「躁動不安但又謙虛有禮，相當輕鬆又含蓄內斂……他與外國領導人交往的風格相當間接和迂迴，但是遲早會切中要點。他的管理作風也同樣頗有紀律。他會和高階部屬個別討論議題，清楚表達他關切的原則。但是他幾乎從來沒有明顯的干預內閣層級以下或甚至某些內閣層級的政策討論」。老布希周圍的顧問「都跟他一樣言詞低調、謹小慎微、注重細節……他們彼此相處和睦，也能控制自我意識」，並且不斷向他匯報，讓他了解情況。[21]他的政治組織技巧非常高明，他的國家安全顧問史考克羅夫是福特政府的老將，副總統蓋茲（Robert Gates）則以處事公正、審慎著名。

老布希的目標並不是轉型，但是他成功主掌了從雙極到單極世界的重大結構變化。如果任何政策稍有閃失，結果可能禍及全世界。批評老布希的人士抱怨，他面臨轉型大變化的局勢，卻沒有充分利用而有所建樹；捍衛者就問，一個可能犯了道德不作為但謹慎小心的領導人，和一個具有非凡遠見且願意冒更大風險的改造型領導人，哪一種較好？雷根有崇高的遠見，卻不重視細節，外交政策過程零亂無序，他有做得更好嗎？

資深外交官員勃恩斯（Nicholas Burns）認為，「老布希的成就是終結冷戰、統一德國、集合波斯灣戰爭同盟，於同一年擊敗海珊（Saddam Hussein），然後轉而在馬德里啟動以色列—巴勒斯坦談判，堪稱是過去五十年最成功的外交政策總統。」[22]老布希和史考克羅夫在一九九八年共同出版一本回憶錄，他們寫說：「在杜魯門的圍堵政策和歷任政府的點點滴滴耕耘之下，我們才能促成最後的成果。我們在就任時就看到未來大局嗎？不。我們沒看到，我們也無法計畫它……老布希外交政策的長期架構非常審慎：鼓勵、指引和管理變化，不去刺激反彈和鎮壓。短期而言，務實的做法包括相當數量的規畫和外交斡旋……我們避開了另一次《凡爾賽和約》的陰影。」[23]

在德國統一方面，老布希的確冒了大風險。當時，許多專家和外國領袖認為走得太遠了，因為兩德分立是戰後歐洲能夠穩定的因素。俾斯麥統一日耳曼眾多城邦之後的一百多年，歐洲最大的問題是，歐洲中央地帶存在幾個日耳曼國家才能吻合穩定的力量平衡？俾斯麥的回答是兩個（他保持奧地利獨立）；希特勒的答案是一個，因而鑄成大禍。一九四五年後的答案是三個，冷戰已經確立這個態勢。

然而，老布希支持東、西德再統一，拒絕英國首相柴契爾（Margaret Thatcher）、法國總統密特朗（Francois Mitterand）、史考克羅夫和其他人的建議，顯然是出於公平的意識，以及呼應他的好友西德總理柯爾的主張。一九八三年，還是副總統的老布希拜訪柯爾後認為，「德國是個堅實的民主國家，已經為了它的罪衍痛悔改過，『到了某個時間點，你就應該放過他』。」[24]一九八九年十月，柏林圍牆還沒打開，老布希回應柯爾的籲求，公開表示「某些歐洲國家對德國再統一不太放心，我對此沒有同感」。同時，他很小心，讓柯爾和其他人出面帶頭。一九八九年十一月，當柏林圍牆打開了（一部分是因為東德弄錯了），老布希被人批評他的反應太低調，但是他刻意選擇不去羞辱蘇聯。他回答說：「我不會捶胸頓腳，到圍牆上去跳舞。」——這是情緒智商和自我抑制的典範。而這有助於一個月後與戈巴契夫在馬爾他峰會的順利進行。[25]

老布希關切的是在劇烈變化中的世界避免災難。他和他的團隊在回應大半由不得他們控制的力量時，他以謹慎的態度設定平衡機會和現實的目標。譬如，一些批評者指責他一九九〇年在宣布對前蘇聯加盟共和國如烏克蘭提供道義上的支持時，沒有更加積極；或是在波斯灣戰爭沒有一鼓作氣的進軍巴格達，推翻海珊；又或者在一九八九年天安門廣場屠殺事件後，派史考克羅夫到北京，維繫與中國的關係等。在每種情況下，老布希都限制其短期目標，以追求長期穩定的成果。

老布希任期最後一年，他的五角大廈提出一份長期的「國防規畫指南」（Defense Planning Guidance），概述在變動時代維持美國霸權地位的目標。[26]由於外界批評它過於狂傲，白宮將口氣放緩和，但是目標維持不變，只不過老布希關於世界新秩序的言詞從來都只是虛有其表。老布希仍然專注於穩定，而非新願景。以道德而言，雖然老布希沒有大談強大的道德願景，自由派的現實主義者也很難做文章，說他應該少點小心翼翼、多冒點風險。他在任期即將屆滿前倒是放下謹慎的現實主義，例外的派出美國部隊確保糧食援助順利運到戰亂的索馬利亞以賑濟飢民。用他自己的話說，他認為這是「使用美國力量拯救『數以千計無辜者』的機會」。[27]諷刺的是，這項世界主義的人道干預卻為柯林頓引發了第一次重大危機。

就手段而言，老布希在國內外都尊重體制和規範，前往國會爭取開打波斯灣戰爭的授權，也向聯合國依據《憲章》第七章取得開戰決議案，日後他的兒子在二〇〇三年就沒有做到。雖然思想上是個現實主義者，老布希在戰術上可能是威爾遜主義者。就合乎比例原則和區分軍民目標使用武力而言，老布希在伊拉克只打了四天就停止地面戰事，一部分是出於人道關心伊拉克部隊遭到屠殺，另一方面是考量到不能讓伊拉克被慘打，以致不能平衡其鄰國伊朗相當具威脅的力量。他也擔心向巴格達進軍，會製造出泥淖，並瓦解他打造出來的同盟。新保守派批評者則認為他應該多冒一點風險以剷除海珊。

老布希也派兵介入巴拿馬，活捉諾瑞嘉（Manuel Noriega）總統，並將他送審判。這樣使用武力侵犯了巴拿馬的主權，但是鑑於諾瑞嘉販毒和侵犯人權等惡名昭彰的劣跡，出兵也有實際上的正當性。當老布希組織同盟要發動波斯灣戰爭時，他不僅和聯合國合作，也納入一些阿拉伯國家；其實他並不需要他們的軍力協助，但是把他們納入同盟，增添了正當性的軟實力。老布希小心的結合軟實力和硬實力，確立了一項在國內外都提升道德標準的政策，在未來也可以持續下去。

以結果而論，老布希是個優秀的受託人，能推進美國的利益，而且他這麼做時，把對外國利益的傷害降到最低。他很小心不去羞辱戈巴契夫，也設法讓俄羅斯政權過渡到葉爾辛。同時，並不是所有的外國人都得到適度的保護，譬如伊拉克的庫德族和什葉派穆斯林、中國的異議份子，或是陷入前南斯拉夫內戰的波士尼亞人，都不在老布希的優先考量之中。但是這些道德上的不作為並沒有超過他的道德作為。以全球公共財的議題而言，他推翻了雷根政府的環保政策，簽署《聯合國氣候變化綱要公約》（UN Framework Convention on Climate Change），這個公約後來演進成為二〇一五年《巴黎氣候協定》（Paris Climate Agreement）。

老布希還能夠多做些什麼？他在意向和願景上是否犯了不作為的重大過失？他或許有可能在第二任期做得更多；失去連任的機會乃是道德上的不幸。如果有更好

老布希
道德計分卡

良：○　　優劣並見：△　　劣：×

項目	評分
意向與動機	
道德願景：有吸引力的價值、良善的動機	△
審慎：價值和風險的平衡	○
手段	
武力：比例原則、區分軍民目標、必要性	○
自由主義：尊重權利和體制	○
結果	
受託：成功的為美國長期利益著想	○
世界主義：對他人傷害最小化	○
教育功能：誠實的；擴大道德討論	△

的溝通技巧，老布希或許能多做點事，教育美國民眾認識他們在冷戰之後面對的世界性質變了。但是鑑於歷史的不確定性，在動盪不安時代審慎小心或許是最重要的外交政策美德，太大的雄心或許會招致災禍。

*****

不經重大流血事件就終結冷戰，是美國外交政策的極大成就。自從一九四五年以來，美國生活在雙極力量平衡下，過去四十年，來自蘇聯的意識型態和核武威脅，一直是美國外交政策的核心議題。一九八〇年代開始時，「當前危險委員會」等著名的外交政策團體針對來自蘇聯的威脅日益增強提出警告。到了一九九一年底，蘇聯和冷戰俱已成為過去。原來蘇聯力量強大是個錯誤的認知。

一個帝國怎麼會不經戰爭就完結了？是運氣和技巧的結合。如果強悍的格別烏（KGB）首腦安德洛波夫沒因腎臟病去世，而且戈巴契夫沒在一九八五年出掌大權，蘇聯的威脅可能還會再持續十來年。雖然戈巴契夫的本意並非如此，他的「改革」（perestroika）和「開放」（glasnost）加速了蘇聯的覆亡。

有些人把此一成功的結果歸因於結合了雷根的強硬言詞和老布希的謹慎談判。

但是這樣的總結太過簡單。雷根初期的言詞或許使蘇聯領導人感到恐懼，但它增加了核武風險，回想起來，我們會了解到自己何其幸運，竟然避掉了一場危機。等到戈巴契夫上臺，真正攸關重大的是雷根個人及其談判技巧，不是他的言詞。而雷根奉為圭臬的道德願景，是他要終止冷戰以及去除核子武器的威脅。同樣的，雖然老布希上臺時關切雷根的企圖，老布希的情境智商、審慎小心，以及了解不讓戈巴契夫感到羞辱的重要性，才是重要關鍵。有人說，人生幸運比起技能更重要。幸運的是，雷根和老布希兩者皆具。

第七章

單極時刻

蘇聯在一九九一年十二月解體後，美國成為全世界唯一的超級大國。過去四十六年，世界政治結構為雙極，蘇聯的軍事力量平衡、限制了美國所能做的事。雖然共和黨一九五二年的黨綱宣稱要限制共產主義的擴張，一九五六年蘇聯軍隊鎮壓匈牙利反共起義時，艾森豪袖手旁觀；一九六二年甘迺迪以撤走北約組織部署在土耳其的飛彈，換來避開核戰危險；一九六八年詹森坐視蘇聯部隊粉碎布拉格的改革；而尼克森反轉美國對中國的政策，以便平衡蘇聯日益強大的力量。

到了一九九〇年代，這些限制開始放鬆。當老布希尋求聯合國安全理事會通過決議，以便擊退伊拉克對科威特的入侵時，戈巴契夫願意放棄蘇聯的否決權，允許聯合國的集體安全機制在一九五〇年韓戰以來首次得以運作。沒有緊張的軍事對峙，柏林圍牆在一九八九年拆了，而且德國統一在北約組織之內。雖然俄羅斯保有強大的核子武器，它的經濟和傳統軍事力量萎縮，華沙公約組織解散了，舊蘇聯失去一半的人口和經濟。柯林頓和小布希的外交政策選擇空間極大，包括可以選擇軍事干預。過去四十年，圍堵蘇聯是美國領導人訂定外交政策的指南針。冷戰一結束，「美國暨加拿大研究中心」（Institute of US and Canadian Studies）主任阿巴托夫（Georgi Arbatov）嘲弄的說，美國失去原本能幫助他們集中精力的敵人，因此承受痛苦。保守派專欄作家柯勞哈默（Charles Krauthammer）則歡慶美國外交政策此一時期進入「單極時刻」。[1]

現實主義的批評者認為阿巴托夫說的一點都沒錯。沒有了力量平衡，美國的傲慢再也沒有什麼約束。福山（Francis Fukuyama）一九八九年寫了一篇膾炙人口的文章〈歷史的終結？〉，它的題目就緊抓住此一氣氛。文章認為，自由主義在二十世紀上半葉擊敗法西斯主義，又在下半葉擊敗共產主義，除了自由民主主義之外再無其他意識型態可供選擇。一些批評家認為，「柯林頓、小布希和歐巴馬政府各自掌控美國外交政策八年，完全專注在追求『自由主義霸業』。」[2]

但是霸業的誘惑在起初其實是相當短促的。民意調查並沒有顯示希望更積極介入外交政策的民眾比例有什麼重大變化，直到二〇〇一年九月十一日恐怖份子攻擊事件的大震撼之後才改觀。柯林頓猶豫了兩年才處理波士尼亞的人道危機，小布希二〇〇〇年競選時強調的是謙卑的外交政策。密切注意外交政策的外交政策菁英圈中，某些現實主義者盼望退守與和平紅利；某些自由主義者則希望更趨向多邊主義，而新保守主義者希望對於干預減少限制，以利促進民主價值。柯林頓必須在這樣的脈絡中找到他的出路。

柯林頓——積極維持與創造和平，但對恐怖主義反應不足

柯林頓代表一個重大的世代變化。一九九二年尋求連任遭他擊敗的對手老布希於二戰服役參與作戰時，他都還沒出娘胎呢。後來柯林頓回避到越南服役。他也是第一個任期完全落在冷戰終結之後的美國總統。

柯林頓一九四六年出生於阿肯色州希望鎮（Hope）。他母親是個護士，繼父是個汽車銷售員。和雷根一樣，他有一些酗酒者子女身上常見的特質。他自己說過：「我長大後，比起一般人，對其他人的問題有更大的同理心……如果你生長的環境使你要竭力避免麻煩，你會試圖不惜一切代價求取和平。」[3]迫切需要讓別人喜歡他，有助於他養成令人印象深刻的政治技巧與吸引他人的能力。研究美國總統的專家葛林斯坦總結說：「除了徹頭徹尾的政治性，柯林頓還以其才智、活力和異常出色的口才引人注意。他很明顯嚴重缺乏自律能力，以致他陷入困境，但他在壓力下所展現的韌性與冷靜，使他能從許多困境脫身。」[4]

前任白宮顧問葛根說：「對敵人和朋友來說，柯林頓可謂集一切矛盾之大成於一身。他是有史以來眾多總統當中最聰明的人之一，卻做出某些最蠢不可及的

事……正如他所宣誓，他真心希望主持歷史上最道德的政府，卻成為歷史上第一位遭到彈劾的民選總統。」[5]雖然後來參議院沒有裁定柯林頓有罪，他對和白宮實習生柳文斯基（Monica Lewinsky）有染一事扯謊，卻耗費掉一年的總統任期，也造成不堪信任的氛圍。雖然他的性行為近似甘迺迪的不知檢點，但是他不知就新聞媒體報導方式已有改變做出調整，可說是政治判斷上的嚴重疏失。他後來對親信布蘭奇（Taylor Branch）解釋說：「我精疲力竭了。」[6]雖然就柳文斯基及其他事件，他向內閣和幕僚說謊，並沒有證據顯示這些事件對他的外交政策有直接影響。*然而，它們肯定占據掉他的時間，也降低對他施政的信任。

和卡特一樣的是，柯林頓入主白宮之前是個南方州州長。他自命是「新民主黨人」，但他從未像卡特那樣，成為華府的圈外人。柯林頓就讀喬治城大學，拿羅德

* 柯林頓在公開場合很擅長區隔事物、切中不同主題。柳文斯基醜聞喧騰報章後不久，我有一回列席柯林頓在白宮和英國首相布萊爾（Tony Blair）的會議。會議小休時，柯林頓移到房間一角，和他的政治顧問交頭接耳。然後他可以若無其事，回到會議桌恢復條理分明的談話。這是非常了不起的本事。

獎學金到牛津進修，又從耶魯法學院畢業。他先擔任阿肯色州聯邦參議員傅爾布萊特的幕僚，然後回鄉服務。他第一次當選阿肯色州州長時年僅三十二歲。雖然外表看起來很像，但一細加研究，柯林頓和卡特截然不同。兩人都有很高的傳統智商，但是在氣質和情緒智商上大不相同。卡特是個嚴謹的道德主義者；柯林頓卻是務實派。柯林頓有第一流的政治技巧和感召別人的風格，使他成為杜魯門之後，第一個當選連任的民主黨籍總統。卡特缺乏這些技巧。有人更進一步說，卡特敢拂逆民意，而柯林頓只知順著民意走；不過，這樣說太低估柯林頓，他支持《北美自由貿易協定》（NAFTA），最後也干預了波士尼亞，這兩件事當時的民意可都不支持。

柯林頓就職時，預備當個「積極進取的多邊主義者」，要增強聯合國的維和行動。他的第一任國家安全顧問雷克（Anthony Lake）自稱是「務實的新威爾遜主義者」。可是這個願景很快就向索馬利亞的嚴峻現實屈服，由於在當地的任務偏離使命，使得老布希的人道干預由為飢餓的難民提供食物，變質為制止敵對的軍閥彼此交戰——他們試圖控制糧食分配。然而，一九九三年十月在摩加迪休的一項任務失敗，造成十八名美軍被殺，一人被生擒抓去遊街，美國國內輿論強烈主張撤軍，柯林頓樂於從命，只不過訂下了六個月的時限。他也下令進行一項內部研究，以縮減對聯合國維和行動的支持，對於未來的維和行動設下一些門檻，譬如要有清晰的目標、確切的退兵日期，以及交戰各方同意停火等等。就任不到一年，柯林頓的多邊主義變得較不獨斷。

但是，對參加聯合國維和行動設立新方針，並沒有解決自由派干預主義的困境。隔不到幾個月，一九九四年四月，非洲又爆發另一場危機。盧安達境內爆發激戰，最後死了八十萬人，主要受害人是少數民族圖西族（Tutsi）。聯合國安全理事會（包括美國在內）表決通過，要把駐守在首都吉佳利（Kigali）區區二千五百人的維和部隊撤走大多數，而國務院很小心，避免把殺戮事件稱為「種族滅絕」，因為這一來世界主義者可能就會要求介入。美國國會不肯支持派出美軍部隊，儘管立刻行動以支持聯合國維和部隊不可能拯救所有的受害人，但它可能搶救一些人命。不過，如此溫和的方案都沒有試一試。不介入盧安達，就是因為在索馬利亞人道干預失敗的結果。日後柯林頓說，面對種族滅絕大屠殺竟然沒有作為，是他最嚴重的錯誤之一。[7]他的道德錯誤是犯下不作為的罪衍，而不是從單極時刻產生的傲慢。

讓情勢更複雜的是，柯林頓同一時間還得費神處理另外兩件干預案。一九九三年十月，海地發生軍事政變，推翻民選總統阿里斯蒂德（Jean-Bertrand Aristide），造成難民湧入美國，社運團體要求美國介入海地亂局，驅逐軍事執政團，協助阿里斯蒂德復職。柯林頓派出一艘船、滿載工程人員和公民事務專家前往海地，不料在首都太子港遭遇有組織的暴民示威，灰頭土臉的折返。一年之後，柯林頓不理會國內的普遍民意，採取堅定立場，運用談判以及威脅要空襲（飛機一度已經升空），成功促使軍事執政團下臺。阿里斯蒂德復位了，不過美國的占領（和自一九一五年以來曾有過的干預一樣無濟於事）無法解決海地的長期問題。

在波士尼亞方面，柯林頓也接手另一個爛攤子。老布希把內戰交給歐洲盟國去解決，卻沒有成功。有些政治團體呼籲美國干預，但是美國廣大民意仍有疑慮。柯林頓上任後頭兩年相當煩惱當地的人道情況，但是很謹慎。他派國務卿克里斯多福（Warren Christopher）到歐洲去，但是歐洲盟邦很失望，因為克里斯多福並沒有比老布希政府更積極想擔負起領導大任。美國促請盟邦解除聯合國不讓軍火運給被圍打的穆斯林少數民族的禁運，以及允許北約組織空軍對付濫炸塞拉耶佛城平民百姓的塞爾維亞部隊。但是歐洲盟邦擔心塞爾維亞人會反撲，轉而攻擊維和部隊，把他們當作人質。美國民意仍然分歧，一直要到一九九五年七月，塞爾維亞人在斯雷布雷尼察（Srebrenica）屠殺受聯合國保護的八千名穆斯林男人和男孩，柯林頓才批准北約部隊空襲塞爾維亞部隊。這次動武為後來的達頓和平談判（Dayton peace negotiation）與北約部隊的部署鋪路，以維持波士尼亞不穩固的停戰協定。

四年後，科索沃人暴動，要求脫離塞爾維亞獨立，他們遭到鎮壓和種族清洗。國務卿歐布萊特（Madeleine Albright）的外交斡旋沒有效果，俄羅斯擋住安全理事會，不讓它通過依據《聯合國憲章》第七章授權使用武力的決議（與一九九〇年肯配合的態度大大相反）。柯林頓只好同意北約組織空襲塞爾維亞，但不肯派出地面部隊。他認為，即使在國際法上有疑義，基於人道而干預具有道德正當性。一連三個月，科索沃戰爭似乎陷入僵局，也使美俄關係緊繃，然後葉爾辛（Boris Yeltsin）回心轉意，對他的塞爾維亞盟友米洛塞維奇（Slobodan Milosevic）施壓，要他投降。

鮑爾將軍此時正要結束他的參謀首長聯席會議主席任期，他以前在雷根和老布希政府任職時提出「鮑爾主義」（Powell Doctrine），力主動用武力一定要謹慎。柯林頓上任初期，歐布萊特擔任駐聯合國大使，她挑戰鮑爾，質問他，空有世界上最強大的兵力，卻不用它，能有什麼助益？[8]雷根動用軍事干預對付加勒比海小國格瑞那達，老布希也在巴拿馬動用武力，柯林頓雖然相當不願意，可是他公開動用武力執行人道干預的次數，卻比起兩位前任總統加起來的次數還多。這個問題在國內和國外引起的爭議仍未歇止。在柯林頓歷次干預行動中，就改善具有中度風險和代價的條件而言，海地和波士尼亞可能被認為是成功的。科索沃就人道救援論是成功的，但是現實主義者抱怨它影響美俄關係。索馬利亞算是失敗，但它是承接前人的問題，至於盧安達則是敗在不作為，並非採取行動而失敗。

柯林頓從來沒有對後冷戰世界揭示完整的願景，但是他「後來擁抱了非常類似老布希時期訂定的戰略」。一九九三年九月，國家安全顧問雷克宣稱，「這個時代的關鍵特徵就是，我們是主導的力量」，必須「防止激進的獨裁者威脅後冷戰的世界秩序，而且要積極推動自由市場和民主」。[9]柯林頓也替它貼上自己的品牌，稱之為「交往及擴大」（engagement and enlargement）。[10]他的意思是，與舊敵人有所往來，同時擴大自由市場和民主的領域。有位分析家對柯林頓的大戰略下了結論：「政府希望支持擴大民主，但是要使用市場力量而非軍事力量來達成它。」柯林頓也警告說：「我們不能當世界警察。」[11]

柯林頓非常倚重經濟改革。他審慎的財政政策和國內經濟倡議為美國在全球化經濟當中的繁榮奠定了基礎，而且他不惜違逆民意（以及民主黨許多顧問的意見），透過從老布希繼承過來的「北美自由貿易地區」的立法，以及完成烏拉圭回合的降低關稅談判，並啟動「世界貿易組織」（World Trade Organization）。他的財政部也支持國際資本市場的自由化，不過一些批評者認為他推動解除管制時應該要更小心。

柯林頓政府和國際貨幣基金密切合作，以應對一九九七年的亞洲金融危機。亞洲政策涉及與中國接觸交往，包括增加貿易和投資，以及促進中國加入世界貿易組織。柯林頓政府沒有嘗試創造一種冷戰政策圍堵崛起中的中國（鑑於其他國家的態度，即使他想要這麼做，也不太可能成功），他希望把中國納入自由主義的國際秩序。隨之而來的是，批評者指責柯林頓太過天真，竟然相信貿易和成長可以改變中國的政治。固然柯林頓是過度樂觀，認為貿易和成長可以使中國自由化，他的政策可不是如表面這樣單純。在中國受邀加入世界貿易組織之前許久，柯林頓的政策始於務實的權力平衡，以重申及強化《美日安全保障條約》，做為一項保險政策。一九九六年，柯林頓和日本首相橋本龍太郎在東京聯合聲明，宣布美日安全關係不是某些人所認為的冷戰遺跡，它將提供基礎確保亞太地區的穩定，並證明這是筆好投資。柯林頓的亞洲政策結合自由主義的對中國開放和交往，以及現實主義的與日本同盟，來確保中國不至於成為區域的惡棍。[12]柯林頓的國防部長培里（William

Perry）稱這個做法是「創造環境」節制中國國力的長期崛起。

柯林頓也為維持和平做出重大努力。一九九三年，他在白宮接待以色列總理拉賓（Yitzhak Rabin）和巴勒斯坦領袖阿拉法特（Yasir Arafat），後來又前往約旦，鼓勵約旦和以色列簽訂協定。如果拉賓沒有在一九九五年十一月遭行刺喪生，說不定以色列和敘利亞也會達成協定。柯林頓任期最後一幕外交大戲是把阿拉法特和以色列總理巴拉克（Ehud Barak）請到大衛營會談，可惜調停沒有成功。柯林頓覺得成功在望，可是最後阿拉法特告訴他，若和以色列達成妥協，等於定下阿拉法特的死刑，把他交給巴勒斯坦激進派制裁。柯林頓促進北愛爾蘭的和平進程就比較成功；一九九九年，印度和巴基斯坦在邊界卡吉爾（Kargil）發生衝突，他和巴基斯坦總理謝里夫（Nawaz Shariff）的對話可能有助於避開一場印巴戰爭。當北韓一九九四年違反《核不擴散條約》的承諾時，柯林頓成功結合威脅和談判，凍結了他們的鈽生產。

柯林頓的外交政策直到今日仍存在爭論的，是他對俄羅斯關係的處理。布里辛斯基後來責備他沒有發起更強大的努力來支持俄羅斯的經濟，和發展民主體制。俄羅斯是柯林頓的高度優先事項，他個人花了不少時間在這上面。他努力和葉爾辛發展交情，提供援助和鼓勵投資，並且把七國集團此一先進經濟體組織擴大為八國集團，邀請俄羅斯加入。[13]但是經歷七十年的共產主義，俄羅斯已沒有經濟或政治體制可以成功吸納類似馬歇爾計畫的援助項目，隨著貪瀆盛行，以及葉爾辛在一九九〇年代這十年間身體上和政治上日益衰弱，他變得太疲弱，不堪做為重振國勢的礎石。到了二〇〇〇年，俄羅斯政治動盪加劇，包括殘酷鎮壓車臣（Chechnya）的叛變，葉爾辛轉向格別烏出身的普丁，提拔他為接班人，普丁再轉過來保護他，並恢復秩序。

另一項批評針對的是柯林頓倡議擴大北約組織，納入前華沙公約成員國為新會員。五角大廈發展出一套溫和的「和平夥伴關係」計畫（Partnership for Peace），促使昔日的敵國和北約組織密切合作，但不正式加入北約組織。然而，柯林頓在一九九五年決定要更進一步，北約組織在一九九九年接受波蘭、匈牙利和捷克斯洛伐克為正式會員國。有些人，譬如前任駐北約組織大使韓特（Robert Hunter）力稱，這是「總統的領導力——在國內，也在國外——可以發揮大作用達成國家更大目的的極佳案例」。[14]

柯林頓的捍衛者相信，這個行動在中歐創造一個穩定的架構，俾便民主過渡，否則它可能成為一個不安全和動盪的地區。他們指出，俄羅斯並沒有被孤立，而且還應邀派官員和外交官到布魯塞爾和北約組織並肩合作。另一方面，諸如圍堵戰略創始人肯楠之類的批評者則說，北約擴大會激怒俄羅斯，讓剛失去帝國的這個國家恐慌。普丁和其他俄國人日後也指北約東擴證明西方的背信。但是有位白宮官員日後回憶說：「我們對那些年出現的機會有不同的看法——這是統合歐洲的機會，有助於使東歐和西歐一樣民主。透過北約和歐盟東擴，我們能夠解放、然後保護一億多的東歐人民。」[15]

如果北約東擴未能穩定中歐，我們要反問一個困難的問題，那就是今天的世界會是什麼模樣？冷戰結束時，米爾斯海默等現實主義學者預測，中歐將「回到未來」，再次成為權力真空，以及俄羅斯和德國傳統競爭對手之間的衝突地區。[16]但是這個情況並沒出現。而鑑於俄羅斯國內的政治和經濟問題，它無論如何還是會在相同的地方陷入困境嗎？沒有人敢打包票。前任駐俄羅斯大使伯恩斯（William Burns）認為，俄羅斯破碎的經濟「在一個世代之內無法修復，更不用奢望幾年內會有改善。而且它的問題，外人也無從代勞修復」，但是「北約東擴還言之過早」，如果在和平夥伴關係計畫下長期投資會更有意義。[17]

經常被認為是柯林頓外交政策失敗的另一個領域是他對恐怖主義的反應不足。來自蓋達組織（Al Qaeda）的威脅出現於一九九三年，它最先攻擊了紐約世界貿易中心，然後在一九九〇年代日益發展，進而攻擊美國派駐肯亞和坦桑尼亞的大使館，再於葉門攻擊美國船隻。一九九八年八月，柯林頓針對阿富汗和蘇丹境內的蓋達組織目標發動飛彈攻擊，另外派兩艘潛水艇永久性常駐印度洋，必要時幾小時內就可以用巡弋飛彈攻打阿富汗境內的目標。（派遣無人機快速打擊的技術此時還不成熟。）因此要說柯林頓忽視問題，是不正確的。他對後繼的小布希總統提出各種威脅的清單時，蓋達組織的威脅列在接近最頂端的位置。縱使如此，批評者認為他的反應不足。有位傳記作者說：「領導人的職責是洞見時代的特性，以生動鮮明的文字描述時代的特性，號召人民迎接挑戰。雙子星大樓起火……從這一幕來看，柯林頓的領導只能被評為十分失敗。」[18]同時，新聞界對柯林頓在一九九八年發動的巡弋飛彈攻擊也抱持懷疑態度，而小布希政府直到九一一攻擊事件之前也沒把蓋達組織擺在優先位置。

我們如何總結柯林頓外交政策的道德表現？就意向和道德願景而言，柯林頓拿擴大市場經濟和鼓勵民主演進的所謂「交往與擴大」概念，來取代冷戰的圍堵策略。就個人動機而言，形容柯林頓陷入後冷戰的傲慢，也不正確，雖然政府裡有些人高估了美國的實力。他在執行方面相當謹慎，比較依賴經濟改革和體制，而不是軍事力量。當他的確動用到武力干預時，他很審慎的運用於人道目的，雖然他的目標也包括推動民主。他的外交政策主要目標是維持和平與創造和平。

就手段而言，柯林頓使用武力合乎比例原則，大體上也有分寸，能夠區分軍民。批評者認為，他應該更積極作為，拯救盧安達的老百姓，除了重大軍事行動，他有許多替代方案可以考量。有些批評者認為他可以動用更多的武力對付蓋達組織，或是對付北韓，不過成功的可能性其實並不清晰。就自由派手段而言，柯林頓尊重體制和人權。雖然在索馬利亞事件之後，他很快就緩和了他積極作為的多邊主義，他繼續支持聯合國，不過他也決定逕自行動，不等候以《聯合國憲章》第七章做出的決議，來正當化他在科索沃的行動。他透過發展出《北美自由貿易協定》和世界貿易組織來強化自由主義國際秩序的體制。當他把北約組織擴大、納入三個原屬華沙公約的國家時，他也設法開發新體制與俄羅斯往來，努力把俄羅斯拉進八國集團。一般而言，他偏好外交手段，以致他在調停北愛爾蘭、印度—巴基斯坦和中東的紛爭時，有相當的成績。

柯林頓
道德計分卡

良：○　　優劣並見：△　　劣：×

項目	評分
意向與動機	
道德願景：有吸引力的價值、良善的動機	○
審慎：價值和風險的平衡	○
手段	
武力：比例原則、區分軍民目標、必要性	○
自由主義：尊重權利和體制	○
結果	
受託：成功的為美國長期利益著想	○
世界主義：對他人傷害最小化	△
教育功能：誠實的；擴大道德討論	△

以結果而論，柯林頓在促進美國利益時是個優秀的受託人。在他任期屆滿時，美國和全球的經濟強勁，與歐洲和日本的同盟加強了，與俄羅斯和中國這兩大國家的關係也合理，另外國際體制也加強了。他也開始努力要處理氣候變遷和飛彈擴散的問題。唯一的例外是，面對蓋達組織的成長，他的反應是否夠迅速？

柯林頓的世界主義做法包括關切是否傷害到別人，這使他成功的有限度干預海地和波士尼亞，但是柯林頓在盧安達種族滅絕事件上太過小心。美國派部隊進去並不能解決問題，但是他應該可以再有所作為，支持聯合國的維和行動，而不是在一九九四年撤出維和部隊。以結果而論，柯林頓不足之處在於教育效果方面。他不僅沒有闡述完整的後冷戰世界願景——正如布里辛斯基所指責，而且在私德方面不說實話，傷害到對他執政的信任，而在擴大道德討論方面大為失敗。縱使如此，他的整體成績算是相當好。

小布希——啟動全球對付恐怖主義的戰爭

和柯林頓一樣的是，小布希也出生於一九四六年，先當了南方德州州長，再進取白宮寶座。他也和柯林頓一樣，避開參加越戰。但是他和柯林頓不同的是，他出身富貴家庭，先後從安多華中學、耶魯大學和哈佛商學院畢業。他在一九七八年參選國會眾議員，沒有成功，爾後在一九八八年幫他父親競選總統。雖然他講話有德州人的鼻音，行為舉止也有德州人獨特的風格，但他實際上並非華府的圈外人。當然他身為新任總統兒子的情況是罕見的。他父親有時候會開玩笑的喊他「昆西」。*

雖然感情上十分親近父親，小布希很渴望和父親不一樣，也想擺脫家族出身美國東岸的背景。他在上任初期曾經對眾議院多數黨（共和黨）領袖表示：「我可比家父更像雷根。」[19]一部分原因是，他在德州密德蘭（Midland）長大，而不是在康乃狄克州長大，但是我一度請教史考克羅夫，為什麼小布希不經常聽父親的忠告，他告訴我，從佛洛伊德或莎士比亞的作品去找答案。做兒子的尊敬父親，但是自認為是更高明的政治人物。他會冒更大的風險，而且不玩「小球」。根據老布希傳記作者米欽（Jon Meacham）的說法，「認為他們的故事——就像大多數父親和兒子的故事一樣——也不受情感的複雜性影響，未免失之天真。不過，小布希總統對他

* 譯注：美國建國初期，約翰・亞當斯和約翰・昆西・亞當斯父子先後當過總統。

很少向父親請益的說法提出抗議。」[20]

小布希和柯林頓、歐巴馬不同的是，年輕時相當懶散、不用功讀書。用葛林斯坦的話說：「大學畢業後二十年的大部分時間，他明顯是一個超級有成就的父親底下沒有成就的兒子。他喝酒無度，抱著一種漫不經心的生活態度，三不五時會因喝酒過度而擦碰受傷。」[21]後來在一九八六年，小布希四十歲那一年，他戒酒成功，成為重生的基督徒。他太太說：「喬治這個人很衝動，做許多事都很過頭。喝酒過度不是好事……有了兩個小嬰兒還嗜酒的確不好。」[22]因此，除了急躁，小布希也證明了當他做出重要的道德選擇時，他可以十分自律。

小布希經常被人嘲諷為不夠聰明，而且當總統卻大權旁落，但這都是政治迷思。和一般的認知相反，小布希並不缺乏智慧，但是他很少在他感覺舒適、安心的領域之外進行探索。英國首相布萊爾的觀察是，「喬治．布希很直率、直接，也很聰明……喬治有偉大的直覺本能。但是他的直覺比較不在……政治方面，比較側重在他認為孰是孰非。它沒有透過條理分明的分析，或充滿智慧的表達出來，純然就直接說出來了。」小布希的求知欲有限，但是對他深有感觸的問題，譬如戰爭中的人員傷亡和指揮統御，就會窮追到底。[23]他在任期內一共讀了十四本有關林肯總統的傳記。[24]小布希被人形容為具有黑白分明的世界觀，頑固的基於他的核心道德直覺願意冒高風險。依據助理費佛（Peter Feaver）的說法：「如果他把一件事情徹底想透了，而且認為他做的是對的，天哪，他會不顧別人怎麼說，全力去做。」這些特質幫助他不理顧問和國會的傳統智慧，二〇〇六年在伊拉克增兵，增強攻勢。[25]小布希是決策者。

小布希做為領導人失敗的地方是他不擅長在他的團隊裡組織妥當的訊息流通。儘管具有哈佛商學院企管碩士的教育背景，小布希的管理失敗產生嚴重的道德後果。組織學理論家馬區（James March）曾經說，建立管理制度就像編劇為一齣戲撰寫舞臺指示，幫助演員知道何時該進場、何時該退場。領導人必須創造和維持這種制度。若無這種制度，會造成占領伊拉克期間產生的那種混亂。軍事征服容易，占領則很困難，管理不好就有嚴重後果。和一般傳聞相反：副總統錢尼（Dick Cheney）並沒有控制小布希，而且小布希有時候似乎失去控制。他老爸就說：「最大的錯誤是讓錢尼把自己的人馬放進國務院。我認為他們做得過頭了。但是這不是錢尼的過錯，這是總統的過錯。」[26]

小布希在德州因為擁有德州遊騎兵（Texas Rangers）籃球隊而發了財。一九九四年，他參選州長，一般公認他在職表現良好，有很好的社交和政治技巧，特別是在小型場合時。他有跨黨派合作愉快的聲名。雖然面對大群聽眾時，他不是善於啟發人心的演講者，然而他在小群體和朋友中和藹可親、風度翩翩。二〇〇〇年，小布希打出「悲憫的保守主義」（compassionate conservatism）為政綱，競選總統。他反對全球擴張的外交政策，批評柯林頓動用武力在其他國家搞建國計畫。他提出警告，反對積極主義和傲慢自大，他講了一句名言：「如果我們是個謙虛的國家……他們會歡迎我們。」小布希在全民選票上輸給對手高爾副總統一個百分點，但是當聯邦最高法院在二〇〇〇年十二月裁定佛羅里達州由他勝出，他拿下選舉人團多數票，當選總統。

小布希上任後頭八個月，大致上繼續他低調的競選主題，並不傲慢。小布希剛開始時是現實主義者，十分授權給他經驗豐富的外交政策團隊——副總統錢尼、國防部長倫斯斐（Donald Rumsfeld）和國務卿鮑爾。他們過去一起在前共和黨政府中任職，但各持己見，萊斯出任國家安全顧問，肩負調和他們的艱巨任務。她日後形容政策過程是「一個互不信任、功能失調的循環」（a cycle of distrust and dysfunction）。[27] 錢尼自己有一組龐大的幕僚，又有特權隨時可接觸總統，倫斯斐也可以隨時找錢尼交換意見，因為當年在尼克森政府時，錢尼還是倫斯斐的下屬。小布希上任後的頭八個月，沒把蓋達組織的威脅擺在優先事項，即使柯林頓已經提醒他蓋達組織的問題，他也把柯林頓的反恐事務協調官克拉克（Richard Clark）留任原職。這段期間，和伊拉克開戰根本不在議程上。

二〇〇一年九月十一日的恐怖攻擊大大改變了小布希和美國的外交政策。歷史學家列佛樂（Melvyn Leffler）歸納說：「對小布希政府外交政策的任何評估都不應該低估恐懼和焦慮、內疚和責任感，影響政府應對全球反恐戰爭的心態和心理之程度。」[28]他們預期隨時會再發生第二次攻擊。謠言瘋傳。有人利用裝有炭疽疫病毒的信件攻擊，*更加劇了民眾和政府對生物武器的恐懼。經過最初的震驚之後，小布希在九月十四日發表了相當成功的演講，蓋洛普民意調查顯示，他的支持率由五一%激升至九〇%，美國人民一如往常，一旦出現危機就會全民團結支持總統。[29]小布希宣布啟動「全球對付恐怖主義的戰爭」（Global War on Terrorism），他派遣部隊到阿富汗擊潰塔里班／神學士（Taliban）政權，普獲全民支持。他的行動更獲

---

* 這些攻擊日後追查出來，是一個心懷不滿的美國科學家幹的，但是當時並不知道。

得強化，因為美國外交運作成功，取得聯合國和北約組織的支持。

小布希二〇〇二年一月在國情咨文中宣布，他不會坐視最危險的政權去取得最具殺傷力的武器，他又指名伊拉克、伊朗和北韓是「邪惡軸心」（axis of evil），即使這些國家根本沒有同盟關係。同年稍後，他發布《國家安全戰略》，為先制攻擊找出合理基礎。這些國家與蓋達組織發動的攻擊有關聯的證據非常少，但是言之鑿鑿說伊拉克擁有大規模毀滅性武器的錯誤情報，在當時普遍被人們所相信。雖然國務院和五角大廈之間存在重大分歧，攻打伊拉克的規畫似乎已於二〇〇一年底開始，只不過直到第二年才做出決定。

當在聯合國的外交斡旋未能爭取第二次安全理事會授權動用武力時，美國和英國逕自就在二〇〇三年三月二十日發動入侵伊拉克的行動。副總統錢尼在取消進一步爭取聯合國支持時宣稱：「我們真正需要的、唯一的正當性，來自M1A1坦克車的支持。」[30] 軍事作戰相當成功，小布希五月一日宣布主要的戰鬥任務終止，但是他的政府直到任期屆滿前還深陷在伊拉克。美國外交政策不乏傲慢的心態——越南就是實際例證——但是隨著雙極世界終結，危險日增，在九一一事件後的恐懼和憤怒更是增強了它。一些支持政府的新保守主義者已經宣布要打敗伊拉克「易如反掌」。被問到會有時間長、代價高、流血犧牲大的危險時，錢尼否認會有這種可能性，宣稱「我們將被當作解放者大受歡迎」。[31]小布希在二〇〇二年也解釋說：「我們永遠都無法讓所有人就武力和使用武力達成全然一致的意見。但是，行動──有自信的行動會產生積極成果──它提供一個順水而下的溪流，讓勉強的國家和領導人可以追隨上來。」[32]擊敗海珊的部隊經證明相當容易，但是對善後的規畫卻太鬆懈。如此不審慎的評估和準備變成罪無可恕。

沒有取得聯合國決議的正當性就入侵伊拉克，以及對占領的準備工作做得極差，可以跟越戰並列為大美盛世時期外交政策的重大災禍。二〇一六年齊爾考特調查報告（Chilcot Inquiry）*針對英國同盟的角色得出的結論是，二〇〇三年入侵伊拉克「不對，也不必要」，而且「就後來的準備而言，我們很難誇大它的糟糕透頂」。[33]大約四千五百名美國士兵陣亡，三萬兩千人負傷，另外還有不計其數的伊拉克人傷亡。把長期醫療健康和其他費用計入的話，伊拉克（和阿富汗）戰事的總

* 譯注：英國首相布朗（Gordon Brown）在二〇〇九年指派齊爾考特（John Chilcot）爵士主持調查英國在二〇〇三年決定與美國一同攻打伊拉克的決策過程。這項調查報告直到二〇一六年才對外公布。

成本據估計超過五兆美元，其中大部分是由增加國債來支付。[34]海珊是被推翻了，但是在隨後的混亂中，蓋達組織及後來的伊斯蘭國（Islamic State）卻坐大了。伊朗在波斯灣的地位也加強了，隨著對囚犯動刑的畫面傳遍全球，美國名譽大損。甚且，伊拉克使小布希政府分心，無暇顧及在阿富汗或北韓情勢惡化的嚴重問題——北韓在二〇〇六年第一次試爆核子武器。

歷史學家列佛樂的結論是：「力量強大的意識促使美國官員採取行動……美國力量看來極為強大；美國於阿富汗迅速取得勝利，消除了對美國有能力在世界各地展現其實力的任何質疑。」傲慢是個問題，但不是源自於威爾遜主義的自由派思想。「無論如何誤判，原本的用意是要增強國家安全，剷除桀驁不馴、凶猛的敵人，而不是促進民主或改造中東……雖然官員們扭曲並誇大了有關伊拉克擁有大規模毀滅性武器的證據，但他們真心相信海珊確實擁有這種武器。」言詞上大肆誇大民主和建設國家，是後來的事情，是沒有找到大規模毀滅性武器以及占領變成愈來愈棘手的問題之後的事情。[35]

小布希政府裡不同團體有不同的動機要發動攻打伊拉克，包括：現實主義派擔心海珊可能發展及使用核子武器，現實主義派希望增強美國在中東的霸權地位，以及新保守主義派關心海珊對人權的侵犯，以及他們相信中東地區民主化可以摧毀恐怖主義的根源。隨著戰爭在一般民眾以及盟國之內變得日益不受支持，小布希轉向威爾遜式的道德訴求，試圖事後自圓其說。

小布希在二〇〇五年一月第二次就職演說中，宣示美國外交政策追求自由的議程，這可能有助於鼓勵在一些國家發生「顏色革命」。二〇〇六年五月在西點軍校畢業典禮上的演說，他宣示「在自由的許諾推及到每個國家的每個人民之前，美國不會休息」。[36]美國民意對於如此一個模糊的目標意見分歧，而共和黨在二〇〇六年秋天期中選舉輸掉國會，二〇〇八年又輸掉白宮。儘管有這些挫敗，小布希個人仍有勇氣在二〇〇七年增兵，縱使沒能結束戰爭，但有助於穩定軍事情勢。透過這麼做，違逆國會和媒體盛行的意見，他設法避免很可能會帶來更大災難的失敗。小布希卸任時，民意支持度非常低，不過他相信歷史會還他公道，有如杜魯門一樣。（他在C-SPAN於二〇一七年所做的美國總統歷史性評價調查中，排行第三十三名。）鑑於無可避免的歷史修正主義，以及許多總統的聲望在世代變化後會上升的趨勢，小布希的地位在長久以後也有可能上升。但是以伊拉克挫敗的規模如此之大，他不太可能會像杜魯門晉升到前十大總統排行之列。

在評斷小布希外交政策的道德性時，他以有吸引力的道德價值表述願景，這一點有不錯的得分，但是他的個人動機卻因其缺乏耐心，以及與父親的複雜關係而相當費解。他在上臺執政初期沒有清晰的願景，但是二〇〇二年的《國家安全戰略》後來被稱為「小布希主義」，它宣布美國將「找出並消滅恐怖份子，無論他們身在何處，並連同支持他們的政權一併處理掉」。美國不會坐等遭到攻擊後才行動。小布希後來調整他的「主義」，把他所謂的「自由議程」加進戰略裡。[37]解決恐怖主義問題的根源需要到處傳布民主，即使這些地方不在美國權力控制範圍之內。

小布希的願景問題不是出在價值，而是它不能平衡價值與風險。小布希攻打伊拉克表面上是要改變伊拉克政權，去除海珊動用大規模毀滅性武器的能力。雖然小布希沒能質疑情報或管理過程，卻不應該責怪他處理情報錯誤、認為海珊擁有這些危險武器，因為其他許多國家也有相同的估計。固然事後沒能找到這些武器，美軍迅速推翻了海珊政權。不過海珊垮臺，並不能稱得上任務完成，而對情境的了解不足，加上規畫和管理的失當，傷害了小布希的目標。

小布希被形容為執著於要成為改造型總統，而不是像柯林頓這樣安於現狀的經營者。情緒智商的問題造成小布希情境智商的不足。史考克羅夫在二〇〇三年提到，外交政策的主要差異不在自由主義和保守主義之分，而在傳統派和改造派之分。[38]儘管有父子血緣關係，小布希的外交政策和他父親的外交政策大不相同。我們前文提到，小布希相似於威爾遜，猶勝過相似於他的父親。

威爾遜和小布希都非常虔誠信教，具有強烈道德意識，都在未得到過半數全民票的情況下當選總統，上任之初專注於國內問題，沒有什麼外交政策願景。兩人傾向於看待世界為黑白分明，而不是具有灰色地帶。兩人都展現出自信心，以大膽的願景回應危機，並能堅持到底。國務卿鮑爾形容小布希為：「他知道自己要做什麼，他只想聽到如何達成這件事情。」[39]

小布希的沒有耐心妨礙了他本身的學習，以及他教導民眾的能力。有位新聞記者曾經和他有長時間的接觸，他說，小布希「具有轉型改造的特質。他喜歡進行大改組。這是他進軍攻打伊拉克的關鍵因素」。[40]沒有耐心的脾氣也導致組織散漫、功能失調。即便如此，小布希有能力在職學習，他第二任期的表現就比第一任期好了許多。「小布希做為外交官和政治家的表現趨於成熟後，他變得在伊拉克、北韓等議題上，比較不像第一任期那樣使用過度激烈和道貌岸然的言詞，而比較專注於重建信任的需求，以及讓傳統美國夥伴放心。總統累積了經驗，也從自己早先的失誤學習，他變得更願意要求政府內部要守紀律、承擔責任。」[41]

我們檢視小布希外交政策的手段，發現他在阿富汗使用武力合乎比例原則，也能夠區分軍民目標，但是在伊拉克卻完全不符這兩項標準，伊拉克平民的死亡人數就非常高。他也不太尊重自由主義體制和權利。他早先運用聯合國來正當化他在阿富汗用兵，吻合這些標準，但是到了伊拉克，他就不及格。[42]固然這兩個國家都舉辦選舉，有意義的民主條件則付之闕如，投票和全民民主的運作並不足以吻合自由主義正當性的標準。

在焦慮會發生第二次攻擊的環境下，採用水刑、拷打和將犯人引渡，是可以理解的，這和我們在第二章討論弄髒手的兩難時，所用到的定時炸彈滴答響的比喻相彷。但是小布希遭指控沒有做出充分努力去評估中央情報局願意核准使用的方法的有效性。「他在第二任期內限縮『強化偵訊計畫』（enhanced interrogation program），小布希本人至少暗示了他支持批評者認為他在第一任期的做法太過分。」[43]小布希和他的官員也沒有謹慎評估情報，反而誇大情資以便動員民眾情緒支持對伊拉克發動戰爭。[44]他們告訴民眾：「絕不能讓冒煙的槍變成蕈狀雲。」政治上的反對陣營指控小布希對戰爭說謊，但是這種批評不正確、沒抓住重點。小布希看到也相信海珊擁有大規模毀滅性武器的情報。他的道德瑕疵是誇大而沒有質疑這項情報，這是因為他的情境智商不足，又有個人動機的緣故。他犯的錯是嚴重疏忽，並不是說謊造假。*

在評斷結果時，伊拉克的陰影籠罩了小布希其他所有的外交政策。以伊拉克這個案例來說，小布希不是美國利益的好受託人。這場戰爭的代價，包括人命傷亡、財務影響、美國聲譽和軟實力受破壞，遠超過任何收穫。固然小布希快速回應攻打阿富汗可能防阻恐怖份子第二波攻擊美國，伊拉克卻成為吸引和孳生恐怖份子的溫床。阿布格拉比（Abu Ghraib）刑求犯人的照片傳遍世界，傷害了美國的軟實力。二〇〇六年，情報機構評估，「伊拉克戰爭使得全面的恐怖主義問題更加惡化，在穆斯林世界煽動起反美浪潮，吸引新世代的新人投入作戰。」[45]

* 我曾經請教一位經驗豐富的中央情報局分析員朋友，他們怎麼會把情報弄錯了？他說，這是注意與否的問題，不是要說謊。他說，你不妨想像一下有兩堆原生的情資報告，厚厚的一疊說海珊擁有大規模毀滅性武器，而較薄的一疊卻說沒有。來自上級的壓力要求探索較厚的一疊，結果就是我們沒有妥當的挖掘較薄的那一疊情資。

但是小布希的外交政策不是只有伊拉克這一塊。我們必須也檢視他如何經營與其他大國的關係。就中國而言，副國務卿佐立克（Robert Zoellick）邀請中國成為「負責任的利害關係人」，而小布希也持續柯林頓「交往政策」的整體方向。與此同時，他也培養與日本的同盟關係，並大大改善與印度的關係，以做為平衡的因子。雖然對伊拉克問題有歧異，使得美國和歐洲關係緊張，北約組織卻挺過這段緊張時期，而小布希也在第二任期內改善了與盟友的關係。至於俄羅斯，小布希的紀錄就不是那麼成功。九一一事件之後的初期階段，他與普丁的關係還算合理，但是伊拉克增加了緊張局勢。小布希支持顏色革命，以及想將烏克蘭和喬治亞納入北約成員國家，導致美俄關係變壞。到了二〇〇七年，普丁在慕尼黑安全會議（Munich Security Conference）演講，採取強硬路線的立場，而俄羅斯二〇〇八年入侵喬治亞，小布希居於弱勢地位，無法做出重大回應。

就世界主義的價值而言，雖然伊拉克人命傷亡慘重對他不利，在其他地區，譬如非洲，小布希對付愛滋病和瘧疾的醫療計畫，不僅就人道目的而言很重要，對於美國在非洲大陸的軟實力而言也非常重要。他幫助穩定了賴比瑞亞的混亂、無政府局面，也試圖調停蘇丹內戰。小布希的「總統防治愛滋病緊急救援計畫」（President's

小布希
道德計分卡

良：○　　優劣並見：△　　劣：×

項目	評分
意向與動機	
道德願景：有吸引力的價值、良善的動機	△
審慎：價值和風險的平衡	×
手段	
武力：比例原則、區分軍民目標、必要性	△
自由主義：尊重權利和體制	×
結果	
受託：成功的為美國長期利益著想	×／△
世界主義：對他人傷害最小化	△
教育功能：誠實的；擴大道德討論	△

Emergency Plan for AIDS Relief, PEPFAR）承諾要花一百五十億美元，惠及近七百萬人，並在非洲拯救了許多人的性命。他也廣為增加對外援助，並且創立新單位「千禧年挑戰公司」（Millenium Challenge Corporation）以改善品質。這些都是真實的成就。

小布希也應該被讚美，因為他在九一一事件大震撼之後六天就告訴美國民眾，他們不應該遷怒無辜的穆斯林，若是有遷怒之舉，「將代表人類最惡劣的一面」。[46]就他的教育結果而言，小布希的私生活足堪為全國表率，但是，伊拉克戰爭給人欺騙的感覺，加上他的言詞超出了美國能力所及的掌握範圍，意謂著民眾汲取的教訓常常與他的意圖背道而馳。

*****

單極獨霸鬆弛了冷戰對美國外交政策的束縛。有位曾在柯林頓和小布希政府都任職過的外交官說：「我經常想到我們在單極時刻的國力是那麼強大，這讓我們有時候對我們的力量感到自大。幾乎很少有反制的力量可以限制我們的選擇。我們的力量沒有真實的護欄或制衡。這使我們有時候太掉以輕心，沒有質疑我們的假設、戰略、戰術。」[47]蘭德公司（美國智庫）針對美國空軍的一份研究報告也說：美國在一九四五年以後就是實力最強大的大國，但是，「尤其在一九八九年以來，堪稱是全世界最熱切的修正主義者。在規範和價值領域而不是領土上確實是如此……由於美國透過建立榜樣，有時甚至利用高壓來鼓吹自由的價值，其他許多國家認為它在國際體系中最具顛覆力」[48]這些話明顯可以套用在俄羅斯和中國這些威權政治制度的國家。

單極時刻釋放出傲慢的危險，但這不只是某些現實主義派所抱怨的威爾遜式民主的自由派傲慢心態。傲慢並不是新生事物——畢竟，它在越戰期間、單極時刻還未出現之前，也就是蘇聯軍力日益增長之際，早已出現。後冷戰時期比較屬於力量不平衡及造成誘惑的問題。老布希政府為單極時刻訂定了一個戰略架構，以維持科技軍事優勢及避免新的區域霸權發展起來為基礎。當這項尋求霸主地位的策略在一九九二年「國防政策指南」（Defense Policy Guideline）草案揭露出來時，柯林頓和其他人批評它，於是老布希和史考克羅夫撤回他們認為是「傲慢」的言詞。縱使如此，這項策略仍然存在，柯林頓政府採取的一系列政策也完全吻合老布希政府訂定的框架。[49]但是老布希和柯林頓執行此一策略時相當謹慎，而小布希在九一一恐怖攻擊事件後，陷入對國家安全的疑懼中，就完全拋棄此一策略框架。在國防部副部長伍佛維茨（Paul Wolfowitz）這些新保守主義者看來，當時的安全情勢正是高擎民主大旗全力推動的機會，但是錢尼和倫斯斐根本不是自由派，他們防止堪可匹敵的對手崛起的戰略可以回溯到老布希總統當政、錢尼擔任其國防部長的時期。

柯林頓的干預行動大部分是勉強而為，而盧安達事件他就完全沒有任何動作。他的擴大及交往戰略重點擺在經濟全球化和體制。換句話說，雙極結構變化無法完全說明冷戰結束後所做的決定。類似蓋達組織這類非國家的角色，並沒有能力摧毀唯一的超級大國，但是他們的大膽攻擊卻足以影響全球政治的議程，並且刺激超級大國採取不具建設性的行動。總統的性格和能力也使行動更加惡化。小布希在增派部隊赴伊拉克時展現出道德勇氣，他的對非洲政策是世界主義派的立場，開展和印度的關係則是有遠見的現實主義者，但是這一切成績全被他在伊拉克的失誤掩蓋住光芒。他薄弱的情緒智商和情境智商削弱了他的目標，後來他採用威爾遜式的言詞來證明自己的行為，卻引起民眾反感，類似於威爾遜本人將近一個世紀前的遭遇。小布希為歐巴馬和川普鋪好了路。

第八章

二十一世紀的權力移轉

隨著二十一世紀展開，美國的國力似乎至高無上。法國外交部長韋德里納（Hubert Vedrine）稱美國是「超強大國」（hyperpower），而小布希的外交政策反映了單極時刻的傲慢。然而，在國際政治的表層下，全球權力分布有兩大轉變已經出現：一是各國之間「水平式」的權力過渡，另一是科技帶動的「垂直式」權力擴散，由國家轉移到非國家的一些行動者。[1]權力由一個主導國家過渡到另一個國家，是一種常見的歷史過程，而在調整美國的外交政策時，小布希、歐巴馬和川普這三位二十一世紀的總統，全都不接受美國式微的比喻，同時也都得回應亞洲大國如中國和印度的崛起。同樣的，三位總統也都試圖與國力衰退但很強悍的俄羅斯維持工作關係。

在新世紀開始時，另一個重要的權力轉移就是權力擴散，這是一個比較新穎的過程，也是更難管理的過程。隨著全球資訊科技的發展，許多事情發生在即使最強大的國家也控制不了的地方。非國家行動者如銀行家、網路罪犯、恐怖份子都力量大增，而許多跨國網絡和跨境議題，政府也控制不來。蓋達組織二〇〇一年九月十一日的攻擊，其直接效應，對美國權力並沒有產生太大的經濟或軍事衝擊，但是我們在前一章已經提到，由非國家行動者發動的這項攻擊對美國外交政策具有深刻的心理和間接影響。

小布希政府試圖把這種來自非國家行動者發動的新式攻擊塞進傳統的跨國架構，但是卻格格不入。恐怖份子打不倒有組織的國家，但是就像柔道比賽中較弱的選手，可以將強大對手的力量轉過去傷害他自己。就統計而言，真正被恐怖份子殺死的人數不多，但是深怕被恐怖份子殺死的民眾卻遠超過現實。恐怖是一齣心理劇，非國家行動者使用暴力來抓住大眾的注意力，打造議題和震撼強大的對手，使對方採取適得其反的動作。在三個面向中，蓋達組織全部成功。

在伊拉克進行的為期四週的戰爭中，美國令人眩目的展示了堅實的軍事力量，推翻了一個暴君，但並沒有解決美國面對恐怖主義的脆弱性，反而增加了面對它的代價，付出近五千條人命和數兆美元。[2]就軟實力而言，付出的代價也極高。民調顯示，美國的吸引力在許多國家都大幅下降。小布希加派部隊投入，防阻了二〇〇七年被伊拉克叛軍起事的全面失敗，但未能阻止伊斯蘭國的崛起。美國及其他地方的民意都認為小布希發動的伊拉克戰爭是外交政策上的嚴重失誤，歐巴馬和川普也認同這個觀點。歐巴馬在卸任後說：「無論你想要怎麼稱呼它，華盛頓共識變得有點太過於安逸。特別是在冷戰之後，美國進入一段自鳴得意的時期，美國菁英以為我們凡事都沒問題。」[3]歐巴馬和川普以截然不同的方式捨棄了小布希的做法，把美國外交政策引進一個退守時期。但是退守大半著重在手段，而非目的。歐巴馬的一個親信顧問說：「我們執政不是要眼睜睜看著美國衰落。我們努力做的是要讓美國再當五十年的領袖。」[4]而川普競選時叫得震天價響的口號更是「讓美國再次偉大」（Make America Great Again!）。

歐巴馬——在理想主義與現實主義之間力求平衡

美國第一位具有非裔血統的總統歐巴馬，一九六一年出生於夏威夷，就任時年僅四十八歲。他的生父是來自肯亞的一名研究所學生，回去非洲之後，歐巴馬由他的人類學家生母撫養長大，有一段時期僑居在印尼。他先後進入夏威夷私立普納胡學校（Punahou School）*、加州西方學院（Occidental College）、紐約哥倫比亞大學和麻州哈佛法學院就讀。他在哈佛時是校刊《法律評論》（*Law Review*）的主編。畢業後，他在芝加哥擔任過社區組織者和法學老師。他當選伊利諾州聯邦參議員，第一任六年任期未滿就競選總統。雖然他在全美許多地方住過，他並不是華府圈內人，只略微具有一般政治歷練。他能夠當選總統，很大程度拜伊拉克戰爭非常不得民心所助。

歐巴馬就職伊始，美國和世界經濟正陷於一九三〇年代經濟大蕭條（Great Depression）時期以來最嚴峻的財金危機。他的經濟顧問進言，除非採取緊急措施，否則極有可能陷入全面大蕭條。他也繼承了在阿富汗和伊拉克仍在進行中的兩場戰爭，來自伊朗和北韓的核子擴散威脅，以及蓋達組織恐怖主義作亂的問題。但是歐巴馬上任後頭幾個月，時間幾乎全花在處理經濟危機。他拯救國際財經體系是一項極為關鍵的行動，避開全球恐慌和大蕭條，但是在失業率日益上升之中拯救銀行，卻加劇了民粹主義的不滿情緒。

歐巴馬在競選期間高舉改造的願景，但是他針對危機的反應是務實派的做法。就性格而言，他以在壓力下仍然十分冷靜聞名，有一句話形容他：「沒有大戲劇的歐巴馬」。譬如，二〇一一年冒著可能毀掉他執政前程的風險（有如卡特當年一

＊譯注：普納胡學校是一所男女同校、有小學部和中學部的私立學校，一九三四年以前，校名歐胡學校（Oahu College）。中華民國國父孫中山也是該校校友。

樣），他派出直升機潛入巴基斯坦，狙殺賓拉登。成功之後，他的反應「自我節制到極點，只說了一句話：『我們逮到他了。』」[5]老資格的共和黨人蓋茨（Robert Gates），經歐巴馬挽留，繼續擔任國防部長。他形容歐巴馬是他效力過的總統當中最肯聽取建言的一位。[6]歐巴馬幾乎永遠都能控制自己的情緒，而且和小布希一樣，在白宮維持穩定的家庭生活，作為全民表率。

歐巴馬在二〇〇八年競選期間和就任初期的言詞，就風格而言，很能啟迪民心，而且和甘迺迪一樣，訂下極高的期許。好幾位專家說，他競選期間，「全新的國內議程，全新的全球架構，和改造了的世界，這個形象攸關到他最後的成功當選。」[7]歐巴馬上任後的第一年，發表一系列啟迪民心的演講，包括他的就職演說；在布拉格演講，宣示無核世界的目標；在開羅演講，承諾以新做法和穆斯林世界往來；以及在奧斯陸接受諾貝爾和平獎的演說，他引述甘地和金恩博士的非暴力主張，但是同時也指出「身為國家元首，我宣誓要保護和保衛我的國家，我也不能只以他們為表率」。

歐巴馬也遵循美國著名神學家尼布爾（Reinhold Niebuhr）的指引。尼布爾針對美國道德上的自以為是和完美主義的危險誘惑提出警告。[8]有些批評者責怪歐巴馬對人權的做法是，重視國際法和盟國，大於推動自由，但是依照歐巴馬的說法，「我知道與高壓政權交往不能滿足憤慨者的純潔心理，但是除非高壓政權可以選擇敞開的門，否則它們都無法沿著新的道路前進。」[9]

歐巴馬的目標是翻新美國在國外的形象，尤其是在穆斯林世界的形象；結束它涉入的兩場戰爭；向對手伸手示好；重新啟動和俄羅斯的關係，做為邁向無核武世界的一步；與中國在區域及全球議題上發展重大的合作；並在中東締造和平。[10]他在這些議題的成就紀錄好壞參半，一位前任官員說：「看似無從控制的棘手情勢，使他從可能建造全球新秩序的角色，變成更專注於修復關係、針對危機——最明顯的就是全球經濟危機——做反應的領袖。」[11]

某些觀察家形容歐巴馬的外交政策觀點是繞了一大圈：競選時是自由主義，上任後是現實主義，二〇一一年在所謂「阿拉伯之春」（Arab Spring）的各地起義之後是世界主義的樂觀精神，然後又回到現實主義，在二〇一三年拒絕介入敘利亞內戰。孟捷慕（James Mann）認為，雖然歐巴馬的「演講詞藻華麗，充滿理想主義」，他並不想談太多民主而讓人覺得他是個道學家。在伊朗方面，他不因為關切它的人權紀錄，就不和伊朗領導人談判。[12]二〇一一年，有些顧問提醒他不要太快逼埃及獨裁者穆巴拉克（Hosni Mubarak）下臺，因為並不能保證民主政體一定會在埃及出現；他們也警告不要介入利比亞，但是歐巴馬聽取了其他顧問的世界主義主張，結果這兩個國家的局勢都變得一團糟。後來他不肯介入敘利亞內戰，對一位年輕顧問解釋：「你沒辦法制止人們像那樣互相殘殺。」[13]

目前要對歐巴馬的外交政策蓋棺論定還太早。專欄作家布魯克斯（David Brooks）形容他是「靈活且逐步漸進……繼外交政策的一頭刺蝟之後，歐巴馬成為一頭相當有效的狐狸」。[14]他留下某些未能達成的目標，這些半空的杯子是棘手事件的結果；它們有些是執政初期留下的幼稚產物，譬如他對以色列及中國的最初做法。但是歐巴馬很快就以務實的方法從錯誤中恢復。法羅斯（James Fallows）曾任卡特總統的演講撰稿人，他形容歐巴馬的主要特質是他很懂得適應新現實，不會成為自己言詞的囚徒。[15]在他卸任時，《經濟學人》週刊總結稱：「就他所有的成就、他的智慧、他的風範而言，他的八年任期意謂著，即使是全世界最強大的領導人——一個具有罕見才智、肩負國家夢想的領導人——也似乎沒有力量指揮它。」[16]

雖然歐巴馬從來沒有在言詞上放棄氣候變遷或核子武器等議題的改造目標，實際上他的務實主義很像艾森豪和老布希等逐步推進的領袖。儘管在國際事務上相較於兩位前輩顯得經驗稚嫩，歐巴馬在面對複雜的外交政策挑戰時卻展現相似的技能。他兼具情緒智商和情境智商，從他派任有經驗的顧問團隊，和管理井井有條的以白宮為中心的流程，就充分展現無遺。他淬鍊出敏銳的情境智商有一部分是因為他有個非洲裔父親、有個人類學家母親和童年時曾在亞洲住過。[17]審慎小心是他的天性。

這並不是說歐巴馬沒有帶來任何轉型效果。他改變了不孚民心的外交政策進程；從耗費大量兵力的剿叛作戰改變為運用代價比較輕微的軍事力量（如動用特戰部隊、無人機和網路等）；在世界許多地方增強美國的軟實力；並且逐漸慢慢重新平衡注意力，從中東轉移到亞洲這個世界經濟發展最快速的地區。他翻轉半個世紀以來對古巴的失敗政策，這需要有勇氣和仔細的準備，它大大提升了美國在拉丁美洲的地位。

新聞記者桑格（David Sanger）把「歐巴馬主義」描繪為一種輕度的軍事足跡，結合在直接涉及美國安全利益時願意片面動用武力；在國際問題沒有直接威脅美國安全時就倚賴同盟去處理；以及「脫離中東的泥淖，轉向前途無量的亞洲大陸重新取得平衡」。[18]可是學者高傑爾（James Goldgeier）和蘇里（Jeremi Suri）卻說，歐巴馬二〇一五年的《國家安全戰略》除了避免長期和所費不貲的軍事衝突，缺乏優先目標。[19]歐巴馬避免犯錯的目標根本稱不上戰略，即使「有時候總統最上等的決定是決定不作為」。[20]季辛吉說，歐巴馬「比較關心短期結果變成永久的障礙。另一種政治家的觀點或許會在很大程度上集中在塑造歷史，而不是避免阻礙其發展」。[21]

當歐巴馬二〇一一年介入利比亞時，他尋求阿拉伯同盟（Arab League）和聯合國通過決議案，以確保軟實力的論述不會說是美國又攻擊穆斯林國家。歐巴馬和北約盟國共同承擔起領導硬實力空中作戰的角色，即使他們並未完全達成使命。白宮有位中階官員不經意說了一句話，認為利比亞政策是「從背後領導」，因而招致政治抨擊，但是誠如我們在前文提到，艾森豪就是知道有時候保持低調、從背後領導會更有效的典範，特別是如果問題涉及到次要利益的話。

根據歐巴馬另一位助理蘇利文（Jake Sullivan）所言，歐巴馬對於美國應該怎麼領導，有其深刻思考。基本上他認為應該是訂定議程、催化式的領導，而不是以下令指示的方式領導。這方面他很像艾森豪。「在他的理想世界裡，美國將集合其他國家（及非國家行動者）一起來為我們這個時代共同面臨的巨大問題尋找解決辦法，不是告訴任何人應該要怎麼做。他覺得這才是可持續的領導形式，可以應對垂直式和水平式的權力轉移。中東之所以讓他感到困惑，部分原因是它套不進這個模式——它深深根植於傳統的老式強權政治。」[22]事實上，歐巴馬在利比亞碰上的問題是他跑到太前面了。利比亞行動的原始目標是使用空中武力保護在班加西（Benghazi）的抗議群眾，他們遭到格達費部隊的威脅。但是，一段時間之後，他允許任務蛻變為政權轉移，卻沒有下一步該如何發展的可行計畫。

一些批評者認為歐巴馬太謹慎了，沒有善加利用革命時代的優勢，尤其在中東事務上。歐巴馬押下重注，派部隊增援阿富汗戰場（沒有達成效果），另外也侵犯巴基斯坦主權，派兵狙殺賓拉登（這項任務順利完成），甚且撤銷對埃及強人穆巴拉克的支持（此舉無助於改善情況）。但是鑑於該地區革命的不確定性，歐巴馬大部分的戰略選擇非常小心，都做好了避險措施。他沒有提出類似杜魯門主義、馬歇爾計畫或小布希的「自由議程」這類口號。這使得他招致新保守主義派的批評，卻受到現實主義者的讚許。有一位媒體社論主筆說：「他的立場反映出他自己品牌的理想主義，重視國際法和同盟，勝於推動自由。」[23]雖然他的政策反映威爾遜自由主義的民主和體制色彩，他其實更重視體制面。根據他的顧問羅德斯（Ben

Rhodes）的說法，歐巴馬擔心過度擴張的問題，但是他「相信幹練、能穩定局面的部隊；採取軍事行動對付某些恐怖份子網絡的必要性；全球化可以助人脫貧的好處；美國是國際秩序不可缺少的一環。他希望調整美國外交政策這艘遠洋輪船的方向，而不是弄沉它」。[24]

歐巴馬的第一任國務卿希拉蕊（Hillary Clinton）形容政府的做法是「巧實力」（smart power），它會在不同的脈絡中、以不同的方式結合軟實力和硬實力。歐巴馬在二〇〇九年的就職演說中說：「我們的力量透過謹慎使用而增長；我們的安全源自於我們的行為公正、樹立的榜樣有力量，謙卑和克制也起了調和作用。」他也表述美國例外論，告訴西點軍校學生：「美國是個不可或缺的國家。它在過去的一個世紀是如此，在未來的世紀亦將如此。」[25]但是他擔心會過度擴張，他警告他的顧問：「我們不能自欺欺人，認為我們可以解決中東的問題。」[26]蘇里和其他批評歐巴馬的國際自由主義的人士認為，恰恰相反，歐巴馬的政策問題出在它自我設限、不敢放手作為。[27]

歐巴馬加派部隊到阿富汗、使用空中武力在利比亞開闢禁飛地區、使用特種部隊在巴基斯坦狙殺賓拉登，以及使用特種部隊和無人機對付伊斯蘭國，在在顯示他願意在合乎比例原則和區分軍民目標之下使用軍事力量。他為攻擊行動訂下指導方針，當風險可能超越指導方針時，要由他本人親自批准，譬如在葉門、巴基斯坦和索馬利亞等地的計畫武裝行動。根據他的助理透露，身為研究奧古斯汀（Augustine）和阿奎納（Acquinas）兵法的一員，「他相信他必須為這類行動負起道德責任。他知道打擊不當會傷害到美國形象，也危害到外交交涉。」[28]雖然有些人不認同這些手段，歐巴馬對如何使用它們是非常謹慎的。

挺諷刺的是，儘管他努力降低美國捲入動亂頻仍的中東僵局，想要重新把注意力聚焦在日益崛起的亞洲，歐巴馬發現在外交政策上，緊急的事常常排擠掉重要的事。根據參與機密的人士說，即使宣布要轉向亞洲、再平衡，白宮戰情室重大外交政策會議的大部分時間仍是處理中東問題。[29]歐巴馬沒有辦法說服以色列放棄約旦河西岸的屯墾區，也無法說服巴勒斯坦人更深入參與和平進程。循著競選期間的政見，他在二〇一一年沒有全力維持一些美軍部隊留在伊拉克，而是默許完全結束美軍留駐，這件事加上巴格達馬立克（Maliki）政府的政策，為遜尼派的反叛創造了環境，以致伊斯蘭國趁勢崛起。後來由於伊斯蘭國聲勢大振，歐巴馬必須轉變他的立場。

敘利亞成為他的外交政策頗有爭議的一個議題。內戰剛發生時，歐巴馬說，阿薩德必須下臺，二〇一二年八月又不經心的宣布，如果敘利亞政府使用化學武器，將等於跨越「紅線」，美方會考慮動用武力。但是一年後，阿薩德果真使用了化學武器，歐巴馬卻得不到盟國或國會支持他發動空中攻擊，他和俄羅斯合作，達成妥協方案，由國際組織派員移除及檢查敘利亞的化學武器。這個決定經常被人用來指證歐巴馬的軟弱，一直困擾著他的外交政策。歐巴馬也不同意他需要轟炸敘利亞才能維持他自己的信譽這個說法。他說：「這是發動戰爭最糟糕的藉口。」[30] 一些顧問聲稱，透過此一外交方案移除的化學武器，多於空炸能夠產生的效果。但是歐巴馬的信譽遭受的損害，遠超過敘利亞事件。

歐巴馬提供武裝給反對阿薩德政權的溫和派，但是因為不清楚會不會反倒有利於伊斯蘭國，他抗拒在敘利亞設立安全區或禁飛區的壓力。有些現實主義派批評者稱讚他的審慎，但是其他批評者則說，他的審慎其實代價出奇的高，包括讓伊斯蘭國坐大，害死敘利亞幾十萬名難民，而且難民湧向外國的危機削弱了我們在歐盟的一些盟國。歐巴馬有其他任何更好的選擇方案嗎？有些前任政府官員認為，如果歐巴馬和緩他一定要阿薩德下臺的目標，以及採用適度的美國軍力，歐巴馬不作為的長期道德影響可能就會降低。[31]伯恩斯說：「我們犯的錯誤是一直把最大的目標和最小的手段結合在一起。」[32]就和柯林頓選擇不介入盧安達一樣，全有或全無的思想剔除了只要降低目標和調整介入程度就可做的道德選擇。在他即將卸任前，歐巴馬接受記者專訪時否認他太謹慎，但採訪記者相當吃驚的是，即使國務卿凱瑞（John Kerry）都提出警告說，「敘利亞嚴峻的情勢為歐洲帶來了災難，歐巴馬也沒有把這個國家的內戰重新歸類為高等級的安全威脅。」[33]

儘管在中東麻煩不小，歐巴馬在全球議題上取得不少外交政策成就。首先是成功處理被稱為「大衰退」（Great Recession）的全球經濟危機。如果他沒有躲過這場大災難，其他一切就全都不足道矣。這不僅需要在國內有一套經濟激勵方案，也需要國際上配合，這個時候美國聯邦準備理事會扮演關鍵重大的公共利益角色，做為最後救援貸放的領袖，恢復對金融制度的信心。歐巴馬在危機初起時，也有效運用了二十國集團。他談判及批准諸如《跨太平洋夥伴協定》（Trans Pacific Partnership, TPP）等貿易協定的作為，在戰略上是堅實的，但是在國內民粹主義上升的情況下，遭到國會的抵制。歐巴馬努力談判全球氣候變遷協議，在二〇一五年十二月成功達成《巴黎氣候協定》。

在全球議題上，歐巴馬也尋求重新檢討核武問題，擁護無核世界的長期目標（不過他也表明在他有生之年恐怕不會實現），談判取代《戰略武器削減條約》（Strategic Arms Reduction Treaty）的新協議，進一步削減美國和俄羅斯的戰略火力，同時又召開高峰會議研商核子安全。他也在聯合國和二十國集團的議程中提起核子不擴散的議題，並且針對伊朗不遵守《核不擴散條約》的國際義務，發展出多邊支持對伊朗實施禁運制裁。二〇一五年，經歷耐心又艱苦的外交交涉，他領導六國同盟*達成限制伊朗核子計畫的協議，不過這個協議遭到以色列和國內反對派的批評，指責該計畫沒有更進一步限制伊朗在中東地區的行為，後來更被川普總統否決。他想促成北韓放棄核武研發的努力也沒有成功。

和這些全球議題息息相關的是歐巴馬處理與中國的關係。中國的崛起是二十一世紀最重要的外交政策挑戰之一。歐巴馬提出「轉向」（pivot）或「再平衡」（rebalancing）的政策，試圖把外交政策的注意力從中東再平衡、回復到亞洲。他和中國國家主席胡錦濤及習近平有過二十四次面對面會晤，能夠溝通看似棘手的氣候變遷和網絡規範等議題之歧見。同時，歐巴馬維持和日本、南韓及澳洲的親密同盟，並以小布希改善和印度的關係為基礎，更拉攏新德里俾便維持硬實力，打造應對中國崛起的環境，特別是針對中國在東海及南海的目標做準備。某些批評者抱怨他對中國涉及到補貼其國有企業，以及恫嚇外商轉移科技的貿易政策不夠強硬，後來川普的對華政策就以此為焦點。另一方面，歐巴馬談判以跨太平洋夥伴關係為一個全面的貿易架構，刻意不納入中國；不過川普新政府一上臺，立刻就放棄它。[34]

歐巴馬也試圖重新啟動和俄羅斯的關係，美俄關係在小布希政府支持喬治亞和烏克蘭加入北約組織後已經變質。歐巴馬退出這些倡議，並且與梅德韋傑夫（Dmitri Medvedev）發展出良好的工作關係，但是普丁於二〇一二年回鍋擔任總統後，可又不好相處了。普丁認為美國在前蘇聯地區支持顏色革命，二〇一一年在中東的革命，以及二〇一四年在鄰近的烏克蘭又支持動亂，對他的威權政府造成威脅。俄羅斯在烏克蘭東部啟動的戰爭和搶奪克里米亞，導致兩國關係嚴重惡化，也導致聯合國及北約盟國對俄羅斯實施制裁。普丁使用網路攻擊烏克蘭，後又干預美國二〇一六年總統大選，引起歐巴馬政府的抗議和制裁，但是力道還不足以形成有效的嚇阻。

＊譯注：六國同盟（5P+1）即聯合國安全理事會五個常任理事國美、俄、英、法、中，加上德國。

那麼我們要如何歸納箇中的複雜性，並評斷歐巴馬外交政策的道德標準呢？在目標和動機這個第一面向上，歐巴馬訂下一個野心宏大也具吸引力的價值議程。有位歷史學者說，他的大戰略「契合戰後及後冷戰時期的大輪廓，它最宏大的目標是維持美國霸主地位，以及自由主義的國際秩序」。[35]甚且，他追求目標的動機依然信守原則，沒有被相互衝突的個人或情緒需求所沖淡稀釋。至於平衡價值和風險方面，歐巴馬有時候被批評審慎過了頭，但是這方面他挺像老布希總統，而不像小布希總統。伯恩斯曾在兩位總統麾下任職，看到強大的相似之處，但和老布希總統不同的是，歐巴馬「不是從一個雙極世界移向一個單極崛起的世界，而是從一個日益衰竭的單極世界走向更加混亂的世界……就當時的敏捷性和想像力而言，我們沒有餘裕像老布希一樣打外交牌」。[36]

革命時代可能製造機會，但也可能製造討厭的意外和預期不到的結果（譬如歐巴馬在利比亞見到的發展，以及擔心會在敘利亞發生的情勢）。我們再重複一遍，記住不做決定的重要性也是一件重要的事。歐巴馬有一次在空軍一號總統專機上對一群記者說，他們太專注在衝突的升高，所以越南的詹森、伊朗人質危機的卡特，以及伊拉克的小布希，都造成他們的任期被界定為犯了錯誤。他對記者宣稱，歐巴馬主義是「不做愚蠢的狗屎事」，引來哄堂大笑。[37]這當然稱不上大戰略，但是它象徵現實主義者審慎的美德。但是自由派和世界主義的批評者則說，過度審慎也會造成不符道德的後果。

至於手段這個第二面向，歐巴馬能夠符合比例原則和區分軍民目標的使用武力，為美國勢力開發輕足跡。他對使用無人機攻擊和網路攻擊這類新科技也很注意道德細節。但是批評者指控他，透過採用從遠方精準打擊的科技，他選擇的是殺死而非逮捕恐怖份子（其中有些人還是美國公民）。雖然這個政策必須定期向國會報告，也廣獲民問支持，批評者認為它是冷戰時期暗殺政策的復活，當年被福特總統制止（不過又被雷根總統鬆綁）。[38]但是大體上，歐巴馬顯示尊重自由主義價值和程序，也努力使用及發展國際體制。

關於歐巴馬外交政策的道德結果這方面，我們現在很難做出確定的評斷，還需要一段時間。但是在現階段來說，他看起來是美國利益的良好受託人。有些現實主義者抱怨他對中國及俄羅斯的行為不夠強硬；其他人則稱讚他支持北約組織以及與日本同盟，在中東亦知道節制。另外還有人覺得他的過度審慎造成不符道德的結果。新保守主義者認為，在中東革命期間他應該採取更強硬的措施，以推進人權和

歐巴馬
道德計分卡

良：○　　優劣並見：△　　劣：×

項目	評分
意向與動機	
道德願景：有吸引力的價值、良善的動機	○
審慎：價值和風險的平衡	○／△
手段	
武力：比例原則、區分軍民目標、必要性	○
自由主義：尊重權利和體制	○
結果	
受託：成功的為美國長期利益著想	○／△
世界主義：對他人傷害最小化	○／△
教育功能：誠實的；擴大道德討論	○

民主。另一方面，自由主義者則稱讚他採用體制來保持一九四五年之後的國際秩序，並且以核子安全及《巴黎氣候協定》等協議來更新它。他推動國際合作防止二〇〇八年的大衰退惡化成為又一次大蕭條，產生極大的影響。世界主義者希望在人權議題上有更前進的姿態，但是他很努力最小化對其他人民的傷害。西非爆發伊波拉病毒（Ebola）新疫情時，起先他並不希望美國承擔起最大的協助責任，但後來確定這是對付疫病的唯一方法，於是派出數千名部隊——也取得真正的成功。

關於他的教育結果，歐巴馬尊重事實，也在國內外擴大對全球重大議題的道德討論，不過有些批評者認為他做得不夠，沒有擋下民粹主義者對全球化的反應。雖然有一位共和黨籍國會眾議員曾經公開指控他對他的健保計畫說謊——其實所有的總統都誇大自己的政治計畫及承諾——歐巴馬總統任內極明顯的是在真相和個人行為上高度的誠實。雖然不夠完美，他初步的成績看來大多良好。

川普——摒棄自由主義國際秩序

從許多方面來看，川普在歷任美國總統之中是個異數。他不僅沒有經過華府政治過程的歷練，而且第一份政治公職就是總統之職。他以七十之齡成為就任總統時年紀最大的人。他也是歷來最富有的總統。川普一九四六年出生於紐約市皇后區，當時的總統是杜魯門，而甘迺迪和尼克森在這一年首次競選國會眾議員，夏威夷還是美國領地，歐巴馬更是十五年之後才在夏威夷出生。

川普的父親是個不動產開發商，據說相當嚴厲。川普被送去念軍事高中，然後進福德漢姆大學（Fordham University），再轉到賓州大學華頓商學院。和柯林頓、小布希一個模樣，川普也避免到越南服役。他在一九七一年接掌家族的不動產事業，並將事業擴展至曼哈頓。公司興建摩天大樓、旅館、賭場和高爾夫球場，並且將「川普」當作品牌出租特許權，掛在不動產及消費者商品上。他從二〇〇三年至二〇一五年製作及主持電視實境秀《誰是接班人》（*The Apprentice*）。《富比世》雜誌估計他的身家淨值有三十一億美元。

川普獨特的背景產生高度非傳統的政治風格，以及對媒體和政治的新觀點。在電視實境秀裡要成功，必須不斷抓住鏡頭焦點，通常得藉由語不驚人死不休的發言，與真實頗有出入，而且還得打破傳統的行為規範。川普也學會如何運用新的社群媒體平臺推特（Twitter），二〇〇九年——推特問世才三年——就開始使用它來主導議題。推特使他能夠繞過新聞傳媒，他把它形容為「擁有你自己的報紙」。[39]由於推特似乎不合總統風範，白宮幕僚試圖限縮他的推文，川普拒絕。他說：「這是我的麥克風。這是我直接和人民溝通的方法，不經任何過濾。」[40]川普在政治溝通上的創新技能，使他有如無線電廣播電臺剛問世時小羅斯福總統的爐邊談話，和電視剛問世時甘迺迪總統公開舉行記者會的做法如出一轍。比起一般的政治人物，他太有創意了。

川普在二〇一六年共和黨黨內初選時充分利用這些本事，和十六名對手在擁擠的舞臺上辯論。此外，他直覺的動員起由於全球貿易對國家不同地區造成不平均的經濟影響所產生的民粹主義之不滿情緒，以及厭惡移民和文化的變化，特別是在上了年紀、沒上過大學的白人男性群體中產生共鳴。他的民粹主義、保護主義和民族主義的發言，贏得媒體免費的報導，遠遠超過他經驗豐富的政治敵手傳統付費的政治廣告。就某個意義而言，他主導了競選活動。川普意外的在選舉人票上勝過民主黨提名的候選人希拉蕊，成為美國史上第五個輸掉全民票卻當選總統的人。

依據當時傳統的政治智慧，許多分析家預期川普在大選過後會往中間立場靠攏，以便擴大他的政治支持基礎，就好像小布希在二〇〇〇年以少數票當選總統之後的做法。不料，川普繼續向他的「鐵粉」召喚，利用此一基礎對那些與他意見相左的人發出威脅，要在初選中挑戰這些人，這一來共和黨國會議員噤若寒蟬，不敢公開批評他。公開反對他的人往往就輸掉初選，而在競選期間簽署聯名信呼籲民眾不要支持川普的共和黨籍主流派外交政策專家，發現他們大半被排斥在新政府門外。

傳統的分析家也預期川普勝選後，會改變他不經幕僚準備就在推特上大放厥詞的作風，就職之後會「有個總統的模樣」。不料，他的治理風格依然不改競選期間作風，成為一個非常不合常態的總統。政策透過推特發布，內閣閣員的免職令也透過推特發布。這一來，政府高層人員不時如走馬燈更迭，政策訊息常常前後矛盾，讓國務卿和國防部長及其他高級官員失去威信。雖然這麼做讓川普在法院、傳媒和盟國之間產生問題，他在組織的一致性方面所犧牲的，因為實質上完全主導議題而彌補過來。

捉摸不定就是川普的一項政治工具。他的第一任白宮幕僚長蒲博思（Reince Priebus）如此形容他的管理風格：「川普一向注意論述。他喜歡衝突；把對立者擺在一起，讓他們搏鬥。他不管程序；他要掌控決定。」從許多方面看，這更像小羅斯福，而不像艾森豪。在談判技巧上，川普「先以意料之外和極端的立場出現，然後再轉向討價還價和折衷妥協」。[41]川普在他的著作《交易的藝術》（*The Art of the Deal*）中描述，這就是他在紐約不動產生意中所採用的管理和談判作風。[42]

川普除了做生意之外，沒有太多涉外事務的經驗，而且他的政治觀點是折衷派，而非傳統的共和黨觀點。白宮一位高級幕僚形容川普用人是兼用「全球主義派和民族主義派」，川普本人令人難以預料的在其中擺盪。[43]他的意識型態觀點不一定一貫，但他長期在貿易議題上表達保護主義的觀點，如果盟國不公平的占了美國便宜，他會表現出民族主義者的感受。一九八七年，雷根總統當家主政時，川普在全國重要報紙刊登全頁廣告，指控盟國日益富強，是因為享有軍事安全，而軍事安全卻由美國愚蠢的免費提供。他主張：「我們別再讓我們偉大的國家遭人家恥笑。」[44]他專注在經濟議題，而非安全議題或人權議題上，並將美國描繪成受害者。

川普在競選期間成為第一個挑戰後一九四五年自由主義國際秩序共識的大黨候選人。他宣稱北約組織已經過時，建議日本和南韓或許應該發展他們自己的核子武器，以取代和美國的同盟關係，他也批評《北美自由貿易協定》和其他貿易協定，形容《巴黎氣候協定》是中國的騙局，旨在減緩美國的成長，他也拒絕批評專制領導人侵犯人權。被人問到對雷根和以前的共和黨總統有何評語，他回答：「我不認為我們應該再搞國家建設。我認為事實已經證明這是行不通的。」[45]這一切都涵蓋在他競選時的口號「美國第一」以及「讓美國再次偉大」當中。

雖然他就任總統之後在安全事務上的反傳統主張變得溫和，他的許多競選政見仍然指導他的外交政策。他在就職演說中宣稱：「我們防衛其他國家的邊界，卻不肯防衛自己的邊界，在海外花費數兆美元，卻聽任美國淪為年老失修的破落戶……從今天起，將只有美國第一……保護將帶來偉大的繁榮和力量……我們不尋求強加我們的生活方式於別人身上，但是要讓它熠熠發光做為榜樣。」[46]川普的政策跟著承諾推出。在他頭兩年任期中，他退出《巴黎氣候協定》，拋棄歐巴馬辛苦談判得來的《跨太平洋夥伴協定》，削弱世界貿易組織，重新談判《北美自由貿易協定》，對從盟國進口來的鋼鐵和鋁課徵國家安全關稅，針對中國啟動一套廣泛的關稅，退出歐巴馬和盟國與伊朗談判成功的核子協議，批評北約組織與七國集團，又稱讚普丁在內的一些涉及侵犯人權的威權領袖。兩位前任美國大使談到他們在二〇一九年四月北約組織成立七十週年時，訪談了盟國領袖，「他們幾乎全都認為川普是北約組織最迫切和最棘手的問題。」[47]歐洲人覺得對美國愈來愈沒信心，相信白宮分化他們的興趣大於團結他們的興趣。

川普的第一份《國家安全戰略》發表於二〇一七年十二月，持續現實主義者有關限制多邊組織和全球商務的主題。它重新關注與中國及俄羅斯的大國角力，而國防部長馬提斯在二〇一八年一月宣布：「美國現在的首要焦點是大國競爭，而非恐怖主義。」[48]小布希二〇〇六年的《國家安全戰略》強調日益增長的民主國家社群和開放市場，大於保護主義。歐巴馬二〇一五年的戰略批評小布希過度擴張，呼籲只有在持久的國家利益受到威脅時，美國才獨自行動，並且要以在國內的表現做為表率領導世界。根據英國《經濟學人》週刊的觀點，「川普似乎同時摒棄布希主義和歐巴馬主義」。[49]甚且，某些政府官員也不敢肯定說總統會堅持此一戰略。有一位官員描述二〇一九年的情勢是，川普確認中國是個威脅，但他只有對中國的貿易政策，沒有整體的對中國戰略。[50]

另一方面，新保守主義的批評者認為川普和歐巴馬的戰略相同之處大於差異。根據他們的觀點，雖然他們風格上有所不同，但他們都對國內要求退守做出方向錯誤的反應。譬如，唐納利（Thomas Donnelly）和克里斯多（William Kristol）就認為：「歐巴馬─川普共識正導向一個更危險的世界。它也重新界定美國的意義。我們是個建立在擴張之上的國家——不只是領土和地緣政治的擴張，也是自由和繁榮的擴張。美國的存在不只是為了防衛自己，也是為了實現自己的潛力。」[51]林伯格（Tod Lindberg）描述川普戰略和他前兩任總統戰略之間的兩大差異。「就小布希和歐巴馬而言，美國是個大整體的一部分，在組成自由主義國際秩序的許多自由主義國家當中的一個（的確相當強大的）自由主義國家。」第二個差異是，川普不接受兩位前任總統的觀念，因為他們認為歷史的弧線移向普世的自由主義。「小布希和歐巴馬雖然在許多方面相當不同，卻都具有輝格黨（Whig）的歷史觀點，認為是往普世的自由主義進展。」[52]反之，林伯格認為，對川普而言，比較相關的標準是霍布斯式的現實主義，一種零和的觀點，以及狹義界定的國家利益。但是新保守主義派的批評過分簡化相似部分。他和歐巴馬的做法就有相當歧異，這以川普片面退出《巴黎氣候協定》、《跨太平洋夥伴協定》、《伊朗協定》，以及他批評北約組織和盟國，就是明證。

川普政府在發展軟實力方面投資的金錢和言詞也少了很多。許多民意調查（以及倫敦出版的年度《軟實力三十指數》）顯示，川普政府開始執政之後，美國的軟實力就顯著下降。[53]推特可以有助於設定全球議程，但是如果語氣和內容冒犯外國民眾和領袖，就不會產生軟實力。川普的許多推文，言詞毫不委婉，又常批評其他國家或領袖。替川普辯護的人回答說，軟實力不重要。川普的預算局長穆瓦尼（Mick Mulvaney）刪掉國務院及國際開發總署三〇％的經費，宣稱這是一份「硬實力的預算」。[54]雖然馬提斯將軍早先向國會提出警告，如果他們不提供經費給國務院的軟實力項目，他們就必須多給他買槍彈，這可不是總統所要的。川普增加國防預算，同時又大砍國務院經費和人員。後來，面臨中國來競爭政治影響力，川普改為支持稍微增加援外經費。

同樣的，川普也不太注重人權；傳統上這是美國軟實力的源頭。雖然他運用空軍武力懲罰敘利亞動用化學武器攻擊平民，也試圖說服沙烏地阿拉伯限制在葉門戰爭中空襲平民，川普的言詞沒有擁抱民主和人權這些卡特和雷根以降每位總統都提倡的政策。他批評委內瑞拉的獨裁政府，並且對馬杜洛（Maduro）政府實施制裁，可是用一個批評者的話來說，「川普稱許威權人物如普丁、厄多安（Erdogan）、杜特蒂（Duterte）和塞西（Sisi）*的『強勢領導』——以及他自己在國內抨擊新聞自由——只會幫助他們更勇於在自己國家境內壓制公民社會和粉碎異議

* 譯注：馬杜洛是委內瑞拉總統，厄多安是土耳其總統，杜特蒂是菲律賓總統，塞西是埃及總統。

份子。」[55]二〇一八年，新聞記者哈紹吉在伊斯坦堡沙烏地領事館內慘遭殺害，川普的反應是言詞閃爍。甚且，雖然歷任總統經常聲稱國家安全應該比我們對人權的承諾更加重要——許多美國人接受這個主張——川普卻宣稱商業交易應該更受重視，「因為花錢消費才能製造就業機會。」[56]《金融時報》專欄作家拉赫曼（Gideon Rachman）指出：「在此之前，俄羅斯、中國或其他威權政府的異議份子可以從事孤獨、危險的作戰，可以爭取真相，然後指向西方說，那兒存在更好的生活方式，〔可是現在〕美國總統明顯不重視真相。」[57]推動民主和人權未必需要涉及高度的干預，我們在第二章已經討論過。它也可以依賴恰當的文字以及「山上的城市」的影響。

支持川普政府的人士針對批評提出兩點答覆。第一，雖然政策專家、外交官和盟國都對他破壞性的變化和作風感到驚訝，川普的「鐵粉」選民卻很高興。他們投票支持改變，歡迎這種破壞。「這種現實主義的世界觀不僅正當，而且也引起選民的共鳴，他們確切認知到美國不再活在冷戰結束以來的那個單極世界。」[58]第二，某些專家聲稱，若結果有利於美國利益，這些作風和破壞就統統有道理，譬如，伊朗出現更友善的政府、北韓去核化、中國改變做法，以及更平衡的國際貿易體制。

當然現在要評估川普政策改變的長期結果，可說是為時太早；這好比是在比賽中場就預測最後得分。縱使如此，史丹福大學歷史學者弗格森在二〇一八年提出：「看待川普任期表現的關鍵是，這可能是美國制止或至少延緩中國崛起的最後機會。雖然從知識上去看，可能令人不敢恭維，川普處理問題的方法，就是以不可預料和破壞性的方法宣示美國的實力，可能事實上這也是唯一的可行選擇……川普主義的邏輯就是霸凌其他帝國，利用它們都比美國弱的事實，俾便榨取讓步而取得勝利。」[59]同樣的，小布希政府一位前任官員認為川普最大的成功是「粉碎主導美國數十年對華政策的『負責任的利害關係人』之共識，換上『戰略競爭』的新典範……這是美國戰略思維極為重要的一大觀念轉變，它肯定會對美國及世界的政治、經濟和安全產生深遠的影響」。[60]

另一位共和黨籍前任官員說：「藉由駁斥與中國崛起有關的自滿和危險言詞，川普政府對美國安全做出非凡貢獻……而另一方面，川普對氣候變遷的看法將對他未來數十年的繼任者構成重大的挑戰。」[61]某些支持川普經濟做法的人士拿他和雷根相比，認為「他用關稅當威脅是一種談判戰術，要爭取降低貿易壁壘和『公平的競爭環境』」。[62]至於俄羅斯方面，川普對待普丁相對溫和，明顯異常，而且他未能對俄羅斯干預美國大選有更強烈的回應，似乎可從國內政治、川普個人對法律難題的敏感度，以及對他於二〇一六年當選總統的正當性的任何質疑去解釋。

批評者說，即使川普破壞建制的作風取得了一些成績，我們必須以資產負債平衡表的方式思考，考量其成本和獲利。他們認為就對國際體制和盟國信賴所造成的傷害而言，代價未免太高了。他們指出，舒茲把外交政策比喻為耐心搞園藝，認為譬如在和中國競爭上面，美國有六十個盟國，而與鄰國只有少許爭端，可是中國盟友不多，卻有相當多領土糾紛。他們責備川普在回應中國的行為時，沒有與這些盟國合作。此外，雖然規則和體制會造成羈束，但美國在制定它們時發揮了主要作用，而且是主要受益人。甚且，美國有比中國更大的軟實力。他們認為川普的性格和作風傷害了這些資產。

以謊言為例。根據《華盛頓郵報》的「事實查核」資料庫，其分析、分類、追蹤總統發出的每一項聲明，可以發現，川普上任頭十八個月，發出三千二百五十一次虛假或誤導的說法。換句話說，平均每天有六．五則以上不實說法，比起上任頭一百天平均每天四．九則來得高，而到了二〇一八年五月更高達每天八則。數字還在繼續上升。支持川普的人說：「所有的政客都說謊。」而且他的鐵粉認為他是最誠實的總統，因為他敢打破傳統，「實話實說」。川普二〇一八年十一月對記者們表示：「我會盡可能說真話。有時候事態發展為出現不同的事，或是有了變化，不過我總是喜歡說實話。」[63]但是誠如我們在第二章所說的，謊言的數量和形式會造成差異。太多謊言會傷害到信任的基礎。甚且，我們在小羅斯福總統身上看到，有些謊言是為了個人私利而說，也有些謊言是為群體而說。總統可能說謊的原因很多，或許為了掩飾行跡和避免難堪，或是為了傷害敵人，或是圖一時方便。川普的某些謊言固然可能是出於無心，有些則毫無疑問是他討價還價策略的一環，很大部分是為了私利，也和他個人行為相關。

這個議題引起一個更大的問題：個人作風和性格與評斷總統外交政策有何關聯？二〇一六年八月，五十位共和黨籍前國家安全事務官員發表聯名信，聲稱「一位總統必須自律、控制情緒，並應在深思及仔細討論後才行動……川普不具備任何這種極重要的特質。他不鼓勵相互衝突的觀點。他缺乏自我控制，莽撞行動。他不能容忍對他個人的批評。他喜怒無常的行為已經使我們最親密的盟國緊張」。[64]他們和其他人都認為川普個人的脾氣使他不適宜擔任總統。

身為領導人，川普明顯相當聰明，但是他的脾氣在情緒智商和情境智商計量表上排名相當低；而小羅斯福和老布希就是靠這兩者成為成功的總統。史瓦茲（Tony Schwartz）幫助川普寫出他那本《交易的藝術》；他說：「我很早就感受到川普的自我價值意識永遠處於危機狀態。當他覺得受了委屈時，他會衝動、自我防衛的做出反應，打造一個自我合理化的故事，這個故事不一定有事實根據，而且總是把過錯推諉給別人。」史瓦茲把這歸因於川普要防衛、對抗嚴父的主宰；他父親「不斷要求，很難相處，又咄咄逼人……你要麼就主宰，要麼就屈服。你要麼製造恐懼，要麼陷入恐懼——他認為他的哥哥就是陷入恐懼……川普根本就不陷入情緒，或是有興趣和別人往來……故事的關鍵之處在於川普無論何時認為哪件事是事實，那它就是事實」。[65]川普本人描述他的父親「強悍得不得了」。他寫說他哥哥無法挺直腰桿面對父親，「但是我從來沒像大部分人那樣被我父親嚇倒。我跟他對幹……即使在小學，我已經是個非常強悍的孩子。」[66]

不論史瓦茲所講的原因是否正確，川普的自我意識和情緒需求似乎經常影響到他與其他領袖的關係，以及他對事件的解讀。新聞記者伍華德（Bob Woodward）報導，川普告訴一位向他坦承對女性有不當行為的友人說：「真正的權力是恐懼……你必須否認、否認、再否認，把這些女人擋回去。如果你承認了任何事、任何過失責任，你就完了！你這樣將犯了大錯。你不能只是掏出一把槍來，你要挑戰他們。你露出弱點……絕對不能承認。」[67]他的情緒智商水平低，表示川普的個人需求經常影響他的動機，也妨礙到他的政策目標。譬如，和他情報首長的公開證詞相反，川普宣稱北韓核子問題可以補救，因為他與獨裁者私交不錯。「我很喜歡他，他也很喜歡我。」[68]當他的情報首長公開牴觸他對伊朗、北韓和敘利亞境內伊斯蘭國的看法時，川普卻反駁說，他們應該回到學校重修。[69]

川普的脾氣也影響他的情境智商。他缺乏政府公職和國際事務經驗，這一點和他大多數前任大為不同，但是同樣驚人的是，他不怎麼認真填補自己知識的不足。貼身的觀察者形容他不太閱讀，他也堅持簡報報告要很短，並且十分倚賴電視新聞。報導說他在和普丁或金正恩等獨裁者進行高峰會議前，不太注意幕僚為他準備的材料。有位自由派批評者說：「川普——只要說一句話，任何題目都可以聽到最廣泛的簡報，但是他寧可看電視新聞節目《福斯與友人》（Fox & Friends）——他腦子裡有一張世界貿易的圖像，就和他認為美國被嗜好暴力的外來移民淹沒一樣，和現實根本不符。」[70]或者用保守派專欄作家史蒂芬斯（Bret Stephens）的話來說：「我們有個『沒有護欄的總統』（No Guardrails presidency），川普的蔑視法律、程序和禮儀，成為他手下一批人的行為樣板。」[71]如果川普一反既有方式選擇手段僅僅是違反傳統的總統禮節，論者可能會說，批評他的人士過於吹毛求疵，或者陷於老式的外交觀點。但是，手段的選擇不僅是禮節問題，它們也會影響後果。

那麼對川普外交政策的道德性是否有個暫時性的總結可以評價還在進行中的施政呢？就意向、目標和動機等第一面向而言，川普提出一個狹隘的意見，此意見拒絕自由主義的國際秩序，且依賴零和的霍布斯現實主義，這是狹義的美國利己主義。他的白宮助理解釋說，美國優先未必代表美國獨行。雖然力求改變，他多少還是勉強承認盟國的重要性。川普的言詞雖然淡化民主和人權，他還是引述美國要做「山上的城市」的傳統比喻（雖然批評者說，他在國內的行為削弱了美國訴求的清晰度）。固然公正的批評者對川普表達出來的價值觀的廣度和吸引力，可能會有不同的看法，但是公正的分析家無法原諒他因為個人情感需求而扭曲實踐這些價值觀的方式。川普需要被人恭維、動輒宣布成功，導致有缺陷的政策削弱了美國的同盟關係——譬如，在二〇一八年與普丁和金正日舉行峰會之後宣布朝鮮半島核子問題已經解決，又說他相信普丁還勝過他相信自己的情報首長，這可不是好政策或好管理。至於在平衡價值與風險的審慎而言，川普的不干預主義保護他免於犯錯，但是論者可以質疑他的心理地圖和情境智商是否足以了解美國在這個世紀權力分散下所面臨的風險。不願意面對不受歡迎的證據可是應受譴責的疏失。

就手段而言，川普動用武力對付伊斯蘭國或回應敘利亞使用化學武器，可謂合乎比例原則和區分軍民目標，雖然有人質疑他支持沙烏地阿拉伯空炸葉門平民所產生的人道代價。其他批評者，包括他的前任國防部長在內，反對他未跟盟國諮商，突如其來宣布要從敘利亞撤走所有部隊。至於自由派的手段方面，川普顯得不太尊重體制或其他人的權利。

要完整評估結果還得等候相當長一段時間過去。在這個早期階段，川普是否是美國利益的良好守護人還不清楚，但是一些初期決定顯示出不道德的做法，造成的結果是個人的政治便利勝過人命。川普競選政見之一是美國將要退出《巴黎氣候協定》。當他的幕僚指出，翻轉歐巴馬的廢氣排放目標，可能造成每年死亡四千五百人，他可以技術上留在條約當中，但是採取更強硬的做法，川普拒絕了，理由是完全退出才是「我可以誠實對待我的鐵粉的唯一方法」。[72]

前文已經談論過，川普的作風和他選擇的手段所產生的代價已經很明顯，而且相當大，但是要評估其收益而進行平衡的淨評估，現在為時過早。至於世界主義者

川普
期中考道德計分卡

良：○　　優劣並見：△　　劣：×

項目	評分
意向與動機	
道德願景：有吸引力的價值、良善的動機	△
審慎：價值和風險的平衡	△
手段	
武力：比例原則、區分軍民目標、必要性	○
自由主義：尊重權利和體制	×
結果	
受託：成功的為美國長期利益著想	△
世界主義：對他人傷害最小化	×
教育功能：誠實的；擴大道德討論	×

所關切的東西，就教育結果而言，他在國內外只有更狹隘而不是更擴大的討論。甚且，他不夠尊重體制和真相，造成軟實力消失，不過對體制和聲譽所造成的傷害是否能夠修復，還有待觀察。二〇一九年，之前於共和黨政府任職的官員布萊克維爾（Robert Blackwill）下了結論，認為川普對待中國及大中東地區的現實主義做法，意謂著川普的外交政策「比看起來好得多」，但他還是給川普打了丁上（D+）的低分。[73]反之，川普在二〇一八年四月告訴福斯新聞網說：「我給自己打的分數是甲上（A+）。」[74]然而，由於川普的總統任期還未結束，他的期中成績是「不完整的，需要更進一步考核」。

*****

歷史學家警告說，要適當評價一位總統的表現，需要經過一段時間之後——有時候需要等到數十年之後。對歐巴馬和川普要有任何評估，都是高度的臨時性質。兩人都還在收拾小布希在伊拉克過度干預的爛攤子，兩人也都宣稱希望維持美國的世界地位。兩人都不是孤立主義者，但是都主持一個反映民意態度傾向退守的時代。然而，他們的方法大不相同。歐巴馬試圖保持在一九四五年建立的自由主義國際秩序。他談判新的核子、貿易和氣候協定，努力維持在歐洲和亞洲的同盟，試圖把中國拉進體制架構，並且試圖減少美國介入中東泥淖（最後一項沒有大建樹）。反之，川普摒棄自由主義的國際秩序，質疑盟國，抨擊多邊體制，退出歐巴馬談妥的貿易和氣候協定，也涉入和中國的貿易戰，以及把美國在中東的政策重新聚焦在沙烏地阿拉伯和伊朗身上。他保證透過一個較狹隘的互動方式和破壞性外交手法，讓美國再次偉大——這樣做勢必挑戰傳統智慧。

我們在現階段不可能得出確切的評斷，但是這兩個截然不同的做法之後續影響，將構成美國人重大的道德選擇。在接下來的最後一章，我們將討論第四十六任總統會面臨的挑戰。

第九章

外交政策與未來選擇

道德選擇是外交政策無可回避的一個面向，即使憤世嫉俗的人假裝不是如此。人類不是只靠刀劍過活。文字話語也同樣強大有力。刀劍固然鋒銳迅猛，可是話語可以改變揮舞刀劍者的思想。季辛吉曾經說過，國際秩序不只依賴硬實力的平衡，也要依賴正當性的感受。[1]而正當性當然是以價值觀為基礎。

評估二戰以來的道德外交政策

道德是否重要，或者道德論述只是總統用來合理化他們個人或國家利益的虛飾——正如有位朋友所說，「淨是口沫橫飛說空話」，沒有太大的因果意義？利益才能烘焙出蛋糕，而道德只是總統撒在蛋糕上讓它顯得更漂亮的糖霜。

我們敘述的案例已經證明，如此激進的懷疑態度不是好事。道德的確要緊。譬如，我們在第三章看到，以雙極權力結構或帝國式的霸權這種純現實主義的方式看待戰後秩序的建立，並不能解釋小羅斯福為何採用威爾遜的設計，或是杜魯門為何在一九四七年之後延緩採用它，也不能解釋一九四七年以後建立的秩序的自由主義性質。肯楠建議的是現實主義的圍堵政策，但是杜魯門是以更廣泛的自由主義界定它和執行它。同樣的，談到美國在一九五〇年六月介入韓戰──儘管國務卿艾奇遜在同年稍早曾經宣布，朝鮮半島不在我們的防衛周邊之內──我們必須納入杜魯門認為天經地義的道德決定，來回應他所認為的不合乎道德精神的侵略。同樣的，在第五章，要說明在越戰時期之後美國外交政策大幅提升人權的優先地位，我們必須納入卡特的道德觀點。在第六章，雷根決定不接納顧問的建言，也捨棄他先前對「邪惡帝國」的苛刻評論，必須擺在他個人做出道德承諾要終結核子威脅的脈絡去了解。

回顧過去七十年美國的霸主地位，我們可以從道德和外交政策的角色中看到某些模式。所有的總統都表達了吸引美國人的正式目標和價值。他們畢竟就是靠這些號召才當選。所有的總統都宣布維持美國霸主地位的目標。雖然這些目標吸引了美國民眾，它的道德性則取決於它如何執行。帝王式的趾高氣昂和驕矜傲慢並不合格，但是最大的國家提供全球公共財（global public goods）具有重大的道德結果。

總統聲明的意向會出現道德問題，大半是由於他們的個人動機，而非他們公布的正式目標。我們太常看到，個人的考量造成他們偏離正式目標。詹森和尼克森令人佩服、追求的是保護南越免於淪入共產主義極權統治的正式目標，但是他們也擴大和拖延戰爭，只因為他們不想揹上「輸掉越南的人」這個罵名。如果動機是要回避國內的政治難堪，我們要如何合理化美國的軍費支出和其他人的性命犧牲？反過來看，杜魯門寧可讓韓戰戰事膠著，也不接受麥克阿瑟動用核子武器的建議，以致他的政治聲望下挫。在上述兩個案例中，道德都是很重要的因素。

就第二章提出的三個面向道德評斷而論，一九四五年後世界秩序的創始總統——小羅斯福、杜魯門和艾森豪——全都具有道德意向，兼有價值觀和個人動機，而且產生相當大的道德後果。他們有時不足之處是在涉及使用武力的手段面向。反之，越戰時期的總統，特別是詹森和尼克森，在動機、手段和結果方面的評價都很差。越戰後的兩位總統福特和卡特在三個面向都具有顯著的合乎道德的外交政策，但是他們任期很短，而且也顯示道德的外交政策未必就是有效的外交政策。主掌冷戰結束的兩位總統雷根和老布希，在道德的三個面向也都取得不錯的成績。單極年代以及隨後在二十一世紀權力分散的時代，歷任總統的表現結果優劣並見，柯林頓和歐巴馬高於平均水平，而小布希和川普則大大低於平均水平。我個人認為，一九四五年以來的十四位總統中，在外交政策上能把道德與有效性結合在一起的四個最佳總統是小羅斯福、杜魯門、艾森豪和老布希。雷根、甘迺迪、福特、卡特、柯林頓和歐巴馬居於中段班。最差的四位是詹森、尼克森和小布希，以及（由於任期未完而暫時列入的）川普。當然，這樣的評斷可能會引起爭議，而且我的觀點也會隨時間而有改變。由於新的事實會出現，而且每一個世代都會根據新的情況及其不斷變化的優先順序來重新檢討過去，因此歷史修正是不可避免的。

顯然，這種評斷反映出這些總統所面臨的環境，正如沃爾佛斯所說，合乎道德的外交政策意謂在情況允許下做出最佳的選擇。戰爭涉及特殊狀況。因為戰爭讓美國人和其他人付出極大的代價，所以戰爭也引發了極大的道德問題。主持第二次世界大戰這樣的重大戰爭，與主持類似越南和伊拉克這類有爭議的干預戰爭大不相同。即使是有限的戰爭也往往很難結束。

當我們將艾森豪拒絕派兵進入越南，跟甘迺迪和詹森遜決定派兵進入越南做比較時，就知道在外交政策上，審慎是相當重要的美德。一九八三年黎巴嫩內戰期間，兩百四十一名陸戰隊士兵遭遇恐怖攻擊而喪生之後，雷根撤軍而不是投入更多兵力。歐巴馬和川普在一小支部隊之外，不願派遣更多兵力進入敘利亞，隨著時間不同，看起來的感受可能就不同。老布希對自己的目標設下限制，一九九一年的波斯灣戰爭經過四天的戰鬥之後就停止再打下去，美軍沒有繼續向巴格達挺進，因而受到批評。但是與他兒子二〇〇三年欠缺謹慎的表現相比，他的決定似乎好得多。小布希政府原本預期在打入伊拉克之後會受到伊拉克人民當作解放者盛情歡迎，因而沒有為占領做好充分的準備。在外交政策上，就和法律一樣，某些程度的疏忽是有罪的。

現實主義者有時候把審慎貶抑為工具，沒把它當作道德價值。但是我們已經看到，評斷外交政策決策的道德性時，有其複雜度，以及出現意外結果的高可能性，工具性和直覺性價值之間的區別被打破，審慎變成至關重要的美德。三個面向的道德意謂總統必須在韋伯的信念倫理與責任倫理之間取得平衡。外交政策中的道德決策涉及到直覺和理性。故意不理會或粗心的評估會帶來不道德的後果。反過來說，並非所有基於信念的決定都是審慎的，本書舉出了若干例證。譬如，杜魯門針對北韓越過三十八度線南侵的反應可說是相當輕率，不過他認為這是道德上無可推諉的當務之急。這些理性和直覺的美德，可能會相互衝突。原則與審慎並非總是契合。正如我們在第二章所見，總統經常面對的「骯髒的手」這個問題，並非對與錯的問題，而是要在對與對之間權衡取捨的問題。

就我們故事中不吠叫的狗來說，謹慎是一種重要的美德。在涉及到核武器的個案中，審慎的美德和道德上排斥殺害無辜的老百姓，開始相互加強。杜魯門使用新開發的原子武器結束了第二次世界大戰，並不因此感到內疚而睡不著覺，但是他在一九四八年美國壟斷核武力的情況下，拒絕發動預防性戰爭的提議。即使美國擁有壓倒性的核武優勢，他再次拒絕使用核武器打破韓戰的僵局。對於擴大戰爭抱持審慎態度，以及維持盟國的支持，是他決策的一部分，不過他對要殺害那麼多孩子的想法也感到十分震驚。

艾森豪揚言要在冷戰中使用核武器作為嚇阻的手段，但是在某些時間點，他拒絕實際使用核武器的軍方建議。自從一九四九年蘇聯試爆第一枚原子彈之後，審慎成為美德組合中愈來愈重要的一部分，而艾森豪私底下也引用道德信念，在一九五〇年代向其顧問解釋了他的決定。甘迺迪在尋求妥協以結束古巴飛彈危機時的審慎態度，與詹森冒險主張發動空襲，形成了鮮明的道德對比，危機期間留下來的對話錄音透露此一內幕。*但是詹森和尼克森都沒有認真考慮（只用來當作威脅）使用核

* 一九六二年，美國的核武器比蘇聯多得多，許多顧問對道德風險和利益的評估與甘迺迪不同。有位顧問提出一個奇怪的混合比喻：「我們把他們卡死了，但也給了他們一個不錯的機會。（We had them over a barrel but gave them a piece of cake.）」

武器以避開越戰的糾葛。這些「非事件」的道德後果非常巨大。如果這些總統選擇相反的道路，今天的世界將大為不同。

當然，即使評估同一時期的總統，評斷也可能有所不同。任何對學生考卷打過分數、觀賞奧林匹克花式溜冰或西敏寺名犬大展的人都知道，評判不是一門科學。即使對事實有廣泛的共識，不同的法官可能也會有不同的權衡。譬如，有些現實主義者對尼克森的評價可能比我打的分數高，因為他們只注重尼克森對中國的開放，而原諒了他其他一切行為。他們對他在國際經濟、通貨膨脹或人權方面的可憐表現不感興趣。我對這些因素比較重視，並且也很難原諒他犧牲兩萬一千名美國子弟的性命（以及無數越南人的性命），來挽回顏面，建立相當短暫的「體面的間隔」。同樣的，某些人對詹森的評價也可能比我打的分數高，因為他處理的是前人留下來的兩難局面，並且努力試圖維持一項創新的國內紀錄，包括比起任何一位自從林肯以來的總統，都更重視民權方面的進步。*還有一些人可能會因為甘迺迪參與製造出越南的困境，對他的評分較差，或者因為他在古巴飛彈危機期間避免了核子戰爭，而給他打了高分。

我尊重在小布希政府任職的好朋友，他閱讀過我的初稿並告訴我，我給小布希的分數打得太低。我意識到，我對卡特和柯林頓的評分可能受到我參加這些政府的任職經驗無意中的影響。我試圖保持客觀，但讓讀者意識到我潛在的偏見很重要。無論如何，我的自我評價並不比讀者可以自行更改的計分卡來得重要。重要。計分卡被設計來做說明之用，而不是來做定論。它們的價值在於探討評估外交政策中的道德時如何謹慎思考被忽略的面向，因為歷史證明，即使可以質疑得分是否公允，道德的確很重要。

情境智商與道德選擇

情況能允許什麼樣的道德選擇？對總統採行政策的利弊得失進行任何淨評估，都必須從現實主義的見解開始，因為這是在無政府狀態下生存的主要價值觀。總統

* 當然，我的排名僅指外交政策。二〇一七年C-SPAN針對歷史學家所做的民意調查，將詹森評為整體排名第十名的最佳總統。請參見Brian Lamb, Susan Swain and C- SPAN, The Presidents: Noted Historians Rank America’s Best and Worst Chief Executives. New York, Public Affairs, 2019.

的首要道德職責是負起受託人的責任，從確保選出他（將來或許是她）的民主制度的生存和安全開始。這個考試只有及格和死當兩種結果，好在我們的總統都沒有不及格。但是，大多數的國際政治，尤其是對於像美國這樣的大國以及核子戰爭領域之外，都與生存無關。現實主義者還認識到減少衝突的國際秩序的重要性，並正確的提出以正義為秩序先決條件的道德觀點，正如季辛吉所指出的那樣。遭到毀滅的人沒有權利可言。因此，我們評估時應該從現實的問題開始，即總統在履行受託人職責方面所擔負的風險和審慎程度的問題，我們發現大多數總統在這一指標上都做得很好。

總統之間出現重大的道德後果的差異，大半不是源自於價值觀不同，而是在於各人的情境智商存在巨大差異，以致他們努力回答沃爾佛斯的問題——什麼才是情況允許的最合乎道德決定——時有不同的決策。詹森、小布希和川普明顯缺乏情境智商，有時在故意的無知、魯莽的評估和嚴重的過失之邊緣徘徊。但是，我們應該要求總統對無法預料的後果負起道德責任到什麼地步？老布希在一九九二年十二月向索馬利亞提供人道援助時，他是否應該預料到在十個月後悲慘的結局？恐怕是不會預料得到。他的兒子是否應該預見到他在二〇〇三年入侵伊拉克，最後可能會花費數兆美元的經費？有可能會。沒有人能預測未來，但是道德外交政策要求總統在不成比例的意外後果有可能出現時，必須盡最大的努力。當有人擲出戰爭的骰子時，出現意外後果的可能性總是很高。

然而，生存與安全並不是世界政治唯一重要的面向，民眾也希望看到其他價值觀被包含在總統外交政策的後果考量中。我們已經看到，大多數美國人也「接受為國外人民實現正義的重要性，希望美國在國際上追求無私、人道主義的目標」。[2]對於這些價值觀，超越現實主義，從世界主義和自由主義的心理地圖去觀察，是很重要的。譬如，許多美國人具有人類社群的普遍意識，他們不僅基於國際法的義務，也基於道德考量，支持難民政策。儘管一般而言，民眾並不喜歡對外援助，但是民眾對國際經濟和公共衛生援助的支持度已經足夠強大，使得總統能夠始終如一的維持這項政策。譬如，小布希對於非洲愛滋病和瘧疾有關的倡議，做為一種道德政策而得到了支持。行善的程度可能受到限制，但是與懷疑論者的觀點相反，幫助他人是美國總統受到民眾支持的外交政策目標之一。

自由主義的價值觀也得到一些民眾的支持，它影響到總統所使用的手段。大張旗鼓從事道德運動，沒有得到廣泛的支持，而且與傳統認知相反，威爾遜並沒有領導民主運動。使世界安全、宜於民主發展，並不像使世界民主化那樣雄心勃勃，可以被解釋為是一種防禦性而非進取性的目標。*同時，尊重他人的人權和體制正是羅爾斯所說的「正直的人彼此對待的一種態度」。即使基本民主價值並不普及的地方，當專制者沒有構成嚴重威脅時，也可能建立正常的合作關係。這種羅爾斯式的自由主義者並不堅持要輸出民主，但是他們對於嚴重侵犯人權的行為確實會有反應——譬如柯林頓在波士尼亞和海地所發現的慘狀，歐巴馬在利比亞、埃及和敘利亞遇到的情況；以及川普碰上民眾針對他對沙烏地謀殺一名異議記者的不當反應之反彈。

關於這些問題的艱難辯論和道德選擇通常集中在使用什麼手段上。我們已經看到，干預的類型和程度可以從光譜的一端，由總統發表聲明宣示政策，到另一端的大規模使用武力。以使用武力而言，紀錄並不光彩，失敗遠遠超過成功。雷根在一九八二年簡潔扼要的說：「以刺刀種植的政權不會生根。」[3]德國和日本是在長期戰爭中全面失敗之後，才成功起來。其他國家的成果沒有那麼大。一九九三年，人道主義干預行動在索馬利亞失敗，影響到六個月之後，柯林頓不干預盧安達爆發的種族滅絕大屠殺。在利比亞發動空襲卻失敗，限制了歐巴馬日後在敘利亞使用空襲的意願。他的一位助理撰文說，敘利亞成為手段和目的落差極大的悲劇案例，數十萬人遭到屠殺，數百萬人淪為難民。美國設定最高的目標，宣布阿薩德必須下臺，可是卻無法實現這個目標。「我們早該更努力的減少傷亡人數。」對阿薩德施壓，要他緩和對其人民最惡劣的暴行，並不會解決他的暴政的更深層問題，但是或許可能遏制住死亡人數，以及難民跨越國境的動盪。[4]目的和手段在道德評斷中交互影響。好目標必須調整，以便適應好手段，反之亦然。許多最困難的道德決定並不是全有或全無。正如華爾澤所說，困難的道德選擇處於中間。固然審慎考量滑坡的危險很重要，但是道德的選擇在於目標和手段相互調整及適應。

　　至於威爾遜自由主義傳承的第二個面向，即支持基於體制合作的國際秩序這一點，美國總統從來都不是完美的體制自由主義者。他們經常在限制之下發怒，對責任分擔頗有怨言。杜魯門在大陸棚上擴大鑽探作業；艾森豪支持針對伊朗和瓜地馬

---

* 冷戰結束後，「民主和平理論」（democratic peace theory）（可以追溯到康德，在一九八〇年代因政治學家道爾（Michael Doyle）和其他人的提倡又告復活）又在華府流行起來。它把民主與安全連繫起來，認為民主國家彼此之間比較不可能發生戰爭。然而，即使這是正確的，要使所有國家走上民主的道路非常困難，而且可能涉及相當大的暴力。已經有大量的文獻討論這一點。

拉採取祕密行動，甘迺迪在古巴也進行祕密行動，如果嚴格解讀《聯合國憲章》，這些都不合規定。尼克森於一九七一年違反布列敦森林體系的規定，對我們的盟友徵收關稅。雷根不理睬國際法院裁定他在尼加拉瓜港口開採是非法行為。老布希推翻巴拿馬的諾瑞嘉政府；雷根入侵格瑞納達；以及，柯林頓轟炸塞爾維亞，都沒取得安全理事會決議的支持。

縱使如此，在二〇一六年之前，在多數情況下，美國總統都支持國際組織，並試圖擴展其規模：詹森領導下的《核不擴散條約》；尼克森、福特和卡特的武器控制協定；老布希的里約熱內盧氣候變遷協定；柯林頓的世界貿易組織和飛彈技術管制制度；或者歐巴馬的《巴黎氣候協定》。直到川普上臺，美國政府才從政策上轉變為廣泛批評多邊體制。國務卿龐培歐（Mike Pompeo）在二〇一八年宣布，自從冷戰結束以來，國際秩序辜負了我們，他抱怨說：「多邊主義已經被認為自尋死路。我們簽署的條約愈多，我們應該會更加安全。我們的官僚愈多，工作應該會有更好的成績。」[5]總統不滿意國際體制是存在已久的事，但是川普政府代表了對體制有一種狹隘的新互動方式。

我們在第二章已經看到，維護國際機構和體制是道德領導的一部分。體制只是社會行為的正常價值模式。它們不只是正式的國際組織，有時候會僵化，需要改造或拋棄。體制包括組織，但是更重要的是產生社會角色的規則、規範、網絡和期望的整套體系，由它帶來道德義務。譬如說，家庭不是一個組織，而是一個社會機構，在這個社會機構中，身為父母對於子女的長遠利益負有道德義務。藉由拉長未來的陰影（shadow of the future），國際體制和機構鼓勵能產生道德結果的合作，這些後果超出了任何單一互動。它們通常代表針對互惠經過整理的道德論據。它們可以為道德選擇創造新的環境。同時，體制有時會失去價值、變成非法。[6]

川普政府擔心一九四五年後的體制把美國「格列佛化」（Gulliverized），他們其實也有道理。小人國利用多邊體制的繩索來限制住美國這個格列佛在任何雙邊對峙所使用的談判力量。*川普政府使用這種方法重新談判各種貿易協定，不惜破壞世界貿易組織。美國可以利用它非比尋常的規模來打破那些體制小細繩，最大化它的

---

* 對於川普政府會有這種見識並不新鮮。一九六八年，霍夫曼出版一本書，書名為《格列佛的麻煩：美國外交政策的環境》（*Gulliver's Troubles: Or the Setting of American Foreign Policy*, New York: McGraw Hill）。

短期談判能力，但是身為世界最大的國家，美國也可以利用這些體制套住其他國家，支持吻合美國和其他國家長期利益的全球公益。

川普對中國的貿易和科技政策的不公平發動攻擊，並沒有糾合我們的盟友參與改造世貿組織。他反而向他們課徵關稅，疏遠了他們，並且集中火力片面攻擊中國。川普可以聲稱這樣做打破了國際貿易體制中既有的慣性，也防止其他國家沖淡美國對中國單方面施加的壓力。短期收益是否會超過體制受到的傷害，還有待一段時間的觀察，但這是一種截然不同於雷根總統的國務卿舒茲所建議的行使實力的形象；舒茲把外交工作比喻為園藝，需要長期的耐心。

最後，在總統外交政策重要的長期道德後果中，我們必須考慮總統對真實、信任的影響，以及對國內外道德討論是擴大或縮小。十八世紀的開國先賢們擔心龐大的常備軍隊會對我們的民主體制產生影響，艾森豪也警告，不要因為發展軍事──工業複合體而造成扭曲。過度的保密會孕育不信任，尤其是在行動終於暴露時。在冷戰期間，圍繞著他和他的繼任者的祕密干預行動的機密破壞了在國內外的公開討論。

我們在第二章中已經看到，在詹森和尼克森政府之後，美國民眾對政府的信任喪失變得更加嚴重。越戰和水門事件，以及中央情報局冷戰期間祕密干預行動的程度曝光之後，民眾對政府體制的信心和信任急劇下降。在行動和反應的政治週期中，福特和卡特試圖建立更大的開放性和信任度，但是他們主政的時期只持續了六年。雷根的樂觀情緒導致民眾的信任度略為提高，但是後來民意調查再次下墜，原因是雷根的中央情報局局長凱西在中美洲的祕密行動，以及諾斯從白宮策畫組織非法的「伊朗門事件」行動曝光。甚至一度有人談到要彈劾雷根；後來眾議院因為柯林頓對於他和白宮實習生李文斯基的關係說謊，對柯林頓發動彈劾。川普破紀錄的謊言的長期影響還有待觀察。除了川普，假新聞、社群媒體武器化以及人工智慧操縱圖像的趨勢讓人憂心。

就美國在海外的吸引力或軟實力而言，民意調查顯示，國際社會對川普空前的說假話次數的最初反應，已經造成對美國的信任大幅下降。與專制國家不同，美國的許多軟實力不僅是由政府行動產生，也從我們的公民社會產生——從好萊塢到大學、基金會、非營利組織、新聞自由等等一切都是。在越戰時期，全球人民走上街頭遊行，抗議美國政府在越南的政策，他們沒有唱美國共產黨反對派的〈國際歌〉，而是唱美國民權之歌〈我們將會勝利〉（We Shall Overcome）。不到十年時間，美國的軟實力已經恢復。歷史是否會在後川普時代重演，還有待觀察，但在目前這段期間，對美國失去信任是政府對外交政策採取短期交易態度、而非長期開明的自利方法，付出代價高昂的結果。

美國道德傳統的起伏升沉

我們在前文已經看到，美國人對於外交政策的道德主義有特殊的品味。這並沒有使得美國人比其他民族更道德，但是它影響我們的自我感覺，有時甚至也影響到美國的政策。這種例外主義源自於清教徒的宗教信仰、開國先賢的啟蒙時期自由主義，以及美國的國土廣闊。隨著美國在二十世紀成為世界最大經濟體和最強大的國家，我們的選擇增多了。威爾遜總統派出兩百萬大軍到歐洲參戰，以確保民主國家有個更安全的世界，他也建立自由主義的世界秩序，取代了老式的權力平衡。經過二十年的退守，我們回到十九世紀孤立主義的傳統，小羅斯福、杜魯門和艾森豪建立一個自由主義的國際秩序，一連七十年沒有受到挑戰，直到二〇一六年大選才發生變化。

美國人對外交政策的態度一向因區域和政黨而不同，而且它們也在向內和向外之間搖擺。這些擴張和退守的循環經常反映一個時代對它先前時代的反動。[7]威爾遜宏大的道德綱領在一九一七年動員了民眾，但是它也造成孤立主義者在一九三〇年代反動的力道強勁。同樣的，災難慘重的一九三〇年代造成在第二次世界大戰之後創立自由主義的秩序。甘迺迪啟迪人心的言詞，和越戰時期的骨牌理論結合，後來造成一九七〇年代福特和卡特當家主政時期的希望幻滅和弊病。冷戰成功結束和單極優勢導致柯林頓和小布希增加軍事干預。二〇一三年入侵伊拉克則創造出在歐巴馬和川普執政時期盛行的外交政策態度。

美國人一向對重大軍事干預態度矛盾，初期的熱情往往會消退。即使一九三〇年代面臨希特勒構成的生死存亡威脅，小羅斯福也無法以武力回應，直到日本人攻擊珍珠港之後才能宣戰。杜魯門必須「把美國老百姓嚇得半死」，才能回應蘇聯在第二次世界大戰之後的擴張。他避免一九五〇年在朝鮮半島宣戰，改口形容他針對一九五〇年南韓遭到侵略的回應是，在聯合國旗幟下的「警察行動」。戰事陷入僵持之後，美國國內的支持也消退。

甘迺迪和詹森在冷戰時期雙極對陣的脈絡下，逐步升高美國在越戰的參與，但是他們和尼克森都沒有能夠發展出國際支持美國參戰，到了一九六八年，國內民意十分分歧。老布希很幸運得到戈巴契夫默許，可以發動聯合國集體安全行動，在一九九一年把伊拉克逐出科威特。老布希聰明的維持有限度的目標，保住完整的國際同盟，並且盡量縮短軍事作戰時間。柯林頓和小布希在一九九九年和二〇〇三年未能循聯合國安理會決議的路徑取得正當性，他們啟動北約組織和「自願聯盟」，來正當化他們在科索沃和伊拉克的用兵。但是在這兩個案例上，國內的支持也隨著時間進展逐步消退。

九一一事件之後，以及後來伊斯蘭國崛起，針對恐怖主義的回應支持美國在阿富汗和中東動武，但是川普二〇一七年的國家安全理論承諾大國競爭——而非恐怖主義或國家建立——將是美國政策的焦點。川普直覺感受到，動用武力保護國家安全，會比動用武力促進自由民主的價值，更能得到民意的支持。美國人有心促進自由主義價值，但是當代價明顯超過利益就不行了。縱使如此，在華府，「即使民眾厭惡，美國政治仍然推動軍事干預主義」。根據歐巴馬顧問羅德斯的看法，「即使敘利亞紅線事件證明民意對戰爭有疑慮，國家安全辯論的政治框架還是一樣：硬仗就是要打，其他選擇都是軟弱。」8

美國的信譽這個問題為許多總統製造了艱難的道德困境。歐巴馬說，為了看來強硬而發動戰爭是錯誤的決定，這是正確的看法。但是國際秩序是以美國實力為基礎，強悍的聲譽會影響到廣大的國際秩序。回顧起來，拒絕轟炸敘利亞對他來說代價很高，即使當時國會和民眾支持他的做法，而且他透過外交解決方案移除的化學武器可能還多過用轟炸得到的成果。在越南落敗之後，雖然還有其他選擇，福特覺得他在馬雅貴茲號事件必須強硬。另一方面，議題如何緊密相連，是從來不會完全清晰的。冷戰達到高峰時，甘迺迪正確的看到古巴和柏林兩者息息相關，但是詹森和尼克森可能過分高估越戰失敗和在全球保持雙極力量平衡的緊密關係，當時的世界，中、蘇分裂已經開始。我們要再強調一遍：良好的情境智商攸關合乎道德的後果。

鑑於民眾對重大軍事干預的興趣有限，關鍵問題往往就變成，美國使用非軍事干預手段來推動其價值，應該到何種程度。冷戰期間和蘇聯競爭時，艾森豪、甘迺迪和其他人經常訴諸情報機關的祕密行動做為解決之道。但是當這些行動日後曝光，就美國與其他國家的關係以及美國信譽所受的傷害而論，它們顯得代價更加高昂。有一份仔細的研究下了結論說：「美國在冷戰期間許多祕密和公開的政權更替行動，並沒有如計畫者所預期……我們沒有太多理由相信它們在美國最後的勝利扮演決定性的角色。」前任中央情報局局長伍爾西（James Woolsey）曾經舉出兩項祕密行動，他認為在冷戰期間發揮重大影響：一是自由歐洲電臺（Radio Free Europe），另一是蘇聯入侵阿富汗之後，美國援助阿富汗反抗軍聖戰士（Mujahedeen）。另一位前任中央情報局局長赫姆斯（Richard Helms）則批評冷戰把祕密行動當作「政治鏈鋸」使用。他的結論是：「在最佳狀態下，祕密行動應該像磨利的手術刀一樣，不常用，但在使用時必須極度謹慎，以免變鈍。」[9]甘迺迪的祕密「貓鼬行動」替極其危險的古巴飛彈危機奠定了基礎。所謂的冷戰祕密行動的好處似乎並沒超過它們的道德代價。

至於公開干預，在侵入性行動而言，它位於低端，吸引力的軟實力可以透過「山上閃閃發光的城市」的典範、言詞和廣播、經濟和衛生醫療援助，以及對公民社會組織，如大學及非營利組織等等的支持來推動。對於諸如沙烏地阿拉伯或菲律賓之類的國家之人權給予口頭或經濟的支持，或是實施制裁，以及削減軍售的行為，因而冒犯專制的領導人，並且阻礙了美國外交政策的其他方面，會比較有爭議。這種關於價值的爭論是正常的，在民主國家中也是可以預料的。美國人對中國或緬甸的人權有一定程度的世界主義關注，但是誠如卡特所發現，人權和促進民主不能是唯一的焦點。外交政策涉及到在許多目標之間——包括自由主義的價值觀——做權衡取捨。否則，我們將只有人權政策，而不是外交政策。

未來道德外交政策面臨的挑戰

前文已經提到，未來的總統將面臨兩種全球權力轉移，它們將構成本世紀美國外交政策的脈絡：一是水平的權力轉移，另一是垂直的權力轉移。水平的權力轉移是亞洲的崛起，或者更準確一點，是亞洲的復原。在十九世紀工業革命推升歐洲和北美洲經濟之前，亞洲人口超過全球人口半數以上，經濟也占了世界一半的份額。到了一九〇〇年，亞洲人口仍然居世界之一半，但是它在全球經濟的占比已經縮小到僅有二〇%。以二戰之後日本經濟呈兩位數的成長為開端（這是美國政策的目標），隨著東南亞、中國和印度追隨日本的足跡，世界恢復到比較正常的百分比。特別重要的是中國力量的崛起，以及世界將陷入「修昔底德斯陷阱」的危險，所謂「修昔底德斯陷阱」就是既有的強勢大國害怕新的大國崛起而引起災難性的戰爭。[10]有些人認為二十一世紀將因霸權轉移的戰爭而陷入戰禍，就好像上個世紀英國受到德國崛起挑戰的情勢。

另一個權力大轉移是垂直性的，受到科技的驅動。資訊革命始於一九六〇年代，摩爾定律指出電腦晶片能力每兩年就加一倍，比起歷史上任何時候，它提供更多的資訊給更多的人。第二種權力轉移有時候被稱為「新封建主義」，在這個制度下，主權國家與各式各樣其他行動者分享權力。科技使得非國家行動者有了能力。他們沒有取代主權國家，但是他們擠上政府活動的舞臺，製造新的工具、問題和可能的同盟。*此外，科技也增進經濟、政治和生態的相互依存，創造更多的跨國連結和議題，這些連結和議題通常不在政府控制之下，可是卻影響他們之間的關係。這種全球相互依存也有在社會之內重新分配的效應，它又反過來改變國內政治，由此再去影響外交政策。

這兩種權力轉移都挑戰著過去七十年的自由主義秩序。備受尊重的評論家，如《金融時報》的沃夫（Marlin Wolf）曾說：「我們來到了兩個盡頭，一個是西方帶頭的全球化此一經濟時期的盡頭，一個是以美國為首的全球秩序、後冷戰『單極時刻』此一地緣政治的盡頭。問題在於接下來是否將是後二戰時期的鬆解，進入去全球化（deglobalization）和很像二十世紀前半葉衝突的時期；或是一個新時期，非西方國家，尤其是中國和印度，扮演更大的角色來維持合作型的全球秩序。」[11]這種新世界對道德的外交政策將構成新挑戰。

中國的崛起

倘若未能成功處理好中國的崛起，將為美國和世界帶來災難性的後果。布萊克維爾認為，美國總統不了解中國長期目標是成為亞洲第一大國，進而再成為世界霸主，這堪與越戰及伊拉克戰爭並列為第二次世界大戰以來，美國三大最受傷害的外交政策錯誤。[12]甚且，一個既存的大國和一個崛起的大國的互動，可能導向誤判，從而打亂二十一世紀，猶如二十世紀在一九一四年的毀滅性戰爭一般。許多觀察家相信，中國的崛起將意謂著美國時代的終結，但是過度高估或低估中國的實力是同等危險的。低估會孕育驕矜自滿，高估則會製造恐懼——兩者都可能導致誤判。歷史充滿了對權力平衡的變化判斷錯誤的事例。[13]尼克森和季辛吉就把戰後美國所生

* 至少有一個歐洲國家——丹麥——的外交部在矽谷和北京派駐科技大使、設館辦公。臉書的跨國會員人數大於美國和中國兩國人口的總和。

產的產品占全世界之高比例，自一九四五年以後逐漸回復到正常的狀態，解讀為衰退。他們宣稱世界是多極的，殊不知在後來二十年卻實際走向單極。同時，反對尼克森在一九七〇年代低盪和解政策的人士，誇大蘇聯的實力，但蘇聯後來崩潰了。再後來，小布希誤解了美國單極力量的局限。它證明了美國要主宰全球海、空和太空公共領域，要比控制國內都市叢林社會革命還容易得多。[14]

與目前的傳統認知相反，中國還沒有取代美國成為全球最大經濟體。以購買力平價（purchasing power parity）計算，中國經濟規模在二〇一四年大於美國經濟規模，但是購買力平價是經濟學家用來比較財富估計的有效工具，卻不能用來衡量國力。譬如，石油和噴射機引擎以目前的匯率進口，以這個標準衡量，中國的規模大約是美國的三分之二。[15]甚且，國內生產毛額是非常粗糙的一種衡量國力的標準。中國從一八三九年和英國發生鴉片戰爭，開啟其「百年國恥」，這階段之初，中國擁有世界最大的國內生產毛額（和軍隊）。[16]如果納入人均所得會更適當的反映出繁複的經濟體指標，而美國的人均所得是中國的好幾倍以上。

許多經濟學家預期中國有一天將超越美國，成為世界最大的經濟體（以美元計算的國內生產毛額為準），但是估計的日期差異很大，從二〇三〇年至世紀中葉都有可能，端看你怎麼假設中國和美國的經濟成長率而定。然而，不論是用什麼標準衡量，中國經濟的引力是在日益增大。柯林頓的財政部長桑默斯（Lawrence Summers）提出未來外交政策的問題：「美國能想像二〇五〇年出現一個可行的全球經濟體系，在這個體系中，美國的經濟規模只有世界最大經濟體的一半嗎？政治領袖能否承認這個現實，允許談判這樣一個世界的模樣嗎？固然美國可能無法接受經濟規模被別人如此大幅超越，它有辦法可以制止嗎？中國能夠被壓制下去而不發生衝突嗎？」[17]

修昔底德著名的把伯羅奔尼撒戰爭歸因於兩個原因：一個新大國的崛起，以及原已存在的大國產生恐懼感。大部分人專注在他這句話前半段，但是後半段是我們比較能夠控制的。桑默斯合理懷疑美國的外交政策能否阻止中國經濟的崛起，但如果我們善用我們的情境智商，我們可以避免誇大恐懼，阻止它製造出新冷戰或新熱戰。

即使有朝一日中國的整體經濟規模超越美國，這也不是地緣政治實力唯一的指標——我們不妨看看美國在二十世紀上半葉的經驗。經濟力量只是方程式的一部分，而中國在軍事和軟實力指標上遠遠落在美國之後。美國的軍事費用是中國的好幾倍。雖然中國的軍事實力在近年來大為增進，分析家仔細審視軍事平衡，得出的結論是，中國在全球還不能平起平坐，只要美國維持與日本的同盟及在日本的基地，中國不能夠將美國排斥在西太平洋之外。蘭德公司估計，對於美國和中國來講，一場非核子戰爭的代價將十分高昂，對中國尤其更高。[18]就軟實力而言，民意調查以及倫敦顧問公司波特蘭（Portland）最近發表的指數，都把中國列為第二十六位，而美國則名列前茅。[19]一九六〇年代毛澤東共產主義的跨國軟實力吸引力可比今天的「習近平思想」大得多了。

另一方面，中國巨大的經濟規模也不容小覷。美國曾是全球最大的貿易國家，也是最大的雙邊貸放國家。今天，將近一百個國家把中國當作最大的貿易夥伴，相形之下，只有五十七個國家和美國有這種關係。中國提出「一帶一路倡議」，計畫在未來十年貸放出一兆美元以上的金額，供各國進行基礎設施建設，而美國卻削減對外援助。中國經濟成功的故事增強它的軟實力，而政府控制進出其巨大市場，則提供硬實力的槓桿作用。甚且，中國威權主義的政治和重商主義的做法，使得它的經濟力量隨時可由政府運用。中國將從它龐大的市場以及它在海外的投資及開發援助，獲得經濟力量。人工智慧時代，全球七大公司——谷歌、臉書、亞馬遜、微軟、百度、阿里巴巴和騰訊——將近一半是中國公司。[20]擁有眾多人口、全球最大的網際網路，以及數據資源，成為世界政治的「新石油」，中國即將成為大數據的沙烏地阿拉伯。整體而言，中國實力和美國實力的對比極可能會上升。

中國是個具有強大實力的國家，但也有重要的弱點。無論中國目前採取什麼行動，美國將持續某些長期的實力優勢。其一是地理。美國被兩洋包圍，鄰國也可能持續友善。中國領土和十四個國家接壤，它和印度、日本及越南都有領土糾紛，因而限制了它的軟實力。能源是美國另一個優勢。十年前，美國似乎絕望的仰賴進口能源，現在，油頁岩革命使它從能源進口國轉身一變成為出口國，而且國際能源總署（International Energy Agency）預測北美洲在未來十年將可自給自足。與此同時，中國變成愈來愈仰賴能源進口，大部分進口石油是經由印度洋和南海輸送，而美國及其他國家在這兒維持強大的海軍力量。要泯除這些弱點，需要數十年的時間。[21]

美國享有財金實力，它們來自它巨大的跨國金融機構以及美元的角色。世界各國政府持有的外匯準備，只有一．一%是人民幣，而美元則占六四%。雖然中國可望扮演更大角色，一個有可信度的準備貨幣要依靠貨幣的可兌換力、深刻的資本市場、誠實的政府和法治——這些東西在中國全都付之闕如，要發展也需要很長一段時間。雖然中國可以拋售它持有的龐大美元，這種行動傷害它本身經濟的風險不亞於對美國的傷害。雖然美元不可能永遠保持超越群倫的地位，而且美國過度使用財金制裁也創造出誘因，讓其他國家尋找其他的金融工具，不過，人民幣在近期內還不可能取代美元。

美國也具有人口實力。它是唯一預計將會維持人口排行地位（全球第三大）的大型已開發國家。雖然美國人口成長率近年已緩慢下來，它的人口不像俄羅斯、歐洲和日本將會縮小。全世界十五大經濟體當中有七個，在未來十五年內將會面臨勞動力萎縮的狀況，但是美國的勞動力可能會增加五％，而中國勞動力將下降九％。[22]中國很快就會把人口最大國家的地位讓賢給印度，而且它的工作年齡人口已經在二〇一五年達到頂點。中國人有時候說，他們擔心會「未富先老」。

美國曾經居於開發關鍵科技（生化、奈米、資訊）的前緣，它們是本世紀經濟成長的核心，而且美國的研究型大學主導了高等教育。二〇一七年上海交通大學做了一項調查，全球前二十名大學當中，有十六所位於美國；中國掛零。與此同時，中國大手筆投資在研究開發，目前在某些領域競爭成績不惡，也訂下目標要在二〇三〇年之前成為人工智慧的領導者。有些專家相信，中國有龐大的數據資源，對資訊如何使用也沒有個人隱私保護，加上推動機器學習將需要訓練有素的工程師，而不是最先端的科學家，中國可以達成它人工智慧的目標。[23]鑑於機器學習做為會影響許多領域的通用技術的重要性，中國在人工智慧方面的進展將特別重要。

中國的科技進步已不再只依靠仿製。雖然川普政府正在懲罰中國透過網路竊取智慧財產，強迫廠商轉移智慧財產，以及不公平的貿易做法，美國若要成功回應中國的科技挑戰，必須多依賴本身在國內精進，而不是對外實施制裁。[24]然而，宣稱大華盛世將臨、美國時代行將落幕的人士，沒有考量到整個實力範疇。*美國驕矜自滿一直都是危險，但是缺乏信心、誇大恐懼也會導致反應過度。

美國握了一手好牌，但是歇斯底里可能會導致我們不能有技巧的打牌。放棄我們的盟國和國際組織這些好牌，就是一個敗筆。另一個可能的錯誤將是試圖切斷所有的外來移民。新加坡前任總理李光耀被問到，為什麼他不認為中國在近期內的整

* 杜意奇（John Deutch）是麻省理工學院前任教務長，也是前中央情報局局長。依照他的觀點，如果美國在創新潛力上達成可能的改進，「中國的大躍進可能最多只是往前踏幾步，稍微縮小美國目前享有的創新領導差距。」但是，請注意他提到的「如果」。

體實力會超越美國，他答說，美國有能力吸引全世界的才俊之士，以多元化和創造力重新組合他們，中國的大漢民族主義就做不到這一點。[25]如果美國拋棄國外的同盟和國內的開放環境，李光耀可能就錯了。

隨著中國實力增長，許多觀察家擔心我們注定將會爆發戰爭，但是幾乎沒人考慮反面的破壞性危險。中國在國際秩序中可能不以革命力量之姿出現，反而像美國在一九三〇年代當個搭便車的國家。中國可能只有很薄弱的動作，不肯強力參與，拒絕向不是它創造的國際秩序有任何貢獻。這可能會誇大「不是在此處發明」的問題。中國曉得它受惠於後一九四五年的國際秩序。在聯合國安全理事會中，中國是享有否決權的五強之一。中國現在是聯合國維和部隊的第二大經費分攤國家，也參與聯合國與伊波拉疫病及氣候變遷相關的計畫。中國也相當受惠於世界貿易組織和國際貨幣基金等經濟機構，而且中國同意接受二〇一五年的氣候條約。

另一方面，中國籌辦它自己的亞洲基礎設施投資銀行（Asian Infrastructure Investment Bank, AIIB），啟動「一帶一路」的國際基礎設施建設計畫，有些人認為這是經濟攻勢。中國沒有履行市場經濟體全面互惠的義務，而二〇一六年海牙國際法院就南海爭議做出不利於中國的裁定，引起中國是否將依個案看待其法律責任的疑問（美國有時候也會）。

到目前為止，中國沒有試圖推翻它受惠極深的世界秩序，只是設法增加它在裡面的影響力，但是隨著中國實力上升，這可能會有變化。[26]胃口有時候是愈吃愈大。川普政府看待中國是個修正主義大國，但是目前為止，它是溫和的修正主義。它不像極端修正主義的大國（如希特勒的德國），中國無意掀翻牌桌，只想在牌桌上多贏一點。蘭德公司一項研究的結論是：「談論中國與『這個』國際秩序的互動並不完全恰當，其立場因秩序的組成而有很大差異。」[27]與此同時，中國經濟力量日益上升將為美國和國際秩序製造問題，很可能為了市場准入、強制性科技轉移、為了支持國家精英企業而由國家主導的產業政策、產能過剩，以及竊取智慧財產等等，而發生磨擦。美國面對開放的國際經濟其做法也需要調整，要加強監督中國的貿易和投資，因為它們威脅到我們的科技和國家安全目標。

隨著中國實力上升，美國的自由主義國際秩序必須改變。中國對自由主義或美國的主宰一切沒什麼興趣。美國如果聰明的話，最好放棄「自由」和「美國」等字詞，改為思考「開放和守規矩」的世界秩序。這將代表以羅爾斯看待自由主義的方式來打造開放的國際秩序，即重視體制合作，而非促進民主。威爾遜遺緒的後半部或許仍然是令人高興、意料之外的長期結果，因為相較於衝突的另一選擇，長期多元化的前景將因此一情勢而增強。

隨著中國、印度和其他經濟體的增長，美國占世界經濟的份額將會少於本世紀開頭時的比例，而且其他國家的崛起將使組織集體行動去促進全球公益的難度加大。但是其他國家，包括中國在內，並沒有意思要在未來幾十年內，取代美國的整體力量資源。俄羅斯人口正在下降，十分依賴能源出口，而非科技出口；印度和巴西（各自擁有二兆美元的經濟規模）仍是開發中國家。儘管中、俄兩國為了對抗美國組成同盟，類似一九五〇年代中、蘇同盟的威權國家同盟不太可能會出現，因為兩國存在深刻的互不信任，也很難調和對立的民族主義意識型態。[28]

今天的威權政府軸心缺乏一九五〇年代共產國際（Comintern）的軟實力吸引力，不過還是需要採取方法來反制他們祕密以「銳實力」威脅民主價值。[29]中國相當努力增強它的軟實力，它透過經濟誘因以及操縱社群媒體，推動威權主義的社會樣板。然而，過去毛澤東思想能號召抗議者在全球各地湧上街頭，今天卻不可能有大批抗議者在「有中國特色的習近平社會主義思想」旗幟下上街遊行（即使這個名詞已經堂皇進入中國共產黨黨章之中）。自從尼克森以來，雖然意識型態差異極大，但中國和美國合作。現在中國使用人工智慧應用軟體做為國內監控的科技，而輸出這些運作方法將對雙邊關係產生新負擔，不過不會阻止所有的合作。

亞洲快速的經濟成長鼓勵水平式的權力轉移進入本地區，但是亞洲有它自己的內部權力平衡。中國的力量受到日本、印度和澳洲等國家的制衡。美國仍將攸關亞洲的權力平衡。[30]如果美國維持這些同盟，中國可以把美國趕出西太平洋的可能性極低，更不用說想要主宰全世界的大夢。跟道德外交政策比較有關的問題是，美國和中國是否將發展出一種態度，允許它們合作製造全球公共財，這一點完全不明朗。中國的現實主義派學者閻學通猜測，隨著單極世界和美國霸權的終結，中國謹慎避免戰爭，而「雙極的美中秩序將由關心不同議題的特定聯盟構成，而非僵化的對立集團……〔而且〕大多數國家將採取雙軌的做法，在某些問題上與美國站在同一邊，而在另一些問題上與中國立場一致」。[31]美中關係是一種合作競爭，成功的「智慧競爭」戰略需要同等重視上述的兩個方面。[32]但是這樣的未來需要雙方都有良好的情境智商，小心審慎的管理，以及沒有重大的誤判。

科技、跨國行動者和熵

總統們也將面臨來自權力垂直轉移——從政府分散出去——所產生的艱巨問題。國家之間的權力轉移在國際政治上是常見的事，但是科技帶動權力從國家轉移到非國家行動者，帶來全新而陌生的複雜性。科技改變正把許多跨國議題，如金融穩定、氣候變遷、恐怖主義、網路犯罪和流行疫病，擺上全球議程，同時它也往往減弱政府回應的能力。跨越邊境、不受政府控制的跨國關係領域，包括各種不同的行動者，譬如金融家和罪犯透過電子方式轉移資金、恐怖份子轉移武器和計畫、駭客威脅到網路安全，或是利用社群媒體擾亂民主過程，以及流行疫病和氣候變遷等生態威脅。

情勢是愈來愈複雜。現實主義者的心理地圖提出未來有兩種模式——循十九世紀歐洲方式大國衝突或大國協合。然而，第三種預想不到的模式可能涉及到熵——無法完成工作。在這樣的世界，問到「誰是下一個？」，答案是「沒有人」。[33]

雖然這個答案太過簡單，它確實指出將會製造外交政策新挑戰的重要趨勢。科技快速改變，把新議題擺到議程上，讓總統面臨艱巨的道德選擇。我們看到杜魯門、艾森豪和甘迺迪針對核分裂此一變革型技術做出至關重要的道德選擇，但是核子工廠和武器又大又明顯，受到政府相當程度的控制。資訊科技和生物科技的許多新發展是在民間部門研發，將會有去集中化的方面，賦予非國家行動者能力，政府將很難監督或控制。[34]

個人和民間組織，包括維基解密（Wikileaks）、全球公司、非政府組織、恐怖份子、自發性的社會運動，全都有了能力在全球政治扮演直接角色。資訊的散布意味權力將會更廣為分散，非正式網絡將削弱傳統官僚的壟斷。資訊透過網際網路的傳輸速度意謂政府對議程的控制將會減低，也會碰上新的罩門。

孤立並不是選項。美國的兩洋已經沒有過去那麼能夠保障安全。當美國在一九九〇年代轟炸塞爾維亞和伊拉克時，米洛塞維奇和海珊沒有辦法對我們本土發動反擊。一九九八年，柯林頓用巡弋飛彈對付蓋達組織在蘇丹和阿富汗的據點，但是在二〇〇一年，一個非國家行動者把我們的民航機轉化成為巨型巡弋飛彈，在美國殺害三千人（比日本偷襲珍珠港的死者還多）。我們的發電廠、空中交通控制系統和銀行面對發自國內或國外任何地方的電子攻擊都無力抵抗。海洋幫不了忙。網路攻擊可以在幾秒鐘之內由十英里外或一萬英里外發動。*歐巴馬的國防部長潘內達（Leon Panetta）警告要提防「網路珍珠港」的危險，但是一些最難以遏制的攻擊來自低於武裝衝突門檻的混合戰的灰色地帶。

不僅是我們的基礎設施無力抵抗網路攻擊，就是我們的民主自由面對它也相當脆弱。二〇一五年，北韓抗議好萊塢一部喜劇電影嘲笑它的領導人，針對索尼影業（SONY Films）發動成功的網路攻擊。二〇一六年，俄羅斯能夠藉由美國的社群媒體介入美國的總統大選。[35]許多觀察家認為，因為最大的跨國社群媒體公司如臉書、谷歌和推特源自美國，它們是美國實力的工具，但是在二〇一六年，俄羅斯能夠把它們掉轉為對付我們的武器。

一九九〇年代是自由意志主義者（libertarian）對網際網路的去集中化和民主化效應樂觀的年代。柯林頓總統認為中國共產黨試圖控制網際網路的努力有如「把果凍往牆上釘」。[36]小布希和歐巴馬政府也都懷著這種樂觀精神，推動一個「網際網路自由議程」（Internet Freedom Agenda），包括提供補助和技術給威權國家的異議份子做溝通聯繫之用。今天，預期的不對稱性（asymmetries）似乎剛好顛倒過來。專制政府能夠控制資訊流通保護自己，可是民主國家的開放產生罩門，使得專制國家能夠利用。資訊戰並不新鮮，但是現在比起派出訓練有素的間諜，跨越邊界送出電子攻擊更加便宜、更加快速、更加容易，何況間諜還有被捕之虞。伴隨著網際網路、大數據和人工智慧，使得保護民主國家、對付資訊戰的問題變得十分複雜。固然成功的策略必須包括國內的靈活彈性、嚇阻和外交，執行起來會產生有關外交政策道德手段的新問題。** 在辨別造假的新聞和言論方面，民間公司比政府發揮更大的功用。法治、信任、真實和開放，使得民主國家罩門洞開，但它們也是我們希望保護的重要價值。

任何防禦網路資訊戰的政策，都必須先從希波克拉底誓詞開始。讓總統發動祕密資訊戰還以顏色的誘惑將會很大。有一位現實主義派的朋友告訴我：「作戰時，你會用上手上的任何武器。」在混合戰時代建立美國「政治作戰」的能力和策略，

---

* 這並不是說所有的網路行動者都相等。針對某些繁複的網路攻擊之準備，涉及到好幾個主要國家情報機關很長的準備時間和極大的資源。

** 我有一篇論文〈在網路資訊戰時代保護民主國家〉（Protecting Democracy in an Era of Cyber Information War），探討靈活彈性、嚇阻和外交的策略，收錄於二〇一八年胡佛研究所的工作論文（Working Paper）。

可能是有道理的，但是總統必須緊密監督此一策略。[37]公共外交和廣播應該公開。模仿威權政府和有如我們在冷戰時期使用大型祕密資訊戰，將是錯誤的。這種行動不可能長久保持祕密，一旦曝光，會傷害我們的軟實力，我們在一九七〇年代已經看到中央情報局許多祕密文化作戰一旦揭露後的狀況。有些人主張，在對抗專制制度的資訊鬥爭中，民主國家應該使用手上的一切武器，不必擔心細分硬實力和軟實力。然而，這兩種類型的實力很難長期成功混用，政治作戰中某些明顯的箭可能變成回力鏢，回過頭來傷害了我們自己。長期而言，集中操縱資訊可以使威權國家變得脆弱，而開放可以使民主國家更加堅韌——但是我們必須一直保持開放才行。

政府才正開始開發網路空間的規範。國家花了二十多年時間才針對一九四五年引爆的核子武器之破壞力新技術開發出處理機制。甘迺迪在一九六三年談判《有限度禁止核武試爆條約》；詹森在一九六八年簽署《核不擴散條約》；尼克森在一九七二年談判第一階段《戰略武器限制條約》。網路安全正處於類似的階段。一九九六年，柯林頓第一任期即將屆滿，全世界只有三千六百萬人使用網際網路，約占世界人口的一%。二十年後，川普在二〇一七年就任總統時，有三十七億人——將近全球一半人口——使用網際網路。隨著使用者人數在一九九〇年代末期上升，網際網路成為經濟、社會和政治互動極為重要的底質（substrate）。不論民粹主義政客喜歡與否，全球化相當受歡迎。

隨著相互依存度上升，不僅出現經濟機會，也浮現弱點和不安全。有了大數據、機器學習和「物聯網」，某些專家預估連接到網際網路的裝置數量在二〇三〇年前可能達到將近一兆。潛在的攻擊將大幅擴張，包括從工業控制系統到心律調整器、自動駕駛汽車等等，都難以倖免。網路領域將提供機會出現民間及跨國之間的衝突。[38]除非未來的總統認為他可以把美國和網際網路切斷，在網路時代，道德的外交政策需要的將不只是防衛和嚇阻，也需要領導開發規範和體制。[39]由於人工智慧、基因組學和其他生物科技日益重要，這個問題將會進一步加劇。

機器學習和人工智慧的演算式將製造決策者難以了解的複雜性，並將帶來困難的道德新選擇。今天的自動化武器主要是靜態系統，用來打下進襲的威脅，而類似無人機這些攻擊系統都有人涉及其中，由他從遠方觸動扳機。但是當一大堆無人機由人工智慧同時遙控指導，它要處理廣大範圍內多重目標的資訊，要讓涉及在其中的人能夠了解足夠的資訊，並於必要時介入，將會很困難。

歐巴馬建立無人機攻擊的限制程序時，與此一科技的初期階段搏鬥。[40]問題涉及到鎖定目標攻擊及暗殺問題。國會在越戰和水門事件後的聽證會揭露一九五〇年代和一九六〇年代的暗殺陰謀之後，福特總統發布行政命令，禁止以暗殺做為外交政策的手段。雷根重新發布這道命令，但是在他一九八六年對格達費進行報復攻擊時，把它搞得含糊不清。按照戰爭規則，並沒有排除鎖定敵方領導人為暗殺對象，即使「戰爭狀態」這個字詞變得含糊。歐巴馬在二〇一一年以無人機狙殺阿拉基（Anwar Alaki）時，即以此做為合法的依據。阿拉基是美國公民，在葉門涉入恐怖戰爭。但是當自動化系統長時期涵蓋廣大區域時，總統將面臨什麼樣的道德選擇？

在資訊革命和全球化影響下，世界政治產生變化，即使美國仍是全球最大強權，它也不能單獨行動就達成許多國際目標。譬如，金融穩定攸關美國的繁榮，但是美國需要其他國家的合作才能確保金融穩定。跨國的相互依存度有增無減。不論經濟全球化可能會有怎樣的挫折，環境的全球化將會增加。氣候變遷和海洋水平面上升將會影響到每個人的生活品質，但是美國無法單獨管理這個問題。在國境邊界變得愈來愈多空隙，擋不住毒品、傳染病和恐怖份子的世界，各國必須利用軟實力開發網絡，建立體制和機構，以對付共同的威脅和挑戰。

這就是為什麼美國例外論的第三個方面——地廣人稠——將變得更具道德意

義。我們知道，公共財（譬如乾淨的空氣，人人皆可分享，也沒有人能被排斥在外）典型的問題是，如果最大的消費國不出來領導，其他人就會隨意搭便車，然後全球公共財就不會產生。最大的國家提供領導，以組織全球公共財的生產，在「新封建」的環境下，比起以前任何時候更有堅強的理由這麼做。川普的《國家安全戰略》集中在國與國之間的大國競爭，但是很少提到這些愈來愈重要的跨國威脅對國家安全的影響。科技專家但澤（Richard Danzig）對這個問題總結說，「二十一世紀的科技是全球性的，不只是指它們的分布，也包含它們的結果，都是全球性的。病原、人工智慧系統、電腦病毒和別人可能意外釋出的輻射，成為我們和他們共同的問題。大家都同意的報告系統、共同的控制、共同的意外因應計畫，規範與條約，必須當作是舒緩我們無數共同危機的手段去追求。」[41] 關稅和邊境高牆無法解決這些問題。

在軍事和經濟全球公共財的某些領域，美國單邊的領導可以提供相當大部分的解答。譬如，美國海軍攸關到執行海洋法和保護自由航行權，而且在二〇〇八年金融危機時，做為最終出資放貸人，此一重大角色是由美國聯邦準備銀行承擔起來。[42] 但是在新的跨國議題上，固然美國的領導相當重要，要成功還是得要有其他國家合作。譬如，單獨行動的話，美國無法對付全球氣候變遷的問題。在對付地緣經濟挑戰這方面，美國將必須與歐洲更密切合作（歐洲是比中國還要大的經濟體），不能像川普政府這樣採取不屑的態度。

從這一層意思來講，實力成為積極的正和遊戲（a positive sum game）。只就美國**勝過**別人的實力思考是不夠的，必須也思考完成共同目標的實力，這就涉及到**與**別人打交道的實力。在許多跨國議題上，讓別人有實力可以幫助美國完成自己的目標。如果中國增進它的能源效率，排放較少的二氧化碳，美國也會受惠。在這個世界，網絡和連結成為重要相關實力的源頭。在日益複雜的世界，和各方面連結最多的國家會是最有實力的國家。幸運的是，以設置駐外大使館、領事館和代表團的數量為準，在澳洲勞瑞研究所（Lowry Institute）的國家排行榜中，美國名列第一。華府也和大約六十個國家簽訂同盟條約；中國的盟國則為數不多。[43]

在過去，美國的開放增強了它建立網絡、維持體制和維持同盟的能力。但是，這種開放以及願意與世界其他國家交往，將會在美國國內政治永續下去嗎？或是我們將在二十一世紀看到類似一九三〇年代的情況？即使美國繼續擁有比其他任何國家更多的軍事、經濟和軟實力資源，它可能不選擇把這些資源轉化為在全球事務上有效的實力行為。在兩次世界大戰中間的年代，它就沒有這麼做。前任國務卿歐布萊特在二〇一八年表示：「我很擔心會回到一九二〇年代和一九三〇年代盛行的國際環境。」[44]

如果美國未來安全和繁榮的關鍵是學會「與他人打交道的實力」和「勝過他人的實力」同等重要，川普政府上臺伊始的幾年恐怕令人不樂觀。「美國第一」意謂每個國家都會把自身利益擺在第一位。但重要的是，這些利益要界定得多寬，或多窄？川普已經顯示他傾向於短期、零和的跨國解讀，不太重視體制和未來的長期走勢。美國已經從長期開明的自我利益後退。或許對美國開放秩序的未來之主要威脅，不是來自國外，而是來自國內？

權力轉換和來自內部的威脅

二〇一六年總統大選的特色是兩黨都出現對全球化和貿易協定的民粹主義反應。民粹主義一般而言象徵反抗菁英，包括對體制型態及支持過去七十年自由主義國際秩序的評論者之反感。我們在第一章已經看到，民粹主義並不是新生事物，對美國人而言，它就和南瓜派一樣稀鬆平常。某些民粹主義的反應對民主政治而言是健康的——譬如傑克森（Andrew Jackson）和上個世紀初期的進步時期（Progressive era）。不過，其他的本土派民粹主義，如十九世紀反對移民的「一無所知黨」（Know Nothing Party）*或二十世紀的麥卡錫參議員和華萊士（George Wallace）州長，都強調排外和孤立。最近這一波民粹主義包括這兩種色彩。

民粹主義反應的根源有經濟面和文化面的因素，它是重要的社會科學研究的主題。[45]因為外國競爭而失去工作的選民傾向於支持川普，在可以上溯到一九七〇年代的文化戰爭中失去地位的年長男性白人也是；文化戰爭涉及到對種族、性別和性取向的價值變化。艾布拉莫維茨（Alan Abramowitz）指出，「種族怨恨是川普在共和黨初選獲得選民支持單一最強大的指標因素」，但是這個解釋並不相互排斥，而川普「透過聲稱非法移民搶走了美國公民的就業機會，明確的把這些議題連結起來」。[46]即使沒有經濟的全球化或自由主義的國際秩序，這些出現在國內的文化和人口變化也會製造出某種程度的民粹主義，有如一九二〇年代和一九三〇年代的情況。在機器人和貿易不斷搶走就業機會、文化變遷繼續分化之下，民粹主義很可能還會持續下去。

對支持全球化和開放經濟的決策菁英而言，他們該知道的教訓是，他們必須更加注意經濟不平等的議題，以及對國內外受到傷害的人提供救助。[47]經濟有改善，對移民的態度也會改善，但它依然是個情緒上的文化問題。二〇一五年皮優研究中心一項民意調查顯示，五一%的美國成年人說，移民增強了美國，同時有四一%認為他們是負擔；而在二〇一〇年中期，也就是「大衰退」的效應達到頂峰時，認為移民是負擔的有五〇%。[48]移民是美國具有長期比較優勢的源頭，但是政治領袖如果希望抵擋本土主義者的攻擊，尤其是在經濟吃緊的時間點與地區，他們必須展現出他們有能力管好國家的邊界。

然而，讀者不應該從二〇一六年大選熾熱的言論中讀太多有關美國民意的長期趨勢，或是川普巧妙運用社群媒體以文化議題操縱新聞議程。川普雖然贏了選舉人團，他在全民選票上卻落後約七十五萬票，而且外交政策並非主要的議題。芝加哥

* 譯注：本土美國人黨（Native American Party），在一八五五年改名美國人黨（American Party），被通稱為「一無所知」運動，在一八五〇年代短暫崛起為美國主要政黨之一。它堅持本土主義，強調土生土長的新教徒，主要政見是反對歐洲羅馬天主教徒如愛爾蘭人、德國人、義大利人之大量移民。它原本是個祕密結社，成員若被外人問起有關組織的詳情時，一律都回答「我一無所知」，因此得到此一綽號。

全球事務理事會（Chicago Council on Global Affairs）二〇一六年九月的調查顯示，六五%的美國人認為儘管對就業機會有所影響，全球化大體上仍然有利於美國。[49]雖然民意調查經常被懷疑藉由改變字句和問題的順序而做手腳，若用「孤立主義」這個標籤來形容美國人目前的態度，是不精確的。

某些美國人擔心美國是否還有經濟能力撐得住開放的國際秩序，但是美國目前花費約三．五%的國內生產毛額在國防和外交事務上。即使把涉及到情報或退伍軍人照撫的隱性成本也包括進來，美國現在的花費還不到冷戰巔峰時期的一半。在艾森豪時代，這個數字超過一〇%。同盟並沒有那麼昂貴；駐日美軍的費用，日本負擔了大半。問題不在槍砲和奶油對比，而是槍砲和奶油及稅款對比。除非預算是因願意增加歲入而擴大，國防經費已經和重大投資，如國內整建教育、基礎設施和花費在研發等，鎖定成為零和取捨的狀態。儘管有各種政治言詞，仔細分析顯示，美國仍然是所有主要已開發國家中稅負最輕的國家之一。經濟合作開發組織會員國二〇一二年平均所得稅率比美國高出十個百分點。

維持開放的國際秩序還有一個來自國內的挑戰，即長年以來的干預這個問題。美國應該如何以及運用何種方式介入其他國家的內政事務？在跨國恐怖主義及跨國難民危機和人道危機的時代，某種程度的干預可能還會持續下去。然而，中東很可能還會經歷數十年的政治和宗教革命，就好像日耳曼在十七世紀陷入「三十年戰爭」一般。這些危機將製造干預的誘惑，但是美國需要別捲入入侵和占領或恫嚇推動民主這種事。在民族主義和社會動員民眾的時代，即使外國人的占領起初受到歡迎，它還是必然會孕育怨恨，柯林頓在索馬利亞、小布希在伊拉克，都嘗到了這個滋味。最大程度的過度承諾時期所造成的損害，遠大於退守到國內共識所造成的傷害，而支持開放的國際秩序需要國內共識。甘迺迪和詹森升高越戰，製造了一九七〇年代內向的十年，小布希二〇〇三年入侵伊拉克也產生相同效應。艱難的道德選擇將是找到不動用大規模軍事干預的介入方式。

維持國內支持開放的國際秩序有一個很重要的問題，就是政治的極化，以及在外交政策議題上使用譁眾取寵的方法之趨勢。這種戰術傷害美國強化體制、創造網絡和建立政策以處理我們面臨的新跨國挑戰之能力。本土主義的譁眾取寵降低了美國的軟實力。國際民意調查顯示，自從二〇一七年以來，美國的吸引力下降。國內政治的僵局經常阻礙美國做為國際領袖的領導地位。早在川普竄出之前，儘管國務卿和國防部長極力呼籲，聯邦參議院未能通過《聯合國海洋法公約》（UN Convention of the Law of the Sea）。尼克森——並非川普——是第一位為了討好國內選民，片面對盟國課徵關稅和破壞布列敦森林體系的規則的總統。[50]就領導應對氣候變遷而言，美國國內強烈反抗為碳排放估價。這種態度削弱了美國領導處理全球公共財問題的能力。

未來的總統在外交政策上推動價值觀還有一個重要方面關係到維持國際秩序和體制。我們在第一章看到，威爾遜的自由主義遺緒有兩方面：推動自由民主和打造允許國家更方便合作的體制。體制就是透過創造全球公共財、間接促進價值的方式。秩序奠立在相對穩定的權力分布上，有如現實主義者所說，但是它也得益於有正當性的體制來管理安全、經濟事務，以及生態的相互依存。體制有助於延伸未來的福蔭，可以鼓勵互惠和合作。

類似北約組織的同盟會影響期許，但是有了聯合國、《核不擴散條約》和國際原子能總署這些體制和機構的存在，也強化了安全。開放的市場和經濟全球化可以製造破壞力，但是它們也創造財富（只不過經常是分配不平均）。維持金融穩定關係到數以百萬計美國人和外國人的日常生活，即使他們平常沒注意到，直到穩定不再才赫然驚覺其重要性。而且不論本土主義對經濟全球化有什麼政治反彈，生態全球化將繼續存在。溫室氣體和流行疫病才不管什麼叫做主權國家的邊界。排除科學的政策不會逆轉自然的力量。

國家需要有個框架強化對使用海洋、太空，應對氣候變遷和流行疫病的合作。把這樣的框架稱為自由主義的國際秩序，會因為把威爾遜自由主義遺緒的兩個方面——直接推動自由民主的價值，以及創造體制架構，以促進全球公益——混為一談，而混淆了選擇。總統就促進民主和人權選擇的政策干預程度，可能與支持旨在處理安全、經濟和生態相互依存的體制之程度不一樣。威爾遜自由主義遺緒的這兩個方面可以分開來追求。

二〇一九年，川普就職已經兩年，前面已經提出的所謂自由主義秩序四大要素——安全、經濟、全球公域和人權、民主的價值——成績可謂參差不齊。川普政府雖然削弱了美國同盟，但並未摧毀它們。限制大規模毀滅性武器擴散的安全體制受到挑戰，但仍然挺立。就經濟體制而言，對貿易機制的傷害顯然大於對金融貨幣秩序（美元仍是強勢貨幣）的傷害。就全球公域的問題而言，川普政府撤出美國對《巴黎氣候協定》的參與，但是市場力量和地方的努力仍繼續有一些影響。

就價值而言，川普和以前的總統不同，他對人權的興趣不大，經常擁抱威權的領導人。但是，價值是美國軟實力重要的一部分。蘇利文說，美國「在撒銀子上未必勝得了中國，它有太多現金可以花在外國，但是美國在說服和啟發上可以勝過它」。[51]某些替政府辯護的人說，川普不按牌理出牌的作風和願意打破體制，在類似北韓核子武器或改變中國對強制移轉智慧財產的行為等議題上，將會產生重要成果。但即使如此，《經濟學人》週刊認為，運用起重機吊起大鐵球重重敲擊的方式所付出的體制代價，可能降低美國處理我們在此討論的跨國議題的力量。[52]如果真是如此，那麼我們的國家安全、繁榮和生活方式付出的代價就太大了。

結語

美國在未來十年仍將是全世界最強大的軍事大國，而軍事力量仍將是全球政治實力一個重要成分。換句話說，美國例外論的第三大來源——地廣人稠——仍然重要，「各國之間能力的分布並沒有像通常所認為的那樣大或那樣快的轉移」。[53]中國將會縮小差距，但是除非出現預想不到的意外，美國恐怕以整體實力而言仍然是最強大的國家。

但是華府對於美國應該如何運用其實力的傳統智慧，卻起了極大的變化。新的大戰略大受歡迎，它有好幾個不同的名稱，如境外平衡（offshore balancing）、退守（retrenchment）、脫離（disengagement）或抑制（restraint），反映出美國民意在冷戰之後的改變。即使在二〇一七年川普政府接任之前，已經有一些學者和評論家質疑後一九四五年的秩序。美國外交政策一向有個模式，搖擺在過度伸展和退守之間。[54]針對單極世界希望幻滅的反應而產生的退守週期，早在川普當選總統之前就已經開始了。

與此同時，中國崛起、俄羅斯衰退，嚇壞了它們的鄰國，而美國在亞洲和歐洲的安全保證，為能促成繁榮的穩定提供了重要擔保。可是，軍事力量是一種駑鈍的工具。試圖占領及控制其他國家民族主義和宗教信仰極為強大的人民的政策，注定是要失敗的，會有反效果。在許多跨國議題上，如氣候變遷或金融穩定，或治理網際網路的規範等，軍事力量派不上用場。海權力量成就不了網路力量。維持網絡、與各機構合作、為網路和氣候變遷等新領域創立規範和體制，可以創造出與美國硬實力資源互補的軟實力。可是這一類型的實力卻因川普的單邊主義政策而減弱。

「自由主義的國際秩序」或「大美盛世」這些用來形容第二次世界大戰之後狀

況的名詞已經過時，不能適當描述美國的世界地位。縱使如此，最大的國家仍然有所需求，必須帶頭創造能供普世之用的全球公共財，否則美國人將比其他國家人民承受更大痛苦。一個開放、以規則為基礎的國際秩序涵蓋了政治—軍事事務、經濟關係、生態關係和人權。它們之間存在多大程度的相互依存，以及一九四五年體制鬆解之後還剩下什麼，仍然有待觀察。

情勢很清楚的一點是，想要退出國際問題將是不可能的，而且孤立不是一個選項。民族主義與全球化對立擇一，是假性選擇。我們知道，人類可以有多重的認同意識。問題不在民族主義的認同**或**全球的考量，而是強大的民族主義認同**和**全球考量。有位歷史學者說：「不論你喜歡或不喜歡，人類面臨三個共同問題，它們才不甩所有的國家疆界，而唯有透過全球合作才能解決這些問題。」——它們是核子戰爭、氣候變遷和科技的破壞力。[55]

未來總統重要的道德選擇將是在什麼地方、如何參與。美國的領導將與霸權、主宰或軍事干預等不同。即使在全盛時期，美國也總是需要別人協助。一九四五年以後長達七十年的美國鼎盛時期，總也有領導的程度和影響的程度起伏參差的情形。美國一直依賴與其他國家多重夥伴關係的網絡，在我們的總統了解箇中奧妙時，運作得最有效率。霸權（亦即控制）以及一九八九年後的單極時刻一直是幻覺。現在幻覺撕掉了，領導力所涉及的道德選擇就清楚多了。

外國夥伴在他們想幫忙時會出手幫忙，而幫忙的意願不僅受到我們軍事、經濟硬實力的影響，也受到我們軟實力吸引的影響，軟實力奠基在開放，而非本土主義的族裔文化、我們自由民主的價值及我們的政策之上，而且在外國人眼中它們得具有正當性才行。傑佛遜式的尊重人類意見、威爾遜式運用體制鼓勵互惠，以及未來的長遠影響，一向是美國外交政策能夠成功的關鍵。國際秩序要依賴領導的大國有能力結合實力和正當性。從所有三個面向看，道德很重要，因為它們是國際秩序成功的祕訣之一部分。

如今，美國的優勢愈來愈少，世界也變得更加複雜，美國第四十六任總統在界定外交政策時將面臨道德挑戰，在外交政策中，美國將與其他國家合作提供全球公共財，不僅要運用我們的硬實力，也要運用我們的軟實力，來吸引他們合作。我們已經看到，一九四五年之後美國全盛時期的成功就是依賴此一公式。我們將需要發揮與他人打交道的力量，以及勝過他人的力量。它不會改變，反而將因為二十一世紀嶄新的跨國問題而更加凸顯。未來美國外交政策的成功可能會更受到本土主義政治興起的威脅，它窄化了我們在國內的道德視野，反而不是受到國外其他國家興衰的影響。

注釋

前言

1. Michael Walzer, *Arguing About War* (New Haven, CT: Yale University Press, 2004), 6.
2. Robert W. McElroy, *Morality and American Foreign Policy: The Role of Ethics in International Affairs* (Princeton, NJ: Princeton University Press, 1992), 3. 也可見Richard Price, "Moral Limit and Possibility in World Politics," *International Organization* 62 (Spring 2008), 193.
3. George Kennan, *American Diplomacy, 1900-1950* (Chicago: University of Chicago Press, 1951).
4. Richard Haass, *War of Necessity, War of Choice* (New York: Simon & Schuster, 2009).
5. Mark Landler, "Trump Stands With Saudis Over Murder of Khashoggi," *New York Times*, November 21, 2018, A1.
6. "Trump's Crude Realpolitik; His Statement about the Saudis Had No Mention of America's Values," *Wall Street Journal*, November 21, 2018.

第一章

1. Donald J. Trump, Inaugural Address, January 2 20, 2017.
2. James Chace, *1912: Wilson, Roosevelt, Taft and Debs—the Election that Changed the Country* (New York: Simon and Schuster, 2004), 108.
3. Jake Sullivan, "What Donald Trump and Dick Cheney Got Wrong About America," *The Atlantic*, January/February 2019, https://www.theatlantic.com/magazine/archive/2019/01/yes-america-can-still-lead-the-world/576247/.
4. Ben Rhodes, *The World as It Is: A Memoir of the Obama White House* (New York: Random House, 2018), 41.
5. Stanley Hoffmann, *Chaos and Violence: What Globalization, Failed States, and Terrorism Mean for U.S. Foreign Policy* (Lanham, MD: Rowman & Littlefield, 2006), 115.
6. Morgenthau quoted in Robert W. McElroy, *Morality and American Foreign Policy: The Role of Ethics in International Affairs* (Princeton, NJ: Princeton University Press, 1992), 25.
7. Senator John F. Kennedy, 引述於Jonathan Rauch, "Real Is Not a Four-Letter Word," *National Journal*, June 9, 2006
8. Daniel Deudney and Jeffrey W. Meiser, "American Exceptionalism," in *US Foreign Policy*, 3rd ed., ed. Michael Cox and Doug Stokes (Oxford: Oxford University Press, 2018), 23.
9. 相關案例請見Constance G. Anthony, "American Democratic Interventionism: Romancing the Iconic

Woodrow Wilson," *International Studies Perspectives* 9, no. 3 (August 2008), 249.

10. Deudney and Meiser, "American Exceptionalism," 23.
11. 其他根源請見 Walter A. McDougall, "America's Machiavellian Moment: Origins of the Atlantic Republican Tradition," *Orbis* 82 (Fall 2018), 505.
12. Robert D. Kaplan, *Earning the Rockies: How Geography Shapes America's Role in the World* (New York: Random House, 2017), 142.
13. John Milton Cooper Jr., *Woodrow Wilson: A Biography* (New York: Knopf, 2009).
14. Deudney and Meiser, "American Exceptionalism," 34.
15. 引述於 Arthur Link, "The Higher Realism of Woodrow Wilson," in *Ethics and Statecraft: The Moral Dimension of International Affairs*, 2nd ed., ed. Cathal J. Nolan (Westport, CT: Praeger, 2008), 131.
16. John Mearsheimer, *The Great Delusion: Liberal Dreams and International Realities* (New Haven, CT: Yale University Press, 2018), 218-19.
17. Mearsheimer, *The Great Delusion*, 5.
18. Henry Kissinger, *Diplomacy* (New York: Simon and Schuster, 1994), 54.
19. Henry Kissinger, *World Order* (New York: Penguin, 2014), 268.
20. Stephen Sestanovich, *Maximalist: America in the World from Truman to Obama* (New York: Knopf, 2014).
21. Tony Smith, *Why Wilson Matters: The Origin of American Liberal Internationalism and Its Crisis Today*

(Princeton, NJ: Princeton University Press, 2017), 4-5.

22. Andrew J. Bacevich, *Washington Rules: America's Path to Permanent War* (New York: Henry Holt, 2010), 143.
23. Alan I. Abramowitz, *The Great Alignment: Race, Party Transformation, and the Rise of Donald Trump* (New Haven, CT: Yale University Press, 2018), 156.
24. Robert Dallek, *The American Style of Foreign Policy: Cultural Politics and Foreign Affairs* (New York: Knopf, 1983), 110-12
25. 請見Jon Meacham, *The Soul of America* (New York: Random House, 2018).
26. Abramowitz, *The Great Alignment*, x.
27. Stephen Walt, *The Hell of Good Intentions: America's Foreign Policy Elite and the Decline of US Primacy* (New York: FSG, 2018).
28. Ivo H. Daalder and James M. Lindsay, *The Empty Throne: America's Abdication of Global Leadership* (New York: Public Affairs, 2018), 35.
29. Chicago Council on Global Affairs, *America Engaged: American Public Opinion and US Foreign Policy* (Chicago, 2018). Pew Research Center, "Public Uncertain, Divided Over America's Place in the World," Washington, DC, May 5, 2016.
30. Daniel Drezner, "The Realist Tradition in American Public Opinion," *Perspectives on Politics* 6, no. 1 (March 2008), 63.

31. Benjamin Page with Marshall Bouton, *The Foreign Policy Dis-Connect: What Americans Want From Our Leaders but Don't Get* (Chicago: University of Chicago Press, 2006) 229, 231, 241-42.
32. Walter Russell Mead argues that Trump's supporters were a combination of Jeffersonian isolationists and assertive Jacksonian populists. "Trump Is No Isolationist," *Wall Street Journal*, October 23, 2018, A13.
33. Frances Z. Brown and Thomas Carothers, "Is the New US National Security Strategy a Step Backward on Democracy and Human Rights?," Carnegie Endowment for International Peace, https://carnegieendowment.org/2018/01/30/is-new-u.s.-national-security-strategy-step-backward-on-democracy-and-human-rights-pub-75376
34. John Quincy Adams, quoted in Gary Bass, *Freedom's Battle: The Origins of Humanitarian Intervention* (New York: Random House, 2009), 89.
35. Donald J. Trump, "Remarks by President Trump on the Administration's National Security Strategy," The White House, December 17, 2018, https://www.whitehouse.gov/briefings-statements/remarks-president-trump-administrations-national-security-strategy/.
36. Gary J. Bass, *Freedom's Battle: The Origins of Humanitarian Intervention* (New York: Knopf, 2008), 3.
37. US National Security Strategy, March 2006.
38. Patrick Porter, "A World Imagined: Nostalgia and the Liberal Order," *Policy Analysis* Number 843, Cato Institute, Washington, June 5, 2018. 也可見Amitav Acharya, *The End of American World Order*, 2nd ed. (Cambridge: Polity Press, 2018).

39. Steven Pinker, *Enlightenment Now: The Case for Reason, Science, Humanism and Progress* (New York: Viking, 2018). 選舉民主國家增加了兩倍，世界經濟產出成長了四倍，赤貧人口的比例下降了一半。請參見Francis Fukuyama, "Against Identity Politics," *Foreign Affairs* 97, no. 5 (September/October 2018), 90.

第二章

1. Thucydides, *The Peloponnesian War*, 由Rex Warner翻譯 (London: Penguin Classics, 1954).
2. Owen Harries, "Power and Morals," *Prospect*, April 2005, 26.
3. James Q. Wilson, *The Moral Sense* (New York: Free Press, 1997), 15.
4. Jonathan Haidt, *The Righteous Mind: Why Good People Are Divided by Politics and Religion* (New York: Random House, 2012), xx.
5. "Philosophy and Neuroscience: Posing the Right Question," *The Economist*, March 24, 2007, 92.
6. 請參見Kenneth Winston, *Ethics in Public Life: Good Practitioners in a Rising Asia* (London: Palgrave, 2015), chapter 1.
7. Garry Wills, "The Pious Presidency of Jimmy Carter," *New York Times Book Review,* April 26, 2018.
8. Ari Fleisher, "What I Will Miss About President Bush," *New York Times*, November 4, 2008.
9. Joseph Nye Jr., *Soft Power* (New York: Public Affairs, 2004).
10. General James Mattis, "Hearing to Receive Testimony on U.S. Central Command and U.S. Special

Operations Command in Review of the Defense Authorization Request for Fiscal Year 2014 and the Future Years Defense Program," March 5, 2013, 16.

11. 關於情境智商的重要性與特點，請參見Joseph S. Nye Jr., *The Powers to Lead* (New York: Oxford University Press, 2008), chapter 4. 也可見Anthony J. Mayo and Nitin Nohria, *In Their Time: The Greatest Business Leaders of the Twentieth Century* (Boston: Harvard Business School Press, 2005).
12. Egil Krogh, "The Break-In That History Forgot," *New York Times*, June 30, 2007, 17.
13. Donald J. Trump, "As has been stated by numerous legal scholars, I have the absolute right to PARDON myself, but why would I do that when I have done nothing wrong? In the meantime, the never ending Witch Hunt, led by 13 very Angry and Conflicted Democrats (& others) continues into the mid-terms!" Tweet, June 4, 2018.
14. Dan Amira專訪, *New York Times Magazine*, April 29, 2018, 54.
15. 請參見Michael Walzer, "Political Action: The Problem of Dirty Hands," *Philosophy & Public Affairs* 2, no. 2 (1973), 160-80. 也可見Gerald F. Gaus, "Dirty Hands," in *A Companion to Applied Ethics*, ed. R. G. Frey and Christopher Heath Wellman (Malden, MA: Blackwell, 2003), 167-79.
16. Max Weber, "Politics as a Vocation," in *Max Weber: Essays in Sociology*, ed. H. R. Gerth and C. Wright Mills (New York: Oxford University Press, 1958), 126.
17. Alexander Betts and Paul Collier, *Refuge: Rethinking Refugee Policy in a Changing World* (Oxford: Oxford University Press, 2017), 125.

18. Stuart Hampshire, 引述於Joseph L. Badaracco Jr., *Defining Moments: When Managers Must Choose Between Right and Right* (Boston: Harvard Business School Press, 1997), 52.

19. Tom Beauchamp, *Philosophical Ethics: An Introduction to Moral Philosophy* (New York: McGraw Hill, 1982), 179.

20. Walzer, *Arguing About War*, 35-36.

21. 事後看來，歷史學家相信這些估計的傷亡人數過高。J. Samuel Walker, "Recent Literature on Truman's Atomic Bomb Decision: A Search for Middle Ground," *Diplomatic History*, 29, no. 2 (April 2005), 311-34.

22. Nina Tannenwald, *The Nuclear Taboo: The United States and the Non-Use of Nuclear Weapons Since 1945* (Cambridge: Cambridge University Press, 2007), 88. 也可見Alex Wellerstein, "Nagasaki: the Last Bomb," *The New Yorker*, August 7, 2015.

23. 請參見Joseph S. Nye Jr., *Nuclear Ethics* (New York: Free Press, 1986), 內含完整說明.

24. Charles Guthrie and Michael Quinlan, *Just War: The Just War Tradition: Ethics in Modern Warfare* (New York: Bloomsbury, 2007), 1.

25. Kenneth Winston, "Necessity and Choice in Political Ethics: Varieties of Dirty Hands," in *Political Ethics and Social Responsibility*, ed. Daniel E. Wueste (Lanham, MD: Rowman and Littlefield, 1994), 37-66.

26. Isaiah Berlin, *Liberty: Incorporating Four Essays on Liberty* (New York: Oxford University Press, 2002), 214.

27. Winston Lord, *Kissinger on Kissinger: Reflections on Diplomacy, Grand Strategy and Leadership* (New York: St. Martins Press, 2019), 2.
28. John Rawls, "Distributive Justice," ed. Peter Laslett and W. G. Runciman, *Philosophy, Politics, and Society* (London: Blackwell, 1967), 58-82.
29. Amartya Sen, *The Idea of Justice* (Cambridge, MA: The Belknap Press of Harvard University Press, 2011), 12-13.
30. Robert Axelrod, *The Evolution of Cooperation* (New York: Basic Books, 1984), 128.
31. Graham T. Allison and Lance M. Liebman, "Lying in Office," in *Ethics and Politics: Cases and Comments*, 2nd ed., ed. Amy Gutman and Dennis Thompson (Chicago: Nelson- Hall, 1990), 40-45.
32. Cathal J. Nolan, " 'Bodyguard of Lies': Franklin D. Roosevelt and Defensible Deceit in World War II," in *Ethics and Statecraft: The Moral Dimensions of International Affairs*, 2nd ed., ed. Cathal J. Nolan (Westport, CT: Praeger, 2004), 35-58.
33. John Mearsheimer, *Why Leaders Lie* (Oxford: Oxford University Press, 2011), viii.
34. Tommy Koh, "Can Any Country Afford a Moral Foreign Policy?" in *The Quest for World Order: Perspectives of a Pragmatic Idealist*, Amitav Acharya編輯介紹 (Singapore: Times Academic Press, 1997), 2. 我要感謝Amitav Acharya引起我的注意。
35. Allison and Liebman, "Lying in Office," 40.
36. 相關論點請參見Sisella Bok, *Lying: Moral Choice in Public and Private Life* (New York: Vintage

Books, 1999).

37. Zbigniew Brzezinski, *Second Chance: Three Presidents and the Crisis of American Superpower* (New York: Basic Books, 2007), 45.
38. Niccolo Machiavelli, *The Prince*, 142, 引自Badaracco, *Defining Moments*, 110.
39. Caroline Daniel, "Hard Man Who Sits at the Heart of US Foreign Policy," *Financial Times*, December 19, 2002, 14.
40. Hans J. Morgenthau, *Politics Among Nations* (New York: Knopf, 1955), 9.
41. John Mearsheimer, *The Great Delusion: Liberal Dreams and International Realities* (New Haven, CT: Yale University Press, 2018), 216.
42. Robert D. Kaplan, *The Return of Marco Polo's World* (New York: Random House, 2018), 146.
43. Walzer, *Arguing About War*, 33-34.
44. 請參見Stephen A. Garrett, "Political Leadership and Dirty Hands: Winston Churchill and the City Bombing of Germany," *Ethics and Statecraft*.
45. The White House, "Statement From President Donald J. Trump on Standing With Saudi Arabia," November 20, 2018.
46. Randy Schweller, "Three Cheers for Trump's Foreign Policy," *Foreign Affairs* 97, no. 5 (September/October 2018), 134.
47. David Luban, "The Romance of the Nation State," *Philosophy and Public Affairs* 9 (Summer 1980), 392.

48. Kwame Anthony Appiah, "The Importance of Elsewhere," *Foreign Affairs* 98, no. 2 (March/April 2019), 20.
49. Stanley Hoffmann, *Duties Beyond Borders* (Syracuse, NY: Syracuse University Press, 1981), 155.
50. 請參見Betts and Collier, *Refuge*, chapter 8.
51. Daniel Deudney and G. John Ikenberry, "Liberal World: The Resilient Order," *Foreign Affairs* 97, no. 4 (July/August 2018), 16.
52. Barbara Kellerman, *Bad Leadership* (Boston: Harvard Business School Press, 2004), chapter 9.
53. Michael Walzer, *Just and Unjust Wars* (New York: Basic Books, 1977), 101.
54. Gary J. Bass, *Freedom's Battle: The Origins of Humanitarian Intervention* (New York: Random House, 2008), 4.
55. Daniel Drezner, "The Realist Tradition in American Public Opinion," *Perspectives on Politics* 6 (March 2008), 63.
56. Stephen Walt, *The Hell of Good Intentions: America's Foreign Policy Elite and the Decline of US Primacy* (New York: FSG, 2018).
57. Page and Bouton, *The Foreign Policy Dis-Connect*, 241.
58. 請參見Gautam Makunda, *Indispensable: When Leaders Really Matter* (Boston: Harvard Business School Press, 2012).
59. Daniel Deudney and John Ikenberry, "Realism, Liberalism and the Iraq War," *Survival* 59, no. 4 (August—September 2017), 7-26.

60. Stephen Walt, "What Would a Realist World Have Looked Like?" *Foreign Policy*, January 8, 2016.
61. 引述於Max Fisher, "Syrian War Magnifies Tension in America's Global Mission," *New York Times*, October 9, 2016, 16. 也可見Sean Lynn-Jones, "Why the United States Should Spread Democracy," Discussion Paper 98-07, Center for Science and International Affairs, Harvard University, March 1998.
62. Arnold Wolfers, *Discord and Collaboration: Essays on International Politics* (Baltimore: Johns Hopkins University Press, 1962), 47-65.
63. John Rawls, *A Theory of Justice* (Cambridge, MA: Harvard University Press, 1971).
64. John Rawls, *The Law of Peoples* (Cambridge, MA: Harvard University Press, 1999).
65. Brzezinski, *Second Chance*.
66. Anthony J. Mayo and Nitin Nohria, *In Their Time: The Greatest Business Leaders of the Twentieth Century* (Boston: Harvard Business School Press, 2005). 也可見Nye, *The Powers to Lead*, chapter 4.
67. 關於情緒智商更詳細的討論，請參見Nye, *The Powers to Lead*, 69-71.
68. Derek Chollet, "Altered State: Rice Aims to Put Foggy Bottom Back on the Map," *Washington Post*, April 7, 2005.
69. Henry Kissinger, *World Order* (New York: Penguin, 2014), 367.

第三章

1. FDR quoted in Gideon Rose, "The Fourth Founding," *Foreign Affairs* 98 (January/February 2019), 21.

2. Arne Westad, *The Cold War: A World History* (New York: Basic Books, 2017), 65.
3. 關於美國霸權這個概念的局限性，以及我為何稱之為「半霸權」，請參見我的著作：*Is the American Century Over?* (Cambridge: Polity, 2015), chapter 1.
4. "On This Day in History: A Memorable Headline from The New York Times. President Insists US-Soviet Amity Is Key to Peace," *New York Times*, November 17, 2018, A2.
5. C-SPAN 2017 Survey of Presidential Leadership, February 14, 2017, https://static.c-span.org/assets/documents/presidentSurvey/2017%20C-SPAN%20Presidential%20Survey%20Scores%20and%20Ranks%20FINAL.PDF. 也可見 Brian Lamb, Susan Swain, Douglas Brinkley, and Richard Norton Smith, *The Presidents: Noted Historians Rank America's Best—and Worst—Chief Executives.* (New York, Public Affairs, 2019).
6. Robert Dallek, *Franklin Roosevelt and American Foreign Policy, 1932-1945* (Oxford: Oxford University Press, 1995), 548.
7. Barbara Farnham, *Roosevelt and the Munich Crisis: A Study of Political Decision-Making* (Princeton, NJ: Princeton University Press, 1997), 49.
8. David K. Adams, "The Concept of Parallel Action: FDR's Internationalism in a Decade of Isolationism," in *From Theodore Roosevelt to FDR: Internationalism and Isolationism in American Foreign Policy* (Staffordshire, UK: Keele University Press, 1995), 115; Steven Casey, *Cautious Crusade: Franklin D. Roosevelt, American Public Opinion, and the War Against Nazi Germany* (New York: Oxford University

Press, 2001), 23; Adam J. Berinksy, *In a Time of War* (Chicago: University of Chicago Press, 2009), 46.

9. 引述於Michael Fullilove, *Rendezvous With Destiny: How Franklin D. Roosevelt and Five Extraordinary Men Took America Into the War and Into the World* (New York: Penguin, 2013), 23.
10. Dallek, *Franklin Roosevelt*, 540.
11. 相關討論請參見Marc Trachtenberg, *The Craft of International History: A Guide to Method* (Princeton, NJ: Princeton University Press, 2006), chapter 4.
12. Christopher Darnton, "Archives and Inference: Documentary in Evidence in Case Study Research and the Debate Over US Entry Into World War II," *International Security* 42, no. 3 (Winter 2017/2018), 120.
13. Garry Wills, *Certain Trumpets: The Call of Leaders* (New York: Simon & Schuster, 1994), 27-30.
14. Nolan, " 'Bodyguard of Lies,' " 37.
15. Nolan, " 'Bodyguard of Lies,' " 37, 50, 53.
16. 請參見William Taubman, *Stalin's America Policy: From Entente to Detente to Cold War* (New York: Norton, 1982).
17. 關於這個案例中，情緒智商的普遍重要性，請參見Nye, *The Powers to Lead*, 69-71.
18. 請參見Philip Roth, *The Plot Against America* (New York: Houghton Mifflin, 2004)，一個小說家對於場景的反事實探索。
19. Benn Steil, *The Marshall Plan: Dawn of the Cold War* (New York: Simon & Schuster, 2018), 3.
20. David McCullough, *Truman* (New York: Simon & Schuster, 1992), 141.

21. George H. Gallup, *The Gallup Poll: Public Opinion 1935-1971* (New York: Random House, 1972), 534-35.
22. Gallup, *The Gallup Poll*, 534.
23. Robert Shapiro, "The Legacy of the Marshall Plan: American Public Support for Foreign Aid," in *The Marshall Plan: Fifty Years After,* ed. Martin A. Schain (New York: Palgrave, 2001), 270.
24. Ernest May, "The Nature of Foreign Policy: The Calculated Versus the Axiomatic," *Daedalus* 91, no. 4 (1962): 653-57.
25. Walter Isaacson and Evan Thomas, *The Wise Men* (New York: Simon & Schuster, 1986), 508.
26. Taubman, *Stalin's America Policy*.
27. Issacson and Thomas, *The Wise Men*, 376.
28. Robert Dallek, *The American Style of Foreign Policy* (New York: Knopf, 1983), 157.
29. Benn Steil, "How to Win a Great Power Competition," *Foreign Affairs* 97 (February 9, 2018).
30. 請參見Alonzo Hamby, "Harry S. Truman: Insecurity and Responsibility," in Fred I. Greenstein, ed., *Leadership in the Modern Presidency* (Cambridge, MA: Harvard University Press, 1988).
31. Isaacson and Thomas, *The Wise Men*, 407.
32. 請參見Michael Beschloss, *Presidential Courage* (New York: Simon & Schuster, 2007), 196-234.
33. H. W. Brands, *The General vs. the President: MacArthur and Truman at the Brink of Nuclear War* (New York: Doubleday, 2016).
34. 請參見Hamby, "Harry S. Truman," 35-36. 也可見John Lewis Gaddis, *Strategies of Containment* (New

York: Oxford University Press, 1982).

35. Geir Lundstadt, “Empire by Invitation? The United States and Western Europe, 1945-1952,” *Journal of Peace Research* 23, no. 3 (September 1986), 263-77.

36. Martin H. Folly, “Harry S. Truman,” in *US Foreign Policy and Democracy Promotion*, ed. Michael Cox, Timothy Lynch, and Nicolas Bouchet (London: Routledge, 2013), 91.

37. Hamby, “Harry S. Truman,” 42.

38. “Timeless Leadership: A Conversation With David McCullough,” *Harvard Business Review*, March 2008, 3.

39. Hamby, “Harry S. Truman,” 64.

40. Isaacson and Thomas, *The Wise Men*, 410.

41. 引述於Anne Pierce, *Woodrow Wilson and Harry Truman: Mission and Power in American Foreign Policy* (Westport, CT: Praeger, 2003), 126.

42. Nina Tannenwald, *The Nuclear Taboo: The United States and the Non-Use of Nuclear Weapons Since 1945* (Cambridge: Cambridge University Press, 2007), 107.

43. Tannenwald, *The Nuclear Taboo*, 110.

44. Raymond Aron, *The Century of Total War* (Garden City, NY: Doubleday, 1954); 也可見Morton Halperin, *Limited War in the Nuclear Age* (New York: Wiley, 1963).

45. Steil, *The Marshall Plan*, 291.

46. Brands, *The General vs. the President*, chapter 13.
47. Dean Acheson, *Present at the Creation: My Years in the State Department* (New York: Norton, 1969), 526-28.
48. Truman quoted in Jonathan Schell, *The Unconquerable World: Power, Nonviolence, and the Will of the People* (New York: Metropolitan Books, 2003), 47.
49. Alan Axelrod, *Eisenhower on Leadership* (San Francisco: Jossey-Bass, 2006), 283.
50. John Lewis Gaddis, *George F. Kennan: An American Life* (New York: Penguin, 2012), 495.
51. Jean Edward Smith, *Eisenhower: In War and Peace* (New York: Random House, 2012), 701.
52. Ole R. Holsti, *Public Opinion and American Foreign Policy* (Ann Arbor: University of Michigan Press, 1996), 31, 132.
53. Gallup, *The Gallup Poll*, 1262, 1259.
54. William I. Hitchcock, *The Age of Eisenhower: America and the World in the 1950s* (New York: Simon & Schuster, 2018), xv.
55. Fredrik Logevall, *Embers of War: The Fall of an Empire and the Making of America's Vietnam* (New York: Random House, 2012), 508-9.
56. Fredrik Logevall, "We Might Give Them a Few: Did the US Offer to Drop Atom Bombs at Dien Bien Phu?" *Bulletin of the Atomic Scientists*, February 21, 2016. 這點我也要感謝Marc Trachtenberg。
57. Stephen Ambrose, *Eisenhower: The President,* vol. II (New York: Simon & Schuster, 1984), 11, 17.

58. Fred I. Greenstein, *The Presidential Difference: Leadership Style from FDR to George W. Bush*, 2nd ed. (Princeton, NJ: Princeton University Press, 2004), 57.
59. Stephen Ambrose, *Eisenhower: Soldier and President* (New York: Simon & Schuster, 1991), 547, 542.
60. 請參見Stephen Kinzer, *The Brothers: John Foster Dulles, Allen Dulles, and Their Secret World War* (New York: Henry Holt, 2013).
61. Smith, *Eisenhower*, 614.
62. Hitchcock, *The Age of Eisenhower*, 433.
63. Lindsey A. O'Rourke, *Covert Regime Change: America's Secret Cold War* (Ithaca, NY: Cornell University Press, 2018).
64. Ambrose, *Eisenhower: The President*, 626.
65. Dwight Eisenhower, *Mandate for Change, 1953-1956* (New York: New American Library, 1963), 510.
66. 請參見Kinzer, *The Brothers*.
67. Hitchcock, *The Age of Eisenhower*, 434.
68. Ambrose, *Eisenhower: The President*, 206.
69. Sestanovich, *Maximalist*, 79.
70. Evan Thomas, *Ike's Bluff: President Eisenhower's Secret Battle to Save the World* (New York: Little Brown, 2012), 15.
71. H. W. Brands, "Gambling With the Fate of the World," *National Interest* (November/December 2012),

88-96.

72. Fred Greenstein, *The Hidden-Hand Presidency* (New York: Basic Books, 1982), 69.
73. Greenstein, *The Hidden-Hand Presidency*.
74. Isaacson and Thomas, *The Wise Men*, 246.
75. Nina Tannenwald, "How Strong Is the Nuclear Taboo Today?" *Washington Quarterly* 41, no. 3 (Fall 2018), 89-109; Scott Sagan and Benjamin Valentino, "Revisiting Hiroshima in Iran: What Americans Really Think About Using Nuclear Weapons and Killing Noncombatants," *International Security* 42, no. 1 (Summer 2017), 41-79; Reid B. C. Pauly, "Would U.S. Leaders Push the Button? Wargames and the Sources of Nuclear Restraint," *International Security* 43, no. 2 (Fall 2018), 151- 92.

第四章

1. Sestanovich, *Maximalist*, 88-89.
2. Gordon M. Goldstein, *Lessons in Disaster: McGeorge Bundy and the Path to War in Vietnam* (New York: Henry Holt, 2008), 168.
3. Jill Abramson, "Kennedy, the Elusive President," *International New York Times*, October 26-27, 2013, 20.
4. Macmillan quoted in Alan Brinkley, *John F. Kennedy* (New York: Henry Holt, 2012), 124.
5. Brinkley, *John F. Kennedy*, 3.
6. Andrew Cohen, *Two Days in June: John F. Kennedy and the 48 Hours That Made History* (Toronto:

Signal, McClelland & Stewart, 2014), 41.

7. Jon Roper, "John F. Kennedy and Lyndon Johnson," in *US Foreign Policy and Democracy Promotion*, ed. Cox, Lynch, and Bouchet, 111.
8. Sestanovich, *Maximalist*, 88.
9. Robert Dallek, *An Unfinished Life* (New York: Little Brown, 2003), 683.
10. Michael O'Brien, *Rethinking Kennedy: An Interpretive Biography* (Chicago: Ivan Dee, 2009), 168.
11. Michael A. Roberto, *Why Great Leaders Don't Take Yes for an Answe*r (Upper Saddle River, NJ: Wharton School Publishing, 2005), 29-33.
12. Sheldon M. Stern, *The Cuban Missile Crisis in American Memory* (Stanford, CA: Stanford University Press, 2012), 149.
13. Cohen, *Two Days in June*, 24.
14. Khrushchev quoted in Brinkley, *John F. Kennedy*, 80.
15. Goldstein, *Lessons in Disaster*, 245, 248.
16. 請參見James Blight, Janet Lang, and David Welch, *Vietnam If Kennedy Had Lived* (Lanham, MD: Rowman & Littlefield, 2009).
17. Logevall, *Embers of War*, 703.
18. Dallek, *An Unfinished Life*, 684; 也可見Dallek, "What Made Kennedy Great?" *New York Times*, November 22, 2013, 25.

19. Fredrik Logevall, "Kennedy and What Might Have Been," in *The Vietnam War: An Intimate History*, ed. Geoffrey Ward and Ken Burns (New York: Knopf, 2017), 5-6.
20. Dallek, *An Unfinished Life*, 668.
21. Goldstein, *Lessons in Disaster*, 93.
22. Goldstein, *Lessons in Disaster*, 88.
23. Bowles quoted in Brinkley, *John F. Kennedy*, 84.
24. Niall Ferguson, "Kremlin Back Channels Worked Just Fine for JFK," *Sunday Times* (London), July 16, 2017.
25. Larry Berman, "Lyndon B. Johnson: Paths Chosen and Opportunities Lost," in *Leadership in the Modern Presidency*, ed. Greenstein, 145.
26. Robert Caro, *Master of the Senate: The Years of Lyndon Johnson* (New York: Vintage Books, 2003).
27. Greenstein, *The Presidential Difference*, 79.
28. Moyers quoted in Charles Peters, *Lyndon B. Johnson* (New York: Henry Holt, 2010), 140.
29. Robert Caro, *The Path to Power: The Years of Lyndon Johnson, Volume I* (New York: Vintage, 1982), 96, 32.
30. Berman, "Lyndon B. Johnson," 139, 144.
31. Caro, *The Path to Power*, xvii.
32. Peters, *Lyndon B. Johnson*, 8.
33. 引述於Peters, *Lyndon B. Johnson*, 82.

34. Doris Kearns Goodwin, *Lyndon Johnson and the American Dream* (New York: St. Martin's, 1991), 251-52.
35. Roper, "John F. Kennedy and Lyndon Johnson," 114.
36. Frederik Logevall, "Why Lyndon Johnson Dropped Out," *New York Times*, March 25, 2018, 7.
37. Peters, *Lyndon B. Johnson*, 94.
38. Goodwin, *Lyndon Johnson and the American Dream*, 311.
39. Goodwin, *Lyndon Johnson and the American Dream*, 322.
40. John P. Burke and Fred I. Greenstein, *How Presidents Test Reality: Decisions on Vietnam, 1954 and 1965* (New York: Russell Sage, 1989), 275.
41. Goodwin, *Lyndon Johnson and the American Dream*, 330.
42. Peters, *Lyndon B. Johnson*, 128.
43. Berman, "Lyndon B. Johnson," 147.
44. H. R. McMaster, *Dereliction of Duty: Lyndon Johnson, Robert McNamara, the Joint Chiefs of Staff, and the Lies That Led to Vietnam* (New York: Harper Collins, 1997), 325.
45. Francis M. Bator, *No Good Choices: LBJ and the Vietnam/Great Society Connection* (Cambridge, MA: American Academy of Arts and Sciences, 2007), 16.
46. Michael Beschloss, *Presidents of War*, 503.
47. "Fredrik Logevall Comment on Francis M. Bator's 'No Good Choices: LBJ and the Vietnam/Great Society Connection,'" *Diplomatic History* 32, no. 3 (June 2008), 365.

48. Logevall, "Comment on Francis Bator," 366-67.
49. Goldstein, *Lessons in Disaster*, 3.
50. Goodwin, *Lyndon Johnson and the American Dream*, 392.
51. David Sanger, "US Commander Moved to Place Nuclear Arms in South Vietnam," *New York Times*, October 7, 2018, A1. 也可見Goldstein, *Lessons in Disaster*, 161.
52. Edwin E. Moise, *Tonkin Gulf and the Escalation of the Vietnam War* (Chapel Hill: University of North Carolina Press, 1996), 253-55.
53. Caro, *The Path to Power*, xvii.
54. Logevall, "Why Lyndon Johnson Dropped Out."
55. Richard Reeves, *President Nixon* (New York: Simon & Schuster, 2001), 12-13. 也可參見Alexander Butterfield的描述，收錄於Bob Woodward, *The Last of the President's Men* (New York: Simon & Schuster, 2015), 94.
56. Greenstein, *The Presidential Difference*, 93.
57. Evan Thomas, *Being Nixon: A Man Divided* (New York: Random House, 2015), 529.
58. David Gergen, *Eyewitness to Power: The Essence of Leadership* (New York: Simon & Schuster 2000), 77, 85.
59. Niall Ferguson, *Kissinger: 1923-1968: The Idealist* (New York: Penguin, 2015), 802.
60. 請參見Margaret McMillan, *Nixon and Mao: The Week That Changed the World* (New York: Random

House, 2007).

61. Nigel Bowles, *Nixon's Business* (College Station: Texas A&M Press, 2005), 184.
62. Niall Ferguson, "Our Currency, Your Problem," *New York Times*, March 13, 2005.
63. Bowles, *Nixon's Business*, 179.
64. Gary J. Bass, "Nixon and Kissinger's Forgotten Shame," *New York Times*, September 30, 2013. 也可參見其著作：*The Blood Telegram: Nixon, Kissinger, and a Forgotten Genocide* (New York: Knopf, 2013), 6-7.
65. John A. Farrell, "Tricky Dick's Treachery," *New York Times*, January 1, 2017. See also Peter Baker, "Nixon Sought 'Monkey Wrench' in Vietnam Talks," *New York Times*, January 3, 2017, 1.
66. Richard Sobel, *The Impact of Public Opinion on U.S. Foreign Policy Since Vietnam* (New York: Oxford University Press, 2001), 37, 81.
67. Thomas, *Being Nixon*, 218-19.
68. Thomas, *Being Nixon*, 429.
69. Ken Hughes, *Chasing Shadows: The Nixon Tapes, the Chennault Affair, and the Origins of Watergate* (Charlottesville: University of Virginia Press, 2014), 102.
70. 我要感謝弗格森願意與我進行私人交流，告知這些數字，並提供令人振奮的評論。
71. Gergen, *Eyewitness to Power*, 61-62.
72. Henry Kissinger, *Diplomacy* (New York: Simon & Schuster, 1994), chapter 2.

73. Gergen, *Eyewitness to Power*, 61.
74. Joseph Nye, Philip Zelikow, and David King, eds., *Why People Don't Trust Government* (Cambridge, MA: Harvard University Press, 1997), 80.
75. Goldstein, *Lessons in Disaster*, 231, 238, 239.

第五章

1. Sestanovich, *Maximalist*, chapter 8.
2. Stuart E. Eizenstat, *President Carter: The White House Years* (New York: St. Martin's Press, 2018), 5.
3. Greenstein, *The Presidential Difference*, 112.
4. Gergen, *Eyewitness to Power*, 140.
5. Gergen, *Eyewitness to Power*, 147.
6. Roger B. Porter, "Gerald R. Ford: A Healing Presidency," in *Leadership in the Modern Presidency*, ed. Greenstein, 199-227.
7. Jan Lodal, "Brezhnev's Secret Pledge to 'Do Everything We Can' to Reelect Gerald Ford," *The Atlantic*, July 26, 2017.
8. Gerald R. Ford, *A Time to Heal* (New York: Harper and Row, 1979), 274-75.
9. Ford, *A Time to Heal*, xvii.
10. Peter Rodman, *Presidential Command: Power, Leadership and the Making of Foreign Policy from*

Richard Nixon to George W. Bush (New York: Knopf, 2009), 107-8.

11. 我要感謝我的同事波特提出這個見解。
12. Douglas Brinkley, "The Rising Stock of Jimmy Carter," *Diplomatic History* 20, no. 4 (Fall 1996), 526.
13. Greenstein, *The Presidential Difference*, 141.
14. Eizenstat, *President Carter*, 2.
15. Julian E. Zelizer, *Jimmy Carter* (New York: Henry Holt, 2010), 147.
16. Eizenstat, *President Carter*, 2. 也可見Lamb, *The Presidents,* 書裡提到卡特在二〇一七年C-SPAN美國總統歷史性評價調查中，排名第二十六名。
17. Erwin Hargrove, "Jimmy Carter: The Politics of Public Goods," in *Leadership in the Modern Presidency*, ed. Greenstein, 233.
18. Jimmy Carter, *Keeping Faith* (New York: Bantam Books, 1982), 65.
19. Betty Glad, *An Outsider in the White House: Jimmy Carter, His Advisors, and the Making of American Foreign Policy* (Ithaca, NY: Cornell University Press, 2009), 285-86.
20. Hendrik Hertzberg, "Jimmy Carter," in *Character Above All*, ed. Robert A. Wilson (New York: Simon & Schuster, 1995), 189.
21. Robert D. Kaplan, "The Statesman: In Defense of Henry Kissinger," *The Atlantic*, May 2013, 78.
22. Eizenstat, *President Carter*, 555-74.
23. Carter, *Keeping Faith*, 245.

24. Joseph S. Nye, "Maintaining a Nonproliferation Regime," *International Organization* 35, no. 1 (Winter 1981), 15-38.
25. Eizenstat, *President Carter*, 587-88.
26. Hargrove, "Jimmy Carter," 235, 249.
27. Brinkley, "The Rising Stock of Jimmy Carter," 522.
28. Robert A. Pastor, "Review of Betty Glad," *H-Diplo Roundtable Review* XII, no. 6 (2011), 20.
29. Zbigniew Brzezinski, *Power and Principle: Memoirs of the National Security Advisor, 1977-81* (New York: FSG, 1983), 321.
30. Walter Russell Mead, "The Carter Syndrome," *Foreign Policy*, January—February 2010.
31. Justin Vaisse, "Thank You, Jimmy Carter: Restoring the Reputation of America's Most Underrated Foreign-Policy President," *Foreign Policy*, July 2018, 17.
32. Brzezinski, *Power and Principle*, 522, 397.
33. Cyrus Vance, *Hard Choices: Critical Years in America's Foreign Policy* (New York: Simon & Schuster, 1982), 346.
34. Brzezinski, *Power and Principle*, 473.
35. Erwin C. Hargrove, *Jimmy Carter as President: Leadership and the Politics of the Public Good* (Baton Rouge: Louisiana State University Press, 1988), 181.
36. Hargrove, *Jimmy Carter as President*, 245.

37. Bernard Williams, *Moral Luck* (Cambridge: Cambridge University Press, 1981).
38. Strong, "Review of Betty Glad," *H-Diplo*, 24.

第六章

1. 引述於Stephen Sestanovich, "Gorbachev's Foreign Policy: A Diplomacy of Decline," *Problems of Communism* (January—February 1988), 2.
2. Paul Kennedy, *The Rise and Fall of the Great Powers: Economic Change and Military Conflict from 1500 to 2000* (New York: Random House, 1987), 515.
3. Greenstein, *The Presidential Difference*, 149.
4. "The Man Who Beat Communism" and "The Reagan Legacy," *The Economist*, June 24, 2004, 13, 24, 25.
5. Gergen, *Eyewitness to Power*, 153.
6. 引述於Henry Nau, "Ronald Reagan," in *U.S. Foreign Policy and Democracy Promotion*, ed. Cox, Lynch, and Bouchet, 140.
7. Gergen, *Eyewitness to Power*, 208.
8. "The Reagan Legacy."
9. Gergen, *Eyewitness to Power*, 187.
10. 正如其便箋與信件所顯示，雷根並未喪失外交政策想法，但其施政團隊中的多位參與者都證實，他在施政影響方面經常是無能為力的。請參見Kiron Skinner, Annelise Anders, and Martin Anderson,

eds., *Reagan: A Life in Letters* (New York: Free Press, 2003).

11. David Abshire, *Saving the Reagan Presidency: Trust Is the Coin of the Realm* (College Station: Texas A&M Press, 2005).
12. Jack Matlock, *Reagan and Gorbachev: How the Cold War Ended* (New York: Random House, 2004), 5.
13. Gergen, *Eyewitness to Power*, 204-5.
14. Melvyn P. Leffler, "Ronald Reagan and the Cold War: What Mattered Most?" *Texas National Security Review,* May 2018, 85.
15. Leffler, "Ronald Reagan and the Cold War," 88.
16. Scott Sagan, *The Limits of Safety: Organizations, Accidents, and Nuclear Weapons* (Princeton, NJ: Princeton University Press, 1993).
17. Jon Meacham, *Destiny and Power: The American Odyssey of George Herbert Walker Bush* (New York: Random House, 2015), 392.
18. Mary E. Sarotte, "A Broken Promise?" *Foreign Affairs* 93(September/October 2014).
19. Mary E. Sarotte, "In Victory, Magnanimity: US Foreign Policy, 1989-91, and the Legacy of Prefabricated Multilateralism," *International Politics* 48, no. 4/5 (2011), 494. 也可參見其著作：*1989: The Struggle to Create Post-Cold War Europe* (Princeton, NJ: Princeton University Press, 2009).
20. Zbigniew Brzezinski, *Second Chance: Three Presidents and the Crisis of American Superpower* (New York: Basic Books, 2007).

21. Philip Zelikow and Condoleezza Rice, *Germany Unified and Europe Transformed: A Study in Statecraft* (Cambridge, MA: Harvard University Press, 1997), 21.
22. Nicholas Burns, "Our Best Foreign Policy President," *Boston Globe*, December 9, 2011.
23. George Bush and Brent Scowcroft, *A World Transformed* (New York: Vintage Books, 1998), xiii-xiv.
24. Zelikow and Rice, *Germany Unified and Europe Transformed*, 29.
25. Zelikow and Rice, *Germany Unified and Europe Transformed*, 95, 105.
26. Hal Brands, "Choosing Primacy: US Strategy and Global Order at the Dawn of the Post-Cold War Era," *Texas National Security Review* 1, no. 2 (March 2018), 8-33.
27. Meacham, *Destiny and Power*, 529.

第七章

1. Charles Krauthammer, "The Unipolar Moment," *Washington Post*, July 20, 1990.
2. Mearsheimer, *The Great Delusion*, 6.
3. 引述於 Greenstein, *The Presidential Difference*, 175.
4. Greenstein, *The Presidential Difference*, 174.
5. Gergen, *Eyewitness to Power*, 251.
6. Susan Page, "The Clinton Tapes: Revealing History," *USA Today*, September 21, 2009, 1.
7. Kellerman, *Bad Leadership*, chapter 9.

8. Colin Powell, *My American Journey* (New York: Ballantine Books, 1996), 576.
9. Hal Brands, "Choosing Primacy: US Strategy and Global Order at the Dawn of the Post-Cold War Era," *Texas National Security Review* 1 (March 2018), 29.
10. The White House, "A National Security Strategy of Engagement and Enlargement," Washington, DC, February 1995. 在其著作中把這項策略背後的性格與政治性，描述得很好，請見：*Our Man: Richard Holbrooke and the End of the American Century*.(New York: PenguinRandom House, 2019).
11. James D. Boys, *Clinton's Grand Strategy* (London: Bloomsbury, 2015), 252.
12. Michael Green, *By More than Providence: Grand Strategy and American Power in the Asia Pacific Since 1783* (New York: Columbia University Press, 2017), 468-73.
13. Brzezinski, *Second Chance*, chapter 4. 也可見James Goldgeier, "Bill and Boris: A Window Into a Most Important Post-Cold War Relationship," *Texas National Security Review*, 1, no. 4 (August 2018), 43-54.
14. Robert Hunter, "Presidential Leadership: Bill Clinton and NATO Enlargement," in *Triumphs and Tragedies of the Modern Presidency: Seventy-Six Case Studies in Presidential Leadership*, ed. David Abshire (Westport, CT: Praeger, 2001).
15. 與前白宮官員的私人交流，二〇一九年一月。
16. John Mearsheimer, "Back to the Future: Instability in Europe After the Cold War," *International Security* 15, no. 1 (Summer 1990), 5-56.
17. William Burns, *The Back Channel: A Memoir of American Diplomacy and the Case for Its Renewal*

(New York: Random House, 2019), 110-11.

18. John Harris, *The Survivor: Bill Clinton in the White House* (New York: Random House, 2005), 402.
19. Robert Draper, *Dead Certain: The Presidency of George W. Bush* (New York: Free Press, 2007), 110.
20. Jon Meacham, *Destiny and Power: The American Odyssey of George Herbert Walker Bush* (New York: Random House, 2015), 567-68.
21. Greenstein, *The Presidential Difference,* 196.
22. Draper, *Dead Certain*, 39.
23. Blair quoted in Stephen F. Knott, *Rush to Judgment: George W. Bush, The War on Terror, and His Critics* (Lawrence: University of Kansas Press, 2012), 164.
24. George W. Bush, *Decision Points* (New York: Crown, 2010), 368.
25. Stephen Benedict Dyson, "George W. Bush, the Surge, and Presidential Leadership," *Political Science Quarterly* 125, no. 4 (2010-11), 559.
26. Meacham, *Destiny and Power*, 589.
27. Condoleezza Rice, *No Higher Honor: A Memoir of My Years in Washington* (New York: Crown, 2012), 22.
28. Melvyn P. Leffler, "The Foreign Policies of the George W. Bush Administration: Memoirs, History, Legacy," *Diplomatic History* 37 (June 2013), 24, 25.
29. Greenstein, *The Presidential Difference*, 203.
30. James Mann, "The Dick Cheney of 'Vice' Just Craves Power. The Reality Is Worse," *Washington Post*,

January 2, 2019.

31. William Burns, *The Back Channel*, 172.
32. Bush quoted in Bob Woodward, *Bush at War* (New York: Simon & Schuster, 2002), 341.
33. "Iraq's Grim Lessons," *The Economist*, July 9, 2016, 48.
34. Linda Bilmes, "The Ghost Budget," *Boston Globe*, October 11, 2018, A10.
35. Leffler, "The Foreign Policies of the George W. Bush Administration," 24, 19.
36. Guy Dinmore, "US Right Questions Wisdom of Bush's Democracy Policy," *Financial Times*, May 30, 2006, 8.
37. Bush, *Decision Points*, 397.
38. 與史考克羅夫的私人談話，二〇〇三年五月。
39. David Rothkopf, *Running the World: The Inside Story of the National Security Council and the Architects of American Power* (New York: Public Affairs, 2005), 33.
40. 與伍華德的私人談話，二〇〇五年八月。
41. Hal Brands and Peter Feaver, "The Case for Bush Revisionism: Reevaluating the Legacy of America's 43rd President," *Journal of Strategic Studies* (July 2017), 30.
42. Richard Haass, *War of Necessity, War of Choice: A Memoir of Two Iraq Wars* (New York: Simon & Schuster, 2009).
43. Brands and Feaver, "The Case for Bush Revisionism," 14.

44. Leffler, "The Foreign Policies of the George W. Bush Administration," 11, 14.
45. Brands and Feaver, "The Case for Bush Revisionism," 14.
46. Brands and Feaver, "The Case for Bush Revisionism," 13.
47. 與前外交官的私人談話，二〇一九年一月。
48. Michael Mazarr et al., *Understanding the Emerging Era of International Competition* (Santa Monica, CA: RAND Corporation, 2018), 18.
49. Brands, "Choosing Primacy," 30.

第八章

1. 更詳細的描述請見J. S. Nye, *The Future of Power* (New York: Public Affairs, 2011).
2. Linda Bilmes and Joseph Stiglitz, *The Three Trillion Dollar War: The True Cost of the Iraq Conflict* (New York: Norton, 2008), ix.
3. Peter Baker, "From Two Formers, a Shared Lament for a Lost Consensus," *New York Times*, November 29, 2018.
4. Michiko Kakutani, "For the White House's New Generation, It's a Different World," *New York Times*, July 10, 2012.
5. David E. Sanger, *Confront and Conceal: Obama's Secret Wars and Surprising Use of American Power* (New York: Crown, 2012), 101.

6. Robert M. Gates, *Duty: Memoirs of a Secretary at War* (New York: Knopf, 2014), 298.
7. Martin S. Indyk, Kenneth G. Lieberthal, and Michael E. O'Hanlon, *Bending History: Barack Obama's Foreign Policy* (Washington: Brookings Institution Press, 2012), 6.
8. Rhodes, *The World as It Is*, 81.
9. 請參見Fred Hiatt, "Why Freedom Is Low on Obama's Agenda," *Washington Post,* April 9, 2012. Obama quoted in Jeremi Suri, "Liberal Internationalism, Law, and the First African American President," in *The Presidency of Barack Obama*, ed. Jullian E. Zelizner (Princeton, NJ: Princeton University Press, 2018), 196.
10. Indyk et at., *Bending History*, 1.
11. Indyk et al., *Bending History*, 21.
12. James Mann quoted in Kakutani, "For the White House's New Generation."
13. Joe Klein, "Deep Inside the White House," *New York Times Book Review*, June 24, 2018, 9.
14. "Gaffes and Choices," *The Economist*, August 4, 2012, 11; David Brooks, "Where Obama Shines," *New York Times,* July 29, 2012.
15. James Fallows, "Obama, Explained," *The Atlantic*, March 2012.
16. "Barack Obama," *The Economist*, December 24, 2016, 60.
17. 這是孟捷慕的論點，請見：*The Obamians: The Struggle Inside the White House to Redefine American Power* (New York: Viking, 2012).

18. Sanger, *Confront and Conceal*, 421.
19. James Goldgeier and Jeremi Suri, "Revitalizing the National Security Strategy," *Washington Quarterly* (Winter 2016), 38.
20. Gideon Rachman, "Staying Out of Syria Is the Bolder Call for Obama," *Financial Times*, May 14, 2013.
21. Jeffrey Goldberg, "The Lessons of Henry Kissinger," *The Atlantic*, December 2016, 53.
22. 我要感謝蘇利文的描述。
23. Hiatt, "Why Freedom Is Low on Obama's Agenda."
24. Rhodes, *The World as It Is*, 49.
25. Carol E. Lee, "Obama Resets Military Policy," *Wall Street Journal*, May 29, 2014, 8.
26. Rhodes, *The World as It Is*, 200.
27. Suri, "Liberal Internationalism, Law, and the First African American President," 209.
28. Jo Becker and Scott Shane, "Secret 'Kill List' Proves a Test of President's Principles and Will," *New York Times International*, May 29, 2012, A11. 也基於二〇一九年與政府官員的談話。關於阿富汗與歐巴馬拒絕越南的類比，請見George Packer, *Our Man*.
29. "A Dangerous Modesty," *The Economist*, June 6, 2015, 16. 這個論點我要感謝賴斯（Susan Rice）的協助。
30. Rhodes, *The World as It Is*, 339.
31. 與前任官員的私人討論，二〇一八年秋季。

32. Burns, *The Back Channel,* 335.
33. Jeffrey Goldberg, "The Obama Doctrine," *The Atlantic*, April 2016, 89.
34. 請參見Kurt Campbell and Ely Ratner, "The China Reckoning: How Beijing Defied American Expectations," *Foreign Affairs* 97 (March/April 2018).
35. Hal Brands, "Barack Obama and the Dilemmas of American Grand Strategy," *Washington Quarterly* 39, no. 4 (Winter 2017), 101.
36. Burns, *The Back Channel*, 292.
37. Rhodes, *The World as It Is*, 277-78.
38. Kathryn Olmsted, "Terror Tuesdays: How Obama Refined Bush's Counterterrorism Policies," in Julian Zelizer, ed., *The Presidency of Barack Obama: A First Historical Assessment* (Princeton, NJ: Princeton University Press, 2018), 212-26.
39. P. W. Singer and Emerson Brooking, *Like War: The Weaponization of Social Media* (New York: Houghton Mifflin Harcourt, 2018), 49.
40. Bob Woodward, *Fear: Trump in the White House* (New York: Simon & Schuster, 2018), 205.
41. 私人談話，二〇一八年三月二十四日，新加坡。
42. Donald J. Trump with Tony Schwartz, *The Art of the Deal* (New York: Ballantine, 1987).
43. 與白宮官員的私人談話，二〇一八年十一月。
44. *The Economist*, December 23, 2017, 12.

45. Dan Balz, "Trump's Foreign Policy Views: A Sharp Departure From GOP Orthodoxy," *Washington Post*, March 21, 2016.
46. 川普的就職演說內容請見：*New York Times*, January 21, 2017, A16.
47. Douglas Lute and Nicholas Burns, "NATO's Biggest Problem Is President Trump," *Washington Post*, April 2, 2019.
48. David Sanger and William Broad, "A Russian Threat on Two Fronts Meets a US Strategic Void," *New York Times*, March 6, 2018, A10.
49. "Defending America, Donald Trump's Way," *The Economist*, December 23, 2017, 12.
50. 私人談話，二〇一九年四月，華盛頓特區。
51. Thomas Donnelly and William Kristol, "The Obama-Trump Foreign Policy," *The Weekly Standard*, February 19, 2018, 24.
52. Tod Lindberg, "The Gap Between Tweet and Action," *Weekly Standard*, January 1, 2018, 17.
53. Portland Consultancy, *The Soft Power 30: A Global Ranking of Soft Power* (London: Portland Consultancy, 2018).
54. Glenn Thrush, "China's Weight Fuels Reversal by Trump on Foreign Aid," *New York Times*, October 15, 2018.
55. Stewart Patrick, quoted in Declan Walsh, "In US Embrace, Autocrats Steamroll Their Opposition," *New York Times*, February 2, 2018, A1.

56. Tamara Cofman Wittes quoted in Peter Baker, "Bottom Line Steers Trump With Saudis," *New York Times*, October 15, 2018.
57. Gideon Rachman, "Truth, Lies and the Trump Administration," *Financial Times*, January 24, 2017.
58. Randall Schweller, "Three Cheers for Trump's Foreign Policy," *Foreign Affairs* 97 (September/October 2018), 135.
59. Niall Ferguson, "We'd Better Get Used to Emperor Donaldus Trump," *Sunday Times*, June 10, 2018, 23.
60. John Hannah, "Trump's Foreign Policy Is a Work in Progress," *Foreign Pol*icy, February 14, 2019.
61. Robert Blackwill, *Trump's Foreign Policies Are Better Than They Seem* (New York: Council on Foreign Relations Special Report No. 84, April 2019), 67.
62. Stephen Moore, Arthur B. Laffer, and Steve Forbes, "How Trump Could Be Like Reagan," *New York Times*, August 1, 2018.
63. "Trump Says He Tries to Tell the Truth Whenever Possible," *Boston Globe*, November 2, 2018, A6. 也可見Glenn Kessler , Salvador Rizzo and Meg Kelly, "President Trump has made more than 10,000 false or misleading claims," *Washington Post*, April 29, 2019.
64. "Statement by Former National Security Officials," letter in the *Washington Post*, August 8, 2016.
65. Tony Schwartz, "I Wrote 'The Art of the Deal' With Trump. His Self-Sabotage Is Rooted in His Past," *Washington Post*, May 16, 2017.
66. Trump, *The Art of the Deal*, 70-71.

67. Bob Woodward, *Fear*, 175.
68. Peter Baker, "Was Obama Set to Bomb North Korea? Never, Allies Say," *New York Times*, February 17, 2019, A20.
69. Robert Blackwill, *Trump's Foreign Policies Are Better Than They Seem,* 65.
70. Paul Krugman, "A Ranting Old Guy With Nukes," *New York Times*, March 6, 2018, A25.
71. Bret Stephens, "The Trump Presidency: No Guardrails," *New York Times*, July 29, 2017, A25.
72. Woodward, *Fear*, 193.
73. Blackwill, *Trump's Foreign Policies*, 67.
74. Daalder and Lindsay, *Empty Throne*, 160.

第九章

1. Henry Kissinger, *World Order* (New York: Penguin, 2014).
2. Page and Bouton, *The Foreign Policy Disconnect*.
3. Michael McFaul, *Advancing Democracy Abroad: Why We Should and How We Can* (Stanford, CA: Hoover Institution, 2010), 160.
4. Sullivan, "What Donald Trump and Dick Cheney Got Wrong About America."
5. Gardiner Harris, "Pompeo Questions the Value of International Groups Like UN and EU," *New York Times*, December 4, 2018.

6. Allen Buchanan and Robert O. Keohane, "The Legitimacy of Global Governance Institutions," 405.
7. Sestanovich, *Maximalist*.
8. Rhodes, *The World as It Is*, 276.
9. Lindsey A. O'Rourke, *Covert Regime Change: America's Secret Cold War* (Ithaca, NY: Cornell University Press, 2018), 225, 226, 236.
10. Graham Allison, *Destined for War*. Michael Beckley對這個分析提出挑戰，他認為霸權轉移理論充滿了錯誤的肯定與錯誤的否定。"The Power of Nations: Measuring What Matters," *International Security* 43, no. 2 (Fall 2018), 42-43. Kori Schake認為，只有一次成功的和平轉移。*Safe Passage: The Transition from British to American Hegemony*. Cambridge, MA: Harvard University Press, 2017.
11. Martin Wolfe, "The Long and Painful Journey to World Disorder," *Financial Times*, January 5, 2017. 也可見Fareed Zakaria, "The Self-Destruction of American Power," *Foreign Affairs* 92 (July/August) 2019, 10-16.
12. Robert Blackwill, *Trump's Foreign Policies Are Better Than They Seem*, 9-10.
13. 請參見Joshua Shifrinson, *Rising Titans: Falling Giants* (Ithaca, NY: Cornell University Press, 2018).
14. Barry Posen, "Command of the Commons," *International Security* 28, no. 1 (Summer 2003), 5-46.
15. "World GDP Ranking 2016," *Knoema*, April 10, 2017, 若使用購買力平價，中國排名第一。
16. Beckley, 22.
17. Lawrence H. Summers, "Can Anything Hold Back China's Economy?" *Financial Times*, December 3, 2018.

18. Terrence Kelly, David Gompert, and Duncan Long, *Smarter Power, Stronger Partners, Vol. I: Exploiting US Advantages to Prevent Aggression* (Santa Monica, CA: RAND Corporation, 2016).
19. Portland Consultancy, *The Soft Power 30.*
20. Kai-Fu Lee, *AI Superpowers: China, Silicon Valley, and the New World Order* (Boston: Houghton Mifflin, 2018), 83.
21. Meghan O'Sullivan, *Windfall: How the New Energy Abundance Upends Global Politics and Strengthens America's Power* (New York: Simon & Schuster, 2017).
22. Adele Hayutin, *Global Workforce Change: Demographics Behind the Headlines* (Stanford, CA: Hoover Institution, 2018). 也可見Nicholas Eberstadt, "With Great Demographics Comes Great Power," *Foreign Affairs* 98 (July/August) 2019, 149.
23. Lee, *AI Superpowers.*
24. John Deutch, "Assessing and Responding to China's Innovation Initiative," in *Maintaining America's Edge*, ed. Leah Bitounis and Jonathon Price (Washington: Aspen Institute, 2019), 163.
25. 與李光耀的談話，二〇一二年九月二十二日，新加坡。也可見Nye, *Is the American Century Over?*, 77.
26. Ceri Parker, "China's Xi Jinping Defends Globalization From the Davos Stage," *World Economic Forum,* January 27, 2017; "Statement by Wang Yi," filmed February 17, 2017, Munich Security Conference, 23:41. 也可見G. John Ikenberry and Shiping Tang, "Roundtable: Rising Powers and the

International Order," *Ethics and International Affairs*, 32 (Spring 2018) ,15-44.

27. Michael Mazarr, Timothy Heath, and Astrid Cevallos, *China and the International Order* (Santa Monica, CA: RAND Corporation, 2018), 4.
28. 請參見Bobo Lo, *A Wary Embrace: What the Russia—China Relationship Means for the World* (Docklands, VIC: Penguin Random House Australia, 2017).
29. Larry Diamond and Orville Schell, *Chinese Influence and American Interests: Promoting Constructive Vigilance* (Stanford, CA: Hoover Institution Press, 2018).
30. Bill Emmott, *Rivals: How the Power Struggle Between China, India and Japan Will Shape Our Next Decade* (New York: Houghton Mifflin Harcourt, 2008).
31. Yan Xuetong, "The Age of Uneasy Peace," *Foreign Affairs* 98 (January/February 2019), 46.
32. Orville Schell and Susan L. Shirk, chairs, *Course Correction: Toward an Effective and Sustainable China Policy* (New York, Asia Society Task Force, February 2019).
33. Randall Schweller, "Entropy and the Trajectory of World Politics: Why Polarity Has Become Less Meaningful," *Cambridge Review of International Affairs* 23, no. 1 (March 2010).
34. 更多細節請見我的文章："Nuclear Lessons for Cyber Security," *Strategic Studies Quarterly* 5 (Winter 2011), 18.
35. 請參見David Sanger, *The Perfect Weapon: War, Sabotage and Fear in the Cyber Age* (New York: Penguin Random House, 2018). 也可見P. W. Singer and Emerson Brooking, *Like War: The*

Weaponization of Social Media (Boston: Houghton Mifflin, 2018).

36. William J. Clinton, "Remarks at the Paul H. Nitze School," The American Presidency Project, March 8, 2000, http://www.presidency.ucsb.edu/ws/index.php?pid=87714.
37. 請參見Charles Cleveland, Ryan Crocker, Daniel Egel, Andrew Liepman, and David Maxwell, "An American Way of Political Warfare: A Proposal," in *Perspective* (Santa Monica, CA: RAND Corporation, 2018).
38. Joseph Nye, "Normative Restraints on Cyber Conflict," *Cyber Security: A Peer-Reviewed Journal* 1, no. 4 (2018), 331-42.
39. 請參見Nye, "Normative Restraints on Cyber Conflict."
40. Peter Baker, "In Shift on Terror Policy, Obama Took a Long Path," *New York Times*, May 28, 2013, A1.
41. Richard Danzig, "Technology Roulette," in Bitounis and Price, *Maintaining America's Edge*, 2019.
42. Adam Tooze, "The Forgotten History of the Financial Crisis," *Foreign Affairs* 97 (September/October 2018), 208.
43. Nye*, Is the American Century Over*?.
44. Madeleine Albright, *Fascism: A Warning* (New York: HarperCollins, 2018), 223.
45. Ronald Inglehart and Pippa Norris, "Trump, Brexit, and the Rise of Populism: Economic Have- Nots and Cultural Backlash," Harvard Kennedy School, Faculty Research Working Paper Series, 2016.
46. Alan I. Abramowitz, *The Great Alignment* (New Haven, CT: Yale University Press, 2018), 153.

47. Jeff Colgan and Robert Keohane, "The Liberal Order Is Rigged," *Foreign Affairs* 96 (May/June 2017); Dani Rodrik, *Straight Talk on Trade: Ideas for a Sane World Economy* (Princeton, NJ: Princeton University Press, 2018).
48. "U.S. Public Has Mixed Views of Immigrants and Immigration," Pew Research Center, September 28, 2015, chapter 4; "Most Say Illegal Immigrants Should Be Allowed to Stay, But Citizenship Is More Divisive," Pew Research Center, March 28, 2013.
49. Dina Smeltz, Craig Kafura, and Lily Wojtowicz, "Actually, Americans Like Free Trade," Chicago Council on Global Affairs, September 7, 2016.
50. Bowles, *Nixon's Business*, 179.
51. Sullivan, "What Donald Trump and Dick Cheney Got Wrong About America."
52. "Present at the Destruction," *The Economist*, June 9, 2018, 21.
53. Stephen Brooks and William Wohlforth, *America Abroad: The United States' Global Role in the 21st Century* (Oxford: Oxford University Press, 2016), ix.
54. Sestanovich, *Maximalist*.
55. Yuval Noah Harari, "Moving Beyond Nationalism," *The Economist*, The World in 2019, 92.

國家圖書館出版品預行編目(CIP)資料

強權者的道德：從小羅斯福到川普，十四位美國總統如何影響世界／約瑟夫・奈伊（Joseph S. Nye, Jr.）著；林添貴譯. -- 第一版. -- 臺北市：遠見天下文化, 2020.04
416面；14.8×21公分. --（社會人文；BGB489）
譯自：Do morals matter? : presidents and foreign policy from FDR to Trump
ISBN 978-986-479-985-5（平裝）

1. 美國外交政策　2. 總統　3. 職業倫理

578.52　109005052

社會人文 BGB489

強權者的道德

從小羅斯福到川普，十四位美國總統如何影響世界

Do Morals Matter?

Presidents and Foreign Policy from FDR to Trump

作者 —— 約瑟夫・奈伊（Joseph S. Nye, Jr.）
譯者 —— 林添貴

總編輯 —— 吳佩穎
副主編 —— 陳珮真
責任編輯 —— 張彤華
封面設計 —— 張議文
內頁排版 —— 張彩梅（特約）
圖表設計 —— 邱意惠（特約）
校對協力 —— 劉品均（特約）

出版者 —— 遠見天下文化出版股份有限公司
創辦人 —— 高希均、王力行
遠見・天下文化・事業群　董事長 —— 高希均
事業群發行人／CEO —— 王力行
天下文化社長 —— 林天來
天下文化總經理 ——林芳燕
國際事務開發部兼版權中心總監 —— 潘欣
法律顧問 —— 理律法律事務所陳長文律師
著作權顧問 —— 魏啟翔律師
社址 —— 臺北市 104 松江路 93 巷 1 號
讀者服務專線 —— 02-2662-0012 ｜傳真 —— 02-2662-0007；02-2662-0009
電子郵件信箱 —— cwpc@cwgv.com.tw
直接郵撥帳號 —— 1326703-6　遠見天下文化出版股份有限公司

製版廠 —— 中原造像股份有限公司
印刷廠 —— 中原造像股份有限公司
裝訂廠 —— 中原造像股份有限公司
登記證 —— 局版台業字第 2517 號
總經銷 —— 大和書報圖書股份有限公司｜電話 —— 02-8990-2588
出版日期 —— 2020 年 10 月 25 日第一版第四次印行

定價 —— NT 500 元
ISBN —— 978-986-479-985-5
書號 —— BGB489
天下文化官網 —— bookzone.cwgv.com.tw

天下文化

BELIEVE IN READING